W0062439

Klotz, Philipp • Die Welt der Optionsscheine

Im FinanzBuch Verlag sind aus der Reihe
Börse Online edition bisher erschienen:

Dr. Alexander Elder
Die Formel für Ihren Börsenerfolg
Strategien, Money Management, Psychologie
ISBN: 3-932114-13-2

Howard Abell
Erfolgsrezept Day Trading
Schnelle Gewinne an schnellen Märkten
ISBN: 3-932114-18-3

Anthony M. Gallea & William Patalon III
Antizyklisch Investieren
Gewinne gegen den Strom
ISBN: 3-932114-22-1

Jeff Cooper
Hit and Run Strategien
Präzises Timing für Day Trader und Kurzfrist-Anleger
ISBN: 3-932114-26-4

Joachim Goldberg, Rüdiger von Nitzsch
Behavioral Finance
Gewinnen mit Kompetenz
ISBN: 3-932114-31-0

Horst Fugger
Handbuch der erfolgreichen Aktienanlage
Grundlagen, Strategien, Bewertung
ISBN: 3-932114-30-2

Robert G. Hagstrom
Investieren mit Warren Buffett
Sichere Gewinne mit der Fokus-Strategie
ISBN: 3-932114-35-3

John J. Murphy
Technische Analyse der Finanzmärkte
Grundlagen, Methoden, Strategien, Anwendungen
ISBN: 3-932114-36-1

Antonie Klotz,
Jürgen Philipp

Die Welt der Optionsscheine

Mit kleinen Einsätzen
zu großen Gewinnen

FinanzBuch Verlag München

Die Deutsche Bibliothek – CIP-Einheitsaufnahme
Ein Titeldatensatz für diese Publikation ist bei
Der Deutschen Bibliothek erhältlich

Gesamtbearbeitung: Michael Volk, München
Druck: Wiener Verlag GmbH, Himberg
Umschlagbild: Christian Weiß

© 2000 BY FINANZBUCH VERLAG GMBH MÜNCHEN
LANDSHUTER ALLEE 61 • 80637 MÜNCHEN
TEL.: 089/65 12 85-0 • FAX: 089/65 20 96
E-MAIL: KLOTZ@FINANZVERLAG.COM

Alle Rechte, einschließlich derjenigen des auszugsweisen Abdrucks sowie der photomechanischen
Wiedergabe, vorbehalten.
Dieses Buch will keine spezifischen Anlageempfehlungen geben und enthält lediglich allgemeine
Hinweise. Autor, Herausgeber und die zitierten Quellen haften nicht für etwaige Verluste, die auf-
grund der Umsetzung ihrer Gedanken und Ideen entstehen.

ISBN 3-932114-33-7

Für mehr Bücher: www.finanzverlag.com

INHALTSVERZEICHNIS

VII Strategien und Einsatzmöglichkeiten von Optionsscheinkonstruktionen 139

Inhaltsverzeichnis

Vorwort und Einführung

Von Null auf Hundert? Von Null auf 10.000 lautet die Devise am Optionsscheinmarkt. So schnell mit diesem Instrument Geld verdient wird, so rasant ist auch die Entwicklung des Marktes. Der Optionsschein, beliebt als der „Hebel für Gewinne", fristete bis Mitte der achtziger Jahre ein Schattendasein. Bis dahin wurde der deutsche Optionsscheinmarkt ausschließlich von Scheinen bestimmt, die aus Optionsanleihen hervorgegangen waren und der Unternehmensfinanzierung dienten.

Diese Anleihen haben für die Unternehmen den Vorteil, dass der Zinscoupon, mit dem sie ausgestattet sind, deutlich unter dem Niveau einfacher Unternehmensanleihen liegt. Schließlich hat der Besitzer einer Optionsanleihe ein zusätzliches Schmankerl im Depot: Die zur Anleihe gehörigen Scheine können abgetrennt werden. So entsteht eine Anleihe „ex" und der Warrant – ein Hebelinstrument, bei dem nur ein geringer Kapitaleinsatz erforderlich ist und die Gewinnchancen hoch sind.

Covered Warrants oder gedeckte Optionsscheine, die hingegen von den Banken ausgegeben werden, entstanden erst Ende der achtziger Jahre. Sie werden nicht vom Unternehmen selbst emittiert. Den ersten gedeckten Optionsschein in Deutschland präsemtierte die DG Bank. Das war 1987. Das Ziel war, einen Teil der Agab-Aktien, die im Bestand der DG Bank lagen, zu veräußern und über den Optionsschein Liquidität zu generieren. Heute treten als Optionsscheinemittenten Banken oder Wertpapierhäuser auf, die quasi das Recht verkaufen, ein festgelegtes Basisinstrument bis zu einem bestimmten Termin zu einem fixierten Preis zu kaufen beziehungsweise zu verkaufen.

Mitte der neunziger Jahre gesellten sich zu den einfachen gedeckten Optionsscheinen, die auch als „Plain-Vanilla-Warrants" bekannt sind, nahezu 30 verschiedene Sonderkonstruktionen. Mit diesen können Investoren auch in stark volatilen Märkten oder in ruhigen Börsenphasen Geld verdienen. Auf diese Sonderkonstruktionen gehen wir detailliert in Kapitel VII ein.

Heute kann der Terminmarktanleger unter weit mehr als 10.000 in Deutschland börsennotierten Optionsscheinen wählen. So viele Warrants werden in keinem anderen Land der Welt gehandelt.

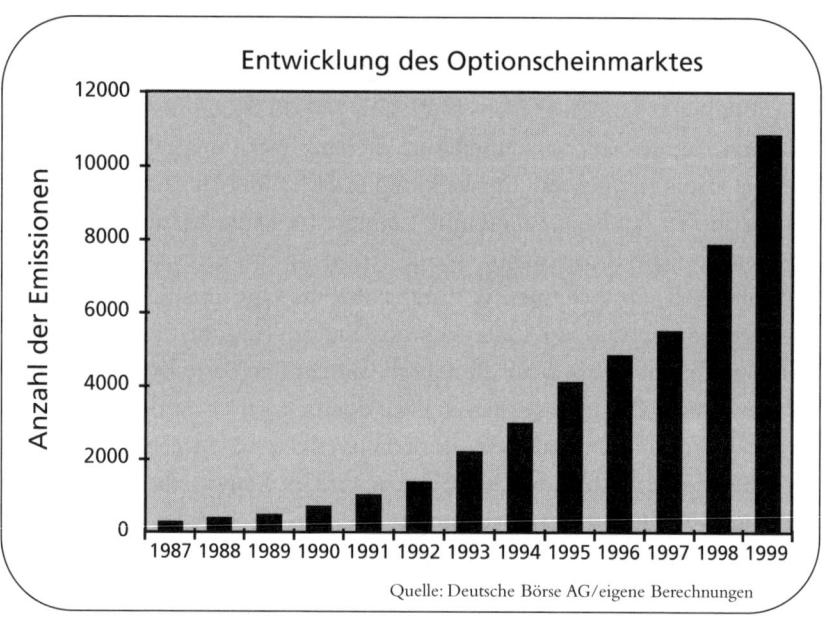

Entwicklung des Optionscheinmarktes

Anzahl der Emissionen

Quelle: Deutsche Börse AG/eigene Berechnungen

Sind Optionen Teufelswerkzeug?

Die Terminmärkte sind an allem schuld – zumindest behauptet dies oft die Presse. Allein Beispiele wie der gerade noch abgewendete Zusammenbruch des LTCM-Hedge-Fonds im Herbst 1998 geben Kritikern immer wieder neue Munition. Wenn es darum geht, was einen Crash auslöst oder wenn die Märkte unerklärliche Sprünge vollziehen, müssen meist die Terminmarktakteure, insbesondere die Hedge-Fonds herhalten. Die Hedge-Fonds spezialisieren sich nämlich darauf, Unterschiede zwischen einzelnen Märkten auszunutzen, und realisieren dies großenteils über die Terminmärkte.

Eher ängstlichen Zeitgenossen darf aber Entwarnung signalisiert werden. Obwohl eine bessere Kontrolle von Hedge-Fonds wünschenswert wäre, sollten sie nicht für alles Übel in der Finanzwelt verantwortlich gemacht werden. Das Geschrei, das korrupte asiatische Politiker angesichts der Krise von 1998 angestimmt haben, verblasst bei genauer Betrachtung zur Bedeutungslosigkeit.

Termingeschäfte sind bei weitem nicht so neu, wie oft behauptet wird Termingeschäfte gibt es mehr oder weniger, seit es Handelgeschäfte gibt. Damit ist nicht etwa der Börsenhandel, sondern Handel in verschiedensten Gütern von Holz über Metall zu Wein, Tuch oder Tulpen gemeint. Der Sinn des Handels auf Termin liegt darin, dass er die unterschiedlichen Interessen von Käufern, Verkäufern und Spekulanten zusammenführt. So ist es schon seit Hunderten von Jahren möglich, eine anstehende Ernte bereits vorab (auf Termin) zu verkaufen.

Für den Verkäufer bietet das die Sicherheit, seine Ware losschlagen zu können und bereits im Vornherein zu wissen, welchen Geldbetrag er dafür erhalten wird. Dem Käufer bietet es die Sicherheit, den Preis bei Lieferung zu kennen. Natürlich, und auch das geschieht seit Jahrhunderten, kann er das Recht auf Lieferung zu einem festgeschriebenen Preis für einen kleinen Betrag an einen Dritten weiter veräußern – damit ist der Optionshandel bereits in vollem Gang. Wer Optionen kauft, wird in der Regel kein Interesse an der Lieferung der Güter haben. Er setzt mit einem verhältnismäßig geringen Einsatz auf eine Preisveränderung am

Markt, die seine Optionen verteuert. Hat er beispielsweise Optionen auf die Lieferung von Getreide erworben und eine Dürre verdirbt die Ernte, wird er zu den Gewinnern gehören.

Warum in Optionsscheine investieren?

Die Möglichkeit, mit einem kleinen Einsatz hohe Gewinne zu erzielen, ist meist Hauptantrieb für ein Engagement in Warrants. Die unterschiedlichen Sonderkonstruktionen bei Optionsscheinen bieten mittlerweile die Möglichkeit, von jeder denkbaren Entwicklung des Marktes zu profitieren zu können. Ob aufwärts, abwärts, seitwärts, ob hohe, niedrige oder gleichbleibende Volatilität, das Arsenal der Optionsschein-Emittenten hat für jede Erwartung das richtige Instrument entwickelt. Oft hört man von Laien, es sei kein Geld zu verdienen, wenn die Börse fällt oder seitwärts tendiert. Wer sich mit Optionsscheinen und ihrer Wirkungsweise auskennt, darf solche Äußerungen belächeln.

Geld kann immer verdient werden, egal, was die Börse gerade macht. Dennoch darf niemals vergessen werden, dass die richtige Einschätzung der künftigen Entwicklung das A und O für den Börsenerfolg sind. Und Irrtümer sind menschlich! Wie Sie im nächsten Kapitel sehen werden, gibt es eine Reihe von Instrumenten, mit denen Sie Ihre Prognosewahrscheinlichkeit verbessern können. Durch die vielfältigen Konstruktionen der Warrants entsteht für Sie zwar theoretisch die Möglichkeit, in allen Börsenphasen zu den Gewinnern zu gehören. Prüfen Sie aber trotzdem gründlich, wann und aus welchen Gründen Sie ein Investment eingehen.

Kaufen Sie auch auf keinen Fall exotische Optionsschein-Konstruktionen, deren Wirkungsweise Sie nicht wirklich verstanden haben. Die vielfältigen Anlagemöglichkeiten haben also auch ihren Preis: Wer in Optionsscheine investiert, muss bereit sein, sich ständig und konkret mit seiner Anlage zu beschäftigen und sich zu informieren. Zudem muss er gewillt sein, Neuerungen am Markt aufzunehmen und zu analysieren. Wer die diversen Sonderkonstruktionen kennt, die am Markt sind, und die Funktion von Wahrscheinlichkeit und Volatilität verstanden hat, sollte damit keine Schwierigkeiten haben.

Oft verstecken sich hinter nett gemachten Emissionsanzeigen und koketten Namensgebungen wie EARN oder Best-Of-Warrants Angebote, die gerade in der jeweiligen Börsenphase wenig Sinn machen. Ein gutes Beispiel für zu hoch bewertete Scheine sind jene, die bei Rekordständen an den Aktienmärkten begeben wurden und jährliche Aufgelder von mehr als 50 Prozent oder höher aufwiesen, aber optisch billig aussahen. Viele Spekulanten, die noch nicht lange an der Börse sind, dürften – von den „billigen" Preisen getäuscht – an ein Schnäppchen gedacht haben. Dass auch Scheine, die nur einen Euro kosten, sich in Windeseile dritteln können, war dann eine teure Erfahrung. Die Lektüre dieses Buches soll Sie daher in erster Linie vor falschen Investments und hohen Verlusten schützen.

Millionengewinne werden wir Ihnen nicht versprechen, auch wenn sich das werbetechnisch hervorragend macht. Wer aber seine Fehler minimieren kann, wird langfristig – und nur darauf kommt es wirklich an – zu den Gewinnern gehören. Insgesamt würden wir dem Optionsscheinmarkt aber unrecht tun, wenn wir uns nur auf diese Spekulationen beschränken. Mit Optionscheinen lassen sich nämlich auch bestehende Depots gegen unerwartete Kursverluste schützen.

Ein kurzer Überblick – das Buch

Dieses Buch haben wir für den interessierten Anleger geschrieben. Es soll Sie sowohl beim Einstieg begleiten und auch später als Nachschlagewerk dienen.

Bevor wir Optionsscheine näher beleuchten, beschreiben wir die Grundregeln des Money Management. Da im schnellen Derivategeschäft oft die Gier die Vernunft übertrifft, stellen wir dieses Kapitel an die erste Stelle. Ohne die Beachtung der dort aufgestellten „Goldenen Regeln" ist dauerhafter Erfolg an der Börse nämlich nicht möglich.

Da im Optionsgeschäft zudem die Auswahl des richtigen Basisinstruments die Grundlage für Gewinne ist, erläutern wir in Kapitel II, wie Sie Märkte und Aktien bewerten können. Erst dann steigen wir in die Materie des Optionsscheingeschäfts ein und erklären Grundbegriffe, die Einflussfaktoren auf die Preisbildung sowie die Kennzahlen. Einen weiteren großen Teil des Buches haben wir dann den Einsatzmöglichkeiten und Strategien mit Optionsscheinen sowie Optionen am Terminmarkt Eurex gewidmet.

Insgesamt haben wir den Schwerpunkt auf das Verständnis gelegt und weniger auf die Mathematik. Denn Sie können nicht mehr Geld verdienen, wenn Sie in der Lage sind, die mathematischen Formeln zu berechnen. Da es im Internet Optionsscheinrechner gibt und wir diesem Buch eine entprechende CD-Rom beigefügt haben, erscheinen uns ausschweifende mathematische Betrachtungen zur Optionspreistheorie wenig sinnvoll. Denn: Börsenerfolg lässt sich nicht berechnen! Er setzt sich aus vielen Bausteinen zusammen, von denen die Optionpreistheorie nur einen kleinen Teil ausmacht.

Den wichtigsten Kapiteln wie Money Management, Börsenhandel, Bewertungsfaktoren oder Optionsscheinkonstruktionen folgt jeweils ein Fragenkatalog. Das soll Sie nicht in Ihre Schulzeit zurückversetzen, Ihnen aber die Chance geben, den Stand Ihres Wissens objektiv festzustellen. Denn die Börse verzeiht keine Fehler! Die bekommen Sie schwarz auf weiß mit Ihrem Kontoauszug präsentiert. Daher heißt die Devise: Alle Eitelkeiten über Bord zu werfen, und Wissenslücken aufdecken. Das tut weit weniger weh als der Verlust von 10 000 oder noch mehr Euro.

Die Fragen am Ende der Kapitel sind nach Multiple-Choice-Verfahren zu beantworten, das heißt, dass sowohl eine als auch mehrere Antworten richtig oder falsch sein können. Eine genauere Beschreibung finden Sie vor dem ersten Fragenblock, die Lösungen im Anhang dieses Buchs.

Wir wünschen Ihnen nun viel Spaß beim Lesen und sind sicher, dass Sie an der Börse Erfolg haben, wenn Sie die Regeln und Tipps in diesem Buch befolgen.

Antonie Klotz
Jürgen Philipp

Der Weg zum Erfolg
Grundlagen des
Money Managements

Der Boom, den die Börse in Deutschland seit der Telekom-Emission und den teils traumhaften Gewinnen am Neuen Markt verzeichnet hat, begeisterte viele neue, noch unerfahrene Anleger für die Börse. Der Traum vom leichten Reichtum mit wenig oder besser gar keiner Arbeit hat um sich gegriffen. Gibt es nicht Aktien wie Mobilcom, EM-TV oder Optionsscheine, die Tausende von Prozent Gewinn verbucht haben? Tauchen in den Statistiken nicht Woche für Woche Warrants auf, deren Kurse sich mehr als verdoppelt, verdreifacht oder gar verzehnfacht hat?

Es müsste doch einfach sein, die Gewinner von morgen herauszufinden und mit leichter Hand ein Vermögen zu verdienen, um Zeit und das nötige Kleingeld für die angenehmen Seiten des Lebens zu haben. Der Ratschlag eines Gurus oder noch besser ein Computerprogramm, das krass unterbewertete Scheine auf Knopfdruck ausspuckt: So stellen sich viele Neulinge ihre Börsenkarriere vor.

Vergessen Sie´s. Weder Gurus, die sowieso kommen und gehen wie die Jahreszeiten, noch der technische Fortschritt werden jemals das perfekte System zum sicheren Reichtum erfinden. Es würde auch niemandem etwas nutzen, da sie in diesem Fall weder Ihre Brötchen beim Bäcker kaufen, noch sonst irgendetwas mit Ihrem Geld anfangen könnten. Denn auch der Bäcker und alle anderen Menschen, die Waren und Dienstleistungen produzieren, hätten es sich selbst vor dem Computer bequem gemacht, um die nächste Million zu verdienen.

Schmeißen Sie also um Himmels Willen nach ein paar Anfangserfolgen nicht ihren Job hin und versuchen sich als Zweitausgabe von George Soros oder Warren Buffet. Denn so einfach, wie sich viele Anfänger das Geldverdienen an der Börse vorstellen, ist es allemal nicht. Gerade im Optionsschein-Bereich gibt es auf lange Sicht immer mehr Verlierer als Gewinner. Besonders die, die sich nicht an die Grundregeln beim Spekulieren halten, werden rasch vom Markt bestraft. Das heisst nichts anderes als hohe Verluste verkraften zu müssen.

Die zwölf Goldenen Regeln
– So vermeiden Sie die Katastrofe

Der Weg zum Börsenerfolg ist hart und es dauert meistens Jahre, bis sich ein wirklich anhaltender Erfolg einstellt.

Daher sollten Sie sich als ersten Punkt für erfolgreiche Börsenspekulationen merken: Es gibt keine sicheren Gewinne. Geschäfte mit Aktien und insbesondere Optionsscheinen sind immer ein Risiko und enden bei einem Warrant-Engagement im schlimmsten Fall mit dem Totalverlust.

Daraus folgt auch schon der zweite, überlebenswichtige Grundsatz, um nicht gleich am Beginn seines Börsenlebens aus dem Markt gespült zu werden: Spekulieren Sie nie auf Kredit!

Na ja, werden einige Leser denken, ein wohlgemeinter Ratschlag, aber nur so ist schnell viel Geld zu verdienen. Dazu ein alter Börsianerwitz: Wie macht man an der Börse ein kleines Vermögen? Indem man ein großes einsetzt!

Wie schnell der Ruin an die Tür klopft, zeigt ein einfaches Beispiel. Spekulant G. Ierig kauft mit einem Eigenkapital von 100.000 Euro X-

Aktien und nimmt noch eine Hypothek von 100.000 Euro auf eine Immobilie auf, um weitere Papiere des Zukunftswerts dazuzukaufen. Leider läuft es jedoch anders, als es sich I. vorgestellt hat. Eine Kurshalbierung und die 100.000 Euro Eigenkapital sind futsch. Drittelt sich die Superaktie zum Leidwesen des Spekulanten, sitzt er auf einem Schuldenberg und das „Spiel" ist vorüber. Notorischer Schwarzmaler, könnten euphorische Zeitgenossen einwenden, denn an der Börse gehts doch fast immer bergauf.

Dann fragen Sie mal Mitmenschen, die kurz vor dem Börsencrash von 1987 auf die falschen Pferde gesetzt haben. Zwar erholten sich die Indizes nach einiger Zeit, vielen aber, die auf Kredit spekuliert hatten, nützte das nichts mehr. Ihre Bank hatte längst die Zwangsliquidierung vorgenommen. Einige der deutschen und europäischen Nebenwerte erholten sich bis heute nicht mehr. Oft waren es vorher hochgepriesene Papiere mit vermeintlich glänzenden Wachstumschancen, wie etliche spanische Versicherer oder Chemiewerte. Darum nochmals: Keine Engagements auf Kredit!

Und was bei Aktien schon mal einige Woche dauern kann, verschlingt ein falsches Optionsschein-Engagement über Nacht. Kurshalbierungen bei schlecht gewählten Warrants - Basispreis zu weit weg vom aktuellen Kurs des Basisinstruments, zu kurze Laufzeit, sinkende Volatilität - sind nämlich schneller möglich als viele Spekulanten denken.

Darum Überlebensregel Nummer drei: Kalkulieren Sie zuerst Ihr persönliches Risiko bei einem möglichen Totalverlust eines Optionsscheinengagements. Rechnen Sie nicht schon vorher Ihre Gewinne aus oder überlegen, was Sie sich damit alles leisten könnten. Nur realisierte Gewinne sind echte Gewinne.

Daraus folgt Regel vier: Begrenzen Sie Ihre Optionsschein-Engagements auf den Teil des Geldes, das Sie wirklich verlieren können. Legen Sie zudem niemals alle Eier in einen Korb. Wer risikofreudig ist, kann durchaus 20 Prozent des Eigenkapitals in Warrants stecken. Ein Einzelinvestment in einem Schein sollte aber niemals mehr als drei bis fünf Prozent ausmachen.

Regel Nummer fünf: Stoppkurse müssen immer eingehalten werden. Um hohe Verluste zu vermeiden, lohnt es sich, jedes Engagement grundsätzlich mit einem Stoppkurs auszustatten. Das heißt, dass bei Unterschreiten dieser Marke die Reißleine gezogen wird (zu Stoppkursen bei Warrants lesen Sie Kapitel 4.6.) und das Engagement unabhängig davon, ob Sie glauben, dass sich der Wert wieder erholt, verkauft wird. Suchen sie nicht nach Gründen, warum eine Ausnahme gerade diesmal sinnvoll wäre. Sie finden nämlich immer einen, wenn Sie nur lange genug suchen. Stoppkurse schützen vor zu hohen Verlusten durch Fehleinschätzungen.

Im Termingeschäft sind Stoppkurse unerlässlich, da eine Option von vornherein nur eine begrenzte Lebensdauer hat. Läuft es anders als gedacht, kommt nämlich noch in aller Regel der Zeitwertverlust (siehe Kapitel 6) hinzu. Denn im Geschäft mit den Hebelinstrumenten verbietet sich eine Buy-and-Hold-Strategie, wie sie im Aktienbereich oft angepriesen wird.

Neben der Gier, die sich bei Kreditinvestments am deutlichsten wiederfindet, ist Hoffnung einer der größten Feinde des Börsianers. Bei 20 Prozent Kursrückgang sieht es nach einer Konsolidierung aus - das ist übrigens der höchste Verlust, den Sie hinnehmen sollten, bevor Ihr Stoppkurs greift − bei 40 Prozent sind die steigenden Zinsen Schuld, bei 60 Prozent Einbuße sind negative Presseberichte verantwortlich und bei 80 Prozent lohnt sich ein Verkauf auch nicht mehr, da der Verlust nun ja schon zu hoch ist.

Verlust	Notwendiger Gewinn, um das eingesetzte Kapital wieder zu erhalten
10 Prozent	11,1 Prozent
20 Prozent	25,0 Prozent
30 Prozent	42,9 Prozent
40 Prozent	66,7 Prozent
50 Prozent	100,0 Prozent
60 Prozent	150,0 Prozent
70 Prozent	233,3 Prozent
80 Prozent	400,0 Prozent
90 Prozent	900,6 Prozent

Wie die Tabelle zeigt, wird es immer schwieriger, einen bereits entstandenen Kursverlust aufzuholen, je höher das erlittene Minus ist. Bei einem Kursverlust von 50 Prozent muss sich der Optionsschein verdoppeln, nur um den ursprünglichen Einsatz wieder zurückzuverdienen. Bei einem Kursverlust von 80 Prozent ist ein Anstieg von 400 Prozent oder eine Verfünffachung des Optionsscheinkurses nötig, um den ursprünglichen Einsatz zurück zu erhalten.

Wenn Sie sich trotz aller Warnungen nicht mit der Stoppkurs-Regel anfreunden können, nutzen Sie wenigstens ein anderes Instrument zur Risikobegrenzung. Regulieren Sie Ihr Verlustpotenzial durch den Einsatz. Das hieße im Optionsscheinbereich, jedes Einzelengagement auf zwei, und den maximalen Warrant-Anteil des Depots auf zehn Prozent zu begrenzen. Der überwiegende Teil des übrigen Kapitals gehört nun aber in Festgeld oder Bundesanleihen und nicht etwa in Werte des Neuen Marktes, bei denen viele Anleger auch keine Stoppkurse für nötig halten, weil die Langfristaussichten so gut sind.

Optimal ist das Risiko minimiert, wenn die Begrenzung des Kapitaleinsatzes und das Einhalten von Stoppkursen kombiniert werden. Das bedeutet, dass je nach Risikofreudigkeit, wie folgt investiert wird: maximal fünf Prozent Depotanteil pro Warrant, maximal 20 Prozent Gesamtanteil der Scheine am Depot und ein Stoppkurs etwa 20 Prozent unter dem Einstandskurs.

Wer ganz sicher ist, dass eine strategische Optionsscheinanlage im Gewinn landet, kann seinen Stopp auch durchaus 50 Prozent vom Einkaufskurs entfernt platzieren. Bei einem derartigen Vorgehen sollten aber die restlichen 80 Prozent des Eigenkapitals unbedingt in risikolosen Anlagen investiert sein, da sonst eine Marktkorrektur dem Gesamtdepot hohen Schaden zufügt (zudem spräche ein derart hoher Verlust in einem Schein zumindest für ein lausiges Timing, meist aber für eine totale Fehlentscheidung). Steigt das Investment dagegen in die Gewinnzone, muss der Stoppkurs angepasst werden. Dabei wird der ursprüngliche Stopp langsam nach oben gezogen, so dass anfänglich das Verlustrisiko geringer wird und später eine Gewinnsicherung stattfindet.

Prägen Sie sich zudem zwei alte Börsenregeln ein, die das Überleben im Haifischbecken sichern: Erstens: der Markt hat immer Recht. Zweitens: die ersten Verluste sind meist die billigsten.

Darum gilt Regel Nummer sechs: Niemals den Einstandskurs verbilligen. Viele Anleger, die von Anfangserfolgen geblendet sind und sich nach wenigen Monaten und einigen erfolgreichen Engagements für Börsenexperten halten, haben eine besondere Strategie zur Kapitalvernichtung ersonnen: verbilligen − Sie kaufen also zu gefallenen Kursen nach, um so den durchschnittlichen Einstandskurs zu reduzieren. Verbilligen heisst aber nichts anderes, als dem schlechten Geld nochmals gutes hinterherzuwerfen. Es bedeutet auch, die Stoppkurs-Regel zu verletzen und starrsinnig zu handeln. Wer verbilligt meint, er sei klüger als die Börse. Durch „Verbilligen" gerät aber das gesamte Depot in eine Schieflage, weil angefangen wird, eine Position zu vergrößern, die bereits im Verlust liegt. In der überwiegenden Mehrzahl aller Fälle geht das schief und die Verluste werden größer und größer und bedrohen möglicherweise Ihre wirtschaftliche Existenz, wenn Sie nur lange genug verbilligt haben.

Regel Nummer sieben: Gewinne laufen lassen, Verluste begrenzen. Ein Fehler, der gern gemacht wird, ist es nach kleinen Gewinnen nervös zu werden und die Papiere schnell zu verkaufen. Besser ist es jedoch, die Engagements mit neuen Stoppkursen auszustatten, und die Gewinne weiter laufen zu lassen.

Regel Nummer acht: Aufträge immer limitieren. Da der Gewinn bei einem Engagement oft im Einkauf liegt, sollten unlimitierte Orders nicht abgegeben werden. Denn sonst kann es Ihnen passieren, dass Sie den Kurs beispielsweise bei 3,50 Euro vermuten, sie aber mit 7,50 Euro abgerechnet werden, weil das Basisinstrument einen großen Sprung gemacht hat.

Regel Nummer neun: Achten Sie auf das Bezugsverhältnis. Achten Sie darauf, wieviel Sie der Bezug des Basisinstruments kostet. Berücksichtigen Sie daher das Bezugsverhältnis. Ein DAX-Warrant, der 3,00 zu 3,20 Euro gestellt wird und ein Bezugsverhältnis von 100 zu 1 hat, ist nämlich teurer als eine DAX-Option mit sonst identischen Bedingungen und mit einem Kurs von 300 zu 310 Euro gehandelt wird.

Regel Nummer zehn: Auf Basispreis und Laufzeit achten. Warrants, die optisch sehr billig erscheinen, haben zumeist einen Haken. Entweder ist der Basispreis meilenweit entfernt oder die Restlaufzeit ist dementsprechend kurz. Prüfen Sie deshalb beides sehr gründlich.

Regel Nummer elf: Nicht auf Optionsschein-Charts oder Höchst- und Tiefstkurse achten. Irreführend für viele Marktteilnehmer sind auch Charts oder Höchst-und Tiefstkurse von Optionsscheinen. Mit solchem Humbug lassen sich keine Aussagen über die Kurschancen eines Warrants treffen. Was für Aktien noch ganz sinnvoll ist, verbietet sich bei derivativen Produkten aufgrund ihrer begrenzten Laufzeit und des damit einhergehenden Zeitwertverlustes. Mit Charts darf daher lediglich das Basisinstrument, niemals aber der Warrant analysiert werden (siehe Kapitel 2).

Diese elf Grundregeln zu beachten und sich vor hochkochenden Emotionen zu schützen, mag anfänglich sehr schwer sein, langfristig führt es aber zum Erfolg und schützt vor hohem Lehrgeld. Diese elf Punkte reichen aber immer noch nicht aus, um erfolgreich zu sein.

Regel Nummer zwölf: Eine gründliche Analyse ist Grundlage für den Erfolg. Fällen Sie keine Entscheidungen aus dem Bauch heraus. Da Optionsscheine Derivate, also abgeleitete Finanzprodukte sind, kommt es immer zuerst auf die Bewegung des Baisinstruments an. Ist die Einschätzung hier falsch, nützen die besten Formeln, der höchste Hebel, oder das geringste Aufgeld nichts!

Wer auf Hoffnung kauft, sollte ins Spielkasino gehen. Die Chancen dort statt an der Börse Geld zu verdienen sind bei diesem Vorgehen auch nicht viel schlechter. Nun gibt es einerseits eingefleischte Fundamentalisten, die nur auf unternehmens- und volkswirtschaftliche Daten bauen, und andererseits glühende Verfechter der Charttechnik, die alle Fundamentlisten für Idioten halten, da die künftige Entwicklung doch so einfach mit Bleistift und Lineal zu prognostizieren ist – die absolut sichere Methode zur Analyse des künftigen Verhaltens eines Basisobjekts gibt es aber nicht. Also nicht stur auf ein System setzen und andere verteufeln. Je mehr verschiedene Hinweise auf eine bestimmte Kursentwicklung deuten, desto größer wird die Chance, eine Fehlinvestition zu vermeiden.

Sie müssen bei Optionsschein-Engagements jedoch vieles vergessen, was Sie über das Investieren in Aktien gelernt haben! Im Aktienbereich mag es sinnvoll sein, alle drei Monate einen gewissen Betrag zu investieren und damit ständig Positionen zu haben. Bei Warrants, die eine begrenzte Laufzeit haben, ist dieses ständige „investiert sein" der sicherste Weg zum Ruin. Auch Optionsschein-Fonds haben durch diese Strategie mitunter katastrophale Verluste erlitten.

Werten Sie alle Faktoren aus und entscheiden Sie erst dann, ob Sie zum jetzigen Zeitpunkt überhaupt einen Kauf tätigen wollen. Gibt die Analyse kein klares Argument für eine Investititon in die eine oder andere Richtung und scheint auch die Seitwärtsbewegung auf unsicheren Füßen zu stehen, tun Sie einfach nichts. Das hört sich furchtbar leicht an, ist aber für alle, die vom Börsenvirus infiziert sind, genau so schwer, wie für einen Raucher die Zigarrette nicht anzufassen. Daher nochmals der Hinweis auf einige Tugenden, die hart erarbeitet werden müssen: Geduld, Disziplin und emotionale Selbstkontrolle.

Häufig finden Sie in Zeitungen und Zeitschriften so genannte „empfohlene Depots" oder „Musterdepots" für konservative und spekulative Anleger. Zumindest was den Optionsscheinbereich angeht sind solche Grafiken kompletter Unsinn, denn sie suggerieren wieder, Sie müssten ständig mit zehn, fünfzehn oder zwanzig Prozent in Warrants investiert sein, um ein optimales Anlageprofil zu erfüllen.

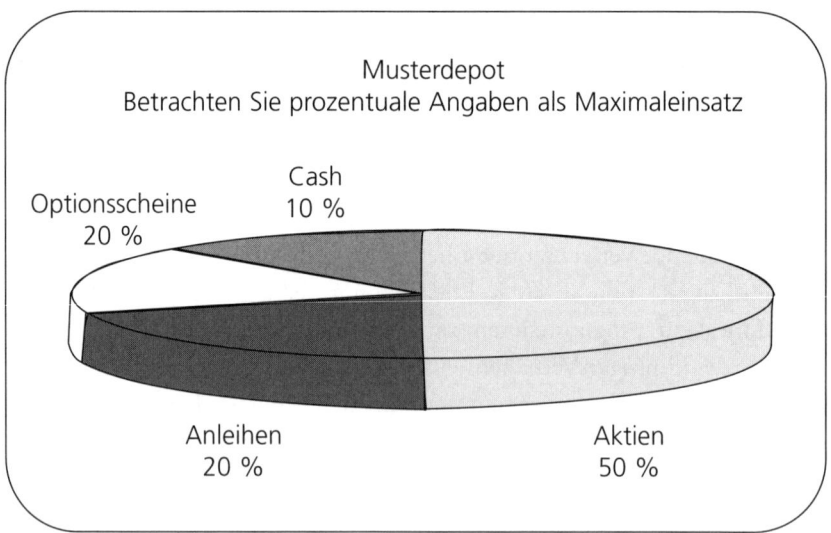

Musterdepot
Betrachten Sie prozentuale Angaben als Maximaleinsatz

Optionsscheine
20 %

Cash
10 %

Anleihen
20 %

Aktien
50 %

Das heißt aber noch lange nicht, dass der Einsatz nicht auch kleiner oder etwa bei Null liegen kann. Beachten Sie diese Regel nicht, führt ein gläubiges Nachbilden solcher Portefeuilles wahrscheinlich ins finanzielle Desaster.

Vergessen Sie bei allem Interesse an der Börse und noch so euphorischen oder niedergeschlagenen Fernsehmoderatoren niemals, dass Angst, Gier oder Panik, und auch die Befürchtung, etwas entscheidendes zu verpassen, die größten Feinde des Erfolgs sind. Die Börse gibt es auch morgen noch. Sie versäumen nichts, wenn Sie mal nicht dabei sind. Lassen Sie sich deshalb auch niemals nervös machen, wenn eine Entscheidung getroffen ist.

Schnell werden aus den anfänglich kleinen Verlusten große, und wenn Spekulanten dann auch noch auf Futures, die unbegrenzte Verlustmöglichkeiten haben, ausweichen, folgte oft kurze Zeit später der Bankrott. Lassen Sie sich niemals zu solchen Manövern verführen. Glauben Sie auch niemandem, der Ihnen langfristig Renditen verspricht, die über dem Zinsniveau zehnjähriger Staatsanleihen liegt.

Solche Leute sind unseriös, oder schreiben im Kleingedruckten, dass es sich um eine Vergangenheits-Performance handelt, die keine Rückschlüsse auf künftige Erträge zulässt. So und nicht anders sieht auch die Wahrheit aus. Gefährlich wird es auch, wenn zu viele „Börsengurus" oder Bankexperten neue, unglaublich hohe Kursziele für Aktienindizes oder Einzelaktien postulieren. In der Vergangenheit hat gerade diese, eine Euphoriephase kennzeichnende Verhaltensweise Korrekturen angekündigt. Behalten Sie kühlen Kopf. Deshalb zum Abschluss nochmals die Warnung: Lassen sie die Gier nach Gewinnen nicht über ihren Verstand siegen.

Wissenskontrolle schützt vor hohen Verlusten

Aus gutem Grund haben wir an dieses Kapitel einen umfangreichen Fragenkatalog angehängt, der nach dem Multiple Choice-System aufgebaut ist. Es werden jeweils vier Antworten zu einer Frage gegeben, von denen alle falsch, oder jede beliebige Einzelantwort oder Kombination richtig sein kann.

Eine Frage könnte also folgendermaßen aussehen:

Für Äpfel gilt, sie

a) sind eine Frucht

b) sind für alte Menschen Gift

c) wachsen unter der Erde

d) gehören zu den chemischen produzierten Nahrungsmitteln

In diesem Fall wäre die Antwort a korrekt – b, c und d sind falsch.

Aber keine Sorge, die Fragen werden schwieriger und decken Wissenslücken auf. Zudem vermeiden sie nach Durcharbeitung des Kapitels und Lösung der Fragen einen der Kardinalfehler im Optionsscheingeschäft: Sie werden nie wieder einen Warrant kaufen, den Sie nicht zumindest in groben Zügen verstanden haben. Die richtigen Lösungen finden Sie im Anhang.

Fragen zum Thema
(Lösung siehe Seite 241):

1) Welche Aussagen sind korrekt
a) chartechnische Syteme bieten die optimale Analyse zur Auswahl eines Basisinstruments
b) fundamentale Analysen verbessern die Auswahl des Basisobjekts
c) Optionspreismodelle liefern die richtige Warrant-Auswahl
d) Nur die kombinierte Analyse aller drei Systeme verbessert Ihre Anlagechancen

2) Verbilligen ist
a) die Methode der Wahl, um hohe Gewinne zu erzielen
b) auf jeden Fall angezeigt, wenn der Kurs eines Investments fällt
c) der sicherste Weg zum Bankrott
d) je nach Sachlage vernünftig oder unvernünftig

3) Stoppkurse zu setzen
a) ist ein Zeichen schlechter Analyse
b) ist besonders bei Optionsscheinen ein großer Fehler
c) ist ein Weg, um sich vor hohen Verlusten zu schützen
d) lohnt nicht, weil die ausgestoppten Werte meist sofort wieder steigen

4) Gier an der Börse
a) ist das ehrlichste Gefühl und daher vernünftig
b) führt erst zu den wirklich großen Gewinnen
c) ein Gefühl, das den Verstand vernebelt und meist zu Verlusten führt
d) für echte Profis kein Problem

5) Stopp-Kurse nachzuziehen
a) ist unnötig, wenn man bereits im Gewinn ist
b) sollte nur in Sondersituationen erwogen werden
c) ist zwingend notwendig
d) dient der Gewinnabsicherung

6) Gurus
a) sind Ratgeber, denen man vertrauen sollte
b) gibt es seit es Börsen gibt
c) kommen und gehen, können einem aber das eigenständige
   Denken nicht abnehmen
d) haben meist Systeme, die über Jahrzehnte hohe Gewinne
   ermöglichen

7) Kreditengagements
a) sind verantwortbar, wenn die Analyse korrekt ist
b) haben im Optionsscheingeschäft nichts zu suchen
c) sind nicht schlimm, wenn Sachwerte dagegen stehen
d) dürfen von Zeit zu Zeit riskiert werden

8) Euphorie
a) ist ein guter Ratgeber, denn wenn es läuft, läuft es auch richtig
b) ist ein gefährliches Warnzeichen
c) sollte nicht überbewertet werden, an der Börse gibt es eben stark
   schwankende Stimmungen
d) gehört zu den Gefühlen, die streng kontrolliert werden müssen, da
   sonst die Gefahr hoher Verluste droht.

9) Charttechnik
a) ist genauso unsinnig wie Kartenlegen
b) sagt die Gewinnentwicklung von Unternehmen voraus
c) ist zur Timing-Analyse unverzichtbar
d) sollte nicht als einziges Analyseinstrument genutzt werden

10) Bei Warrant-Engagements
a) sollte niemals der Totalverlust in Betracht gezogen werden
b) sollten Stopp-Kurse gesetzt werden
c) ist es vernünftig, sein Kapital auf einen Schein zu konzentrieren
d) sollten Optionsschein-Fonds gekauft werden, weil die durch
   Fachwissen und Diversifikation immer besser abschneiden
   als Privatanleger

Marktbewertung und Auswahl des Basiswerts

Für die Auswahl eines Basisinstruments im Aktienbereich, auf das sich ein Optionsscheinkauf lohnt, müssen zwangsläufig die Aussichten des Gesamtmarktes und der Einzelaktie untersucht werden.

2.1 Analyse des Umfelds

Ein einfacher Weg, um festzustellen, ob der Gesamtmarkt normal, über-, oder unterbewertet ist, liegt im Ermitteln des Renten- und Aktienmarkt-Kurs-Gewinn-Verhältnisses (Renten- und Aktien-KGV). Um zum Beispiel das Renten-Kurs-Gewinn-Verhältnis zu errechnen, wird 100 durch die Rendite zehnjähriger Staatsanleihen dividiert. Liegt die Rendite im zehnjährigen Bereich beispielsweise bei 5 Prozent, ergibt sich ein Wert von 20 (100 dividiert durch fünf).

Für das Aktienmarkt-KGV ist der Indexstand durch den erwarteten summierten (je nach Index, gewichtet, zum Beispiel beim DAX oder ungewichtet, beispielsweise beim Dow Jones Industrial Index) Gewinn der Indexwerte zu teilen. Liegt der DAX beispielsweise bei 5000 Punkten und der erwartete Gewinn der 30 Index-Werte bei 200 Euro, ergibt sich ein DAX-KGV von 25 (5000 dividiert durch 200).

Bei der Division des DAX-KGVs durch das Renten-KGV entsteht eine Kennziffer, die einen Hinweis auf die aktuelle Marktbewertung gibt. In unserem Fall ergibt sich ein Quotient von 1,25 (25 geteilt durch 20). Dabei zeigt jeder Wert über 1 eine Überbewertung und jeder Wert unter 1 eine Unterbewertung an. Übersichten mit derartigen Bewertungskennzahlen bietet beispielsweise BÖRSE ONLINE regelmäßig an.

Eine kleine Rechnung soll verdeutlichen, welchen großen Einfluss die Zinsen auf dieses Bewertungsmodell haben. Ein Zinsanstieg von fünf auf sechs Prozent erniedrigt das Renten-KGV von 20 auf 16,6. Reagiert die Börse darauf, muss der Index um rund 17 Prozent fallen, um auf die ursprüngliche Bewertung zurückzukommen. Oft und besonders dann, wenn der Markt meint, die Zinsen könnten weiter steigen, schießt die Reaktion über. Aktien verlieren dann genauso überproportional, wie sie beim Rückgang der Renditen gewonnen haben!

Waren die Aktien vorher gar überbewertet, fällt die Korrektur natürlich entsprechend heftiger aus. Und auf Eines können Sie bedenkenlos Haus und Hof verwetten: Eine Korrektur kommt immer irgendwann und zumeist dann, wenn sich alle ganz sicher sind, dass sie jetzt nicht vor der Tür steht. Daher Vorsicht mit den in einer Aufwärtsbewegung so erfolgreichen Calls!

Wer bei einer Marktbewertung noch exakter vorgehen möchte, ermittelt einen theoretischen Index-Stand durch die Berechnung des inversen Kurs-Gewinn-Verhältnisses. Ein Beispiel:

Rendite zehnjähriger Bundesanleihen:	5,5 %
+ Riskoprämie	1,0 %
− durchschnittliche Dividendenrendite	1,8 %
Inverses KGV	4,7 %

$$\text{Erwartetes KGV} = \frac{100}{\text{durch inverses KGV}} = 21{,}3$$

Mit dem so erhaltenen Wert muss nun der erwartete Gewinn des Index, also beispielsweise wie im obigen Fall 200, multipliziert werden, um einen fairen Indexstand zu erzielen. Rechnung: 21,3 • 200 = 4260. In diesem Fall läge der neutrale Indexstand also bei 4260.

Die Risikoprämie beschreibt die Bereitschaft der Anleger in Aktien, statt in Anleihen oder in Festgeld zu investieren. Je geringer die Risikoprämie ist, desto riskanter ist der Aktienmarkt und destor sorgloser sind die Anleger. Was letztendlich als theoretisches KGV zu ermitteln ist, bleibt der Risikoprämienerwartung jedes einzelnen überlassen. Bei dieser Bewertung sollte nicht übersehen werden, dass die Risikoprämie heute mit 1,0 bis 1,5 Prozent deutlich unter dem historischen Mittel von drei Prozent liegt und sich in Richtung null Prozent entwickelt. Das hat seine Ursache in erster Linie darin, dass grosse Pensionsfonds ihre Gewichtung im Aktienbereich deutlich heraufgesetzt haben und die Diskussion um eine langfristige Rentenfinanzierung zu einer erhöhten Aktien-Nachfrage aus dem privatem Bereich geführt haben. Diese, teils tatsächliche, teils pychologische Veränderung an den Märkten war es auch, die US-Notenbankchef Greenspan in seiner Rede vom Oktober 1999 ansprach. Denn eine Rückkehr der Risikoprämie in Richtung des langjährigen Durchschnitts erbrächte eine heftige Korrektur an den Märkten, zumal sich die Bewertung nach der langjährigen Hausse bereits im oberen Bereich angesiedelt hat.

2.2 Auswahl des Basisinstruments

Handelt es sich beim Basiswert, auf den sich der Optionsschein bezieht, um eine Einzelaktie, dann muss der Kurs dieses Wertes durch den Gewinn pro Aktie geteilt werden, um das KGV des Papiers zu ermitteln. Diesen Wert einfach mit dem Markt-KGV zu vergleichen und daraus eine Bewertung ableiten zu wollen, verbietet sich allerdings. So haben zyklische Werte aus den Bereichen Stahl, Papier, Automobil oder Chemie in der Regel niedrigere KGVs als Wachstumsaktien. Niedrige KGVs sind hier nicht unbedingt ein Kaufargument, weil der Markt schon wieder das nächste Zyklustief erwartet und die Unternehmensgewinne in den Folgejahren geringer ausfallen können.

Die enttäuschende Entwicklung der VW-Aktie im Jahr 1999, die trotz günstiger Gewinnschätzungen und einem niedrigen KGV ständig neue Tiefs erreichte, ist ein Beispiel dafür, wie sich die Märkte verhalten. Die enttäuschenden Zahlen des dritten Quartals bestätigten letztlich nur noch das, was der Markt längst gewusst hatte. Also Vorsicht bei zyklischen Werten mit niedrigen KGVs. Besonders dann, wenn der Zyklus bereits seit einiger Zeit gut gelaufen ist.

Bei Aktien mit Gewinnwachstumsraten von mehr als 20 Prozent wird häufig auch ein PEG-Ratio (Price-Earning to Growth-Ratio oder zu deutsch Kurs-Gewinn-Verhältnis zu Umsatzwachstum) angegeben, welche sich wie folgt berechnen lässt: KGV dividiert durch die erwartete prozentuale Umsatzsteigerung des kommenden Jahres. Beträgt das KGV beispielsweise 40 und liegt das Umsatzwachstum bei 40 Prozent, ergibt sich ein PEG-Ratio von 1, was einer neutralen Bewertung für einen Wachstumstitel entspricht. Liegt das PEG-Ratio höher und ist damit das KGV höher als die prozentuale Umsatzsteigerung, ergibt sich eine Über-, umgekehrt eine Unterbewertung.

Doch auch hier ist wieder Vorsicht bei der Interpretation der Daten angesagt. Nicht nur, dass die Bewertungsmodelle stark vereinfacht sind, bereits zum Zeitpunkt der Markterwartung steigender Zinsen ist die Gefahr von erheblichen Bewertungsabschlägen gegeben. Diese werden um so höher ausfallen, je höher das absolute KGV und je stärker der Zinsanstieg ausfällt. Der Grund liegt darin, dass bei Wachstumswerten künftige Gewinne abgezinst werden. Bei dieser „Rückrechnung" auf einen heute vertretbaren Preis hat der Abzinsungsfaktor über die Jahre hinweg einen ganz erheblichen, sich selbst verstärkenden Effekt. Ob die hohen Wachstumserwartungen dann auch tatsächlich über zehn Jahre hinaus erfüllt werden können, steht auf einem ganz anderen Blatt. Zumal immer unbekannt ist, ob Konkurrenten in das Marktsegment eintreten oder neue Technologien entwickelt werden.

Beispiele solcher Bewertungsfallen sind etliche Werte des Neuen Marktes und US-Internetwerte. Mit Beginn des Zinsanstieges in den USA war es mit der Herrlichkeit erstmal vorbei. Es gab Korrekturen von 50 Prozent und darüber. Bei sehr hohen Umsatz- oder Gewinnwachstumsraten sollten Anleger immer zudem bedenken, dass die Wahrscheinlichkeit von Enttäuschungen groß ist und dass die hohen prozentualen Steigerungen nur dadurch möglich werden, dass die Ausgangs-basis sehr niedrig ist. Kein Wunder also, dass die ersten Optionsscheine auf Neue Markt-Aktien, wie LHS oder SCM, die zudem noch wegen der extrem hohen impliziten Volatilitäten (siehe Kapitel 5) viel zu teuer waren, zu hohen Verlusten bei Privatanlegern geführt haben. Bei gründlicher Analyse des Marktumfelds, der Einzelaktien, der Charttechnik und der Optionsscheinbewertung hätte dieses Desaster vermieden werden können.

Auch risikobewusste Privatanleger sollten daher Warrants auf Aktien, die bereits selbst hochvolatil und damit sehr riskant sind, vermeiden. Den Turbo auf den Turbo zu kaufen zahlt sich selten aus. Besonders dann nicht, wenn die Basisinstrumente sehr volatil und die Warrants daher teuer sind. Besser ist da schon, auf Papiere zu setzen, deren KGV nicht in astronomischen Höhen pendelt. Folgt dann noch ein Branchenvergleich und ist der Wert aufgrund der PEG-Ratio unterbewertet, ist das ein Pluspunkt in der Analyse.

Für die fundamentale Analyse können zusätzlich Frühindikatoren, wie beispielsweise die Auftragseingänge verschiedener Branchen, zur Verbesserung der Treffsicherheit benutzt werden (Daten und Informationen finden Sie in der Wirtschaftspresse). Hier kann bereits eine leichte Verbesserung oder gar nur ein Abflachen des Rückgangs ein Fingerzeig auf eine Trendwende sein.

Bei der Analyse von Aktienmärkten, Einzelwerten oder Branchen darf nie vergessen werden, dass an der Börse Menschen handeln, und künftige Kursbewegungen eben nicht nur die logische Folge der fundamentalen, technischen oder volkswirtschaftlichen Daten sind. Daher ist die Erwartung von dem, was die Mehrheit der Marktteilnehmer künftig denken wird, ein wichtiger Punkt der Analyse. Letztendlich wird die Kursentwicklung einer Aktie, einer Branche oder des Index schlicht davon abhängen, ob es mehr Käufer oder Verkäufer gibt. Diese an sich banale Weisheit ist ein Kernpunkt bei der Auswahl eines Papiers.

Es ist beispielsweise völlig unsinnig, auf Konsumwerte zu setzen, wenn die Branche nicht läuft, weil die Absatzzahlen des Einzelhandels von Quartal zu Quartal rückläufig sind. Denn die Branche ist in diesem Fall bei den Fondsmanagern „out" und wird in deren Portefeuilles untergewichtet. Das heißt, frisches Geld wird nur zu einem kleinen Teil hier investiert werden. Da es in der Regel Zeit braucht, bis die Stimmung umschlägt und damit wieder Geld in Werte dieses Bereiches fließt (Money flow) ist es besonders für Optionsscheinkäufer wichtig, auf Branchen zu setzen, die „in" sind. Spekulanten, die Warrants erwerben wollen, sollten deshalb versuchen vorauszuahnen, was die Mehrzahl der Anleger (und damit hauptsächlich die Fonds) künftig kaufen wird.

Die Hausse der Biotechnologieaktien seit 1999 ist ein gutes Beispiel für eine derartige Entwicklung. Der lange vernachlässigte Sektor kam durch die Zulassung neuer Medikamente langsam wieder in Mode. Marktführer wie Amgen oder Biogen zogen im Kurs deutlich an. Das wiederum hat – auch durch eine positive Presse – das Interesse an solchen Titeln gesteigert. Die erhöhte Nachfrage schlägt sich schließlich darin nieder, dass neue Fonds gegründet werden, die Geld sammeln, um eben in diese Biotechnologiewerte zu investieren. Binnen eines Jahres wird so aus einer Außenseiterbranche ein Zukunftsinvestment.

Wie auch die Hausse im Technologiesektor zeigt, sind solche Trends außerordentlich hartnäckig, wenn sich die Anlegergemeinde einmal entschlossen hat, dass die Zukunftsbranche außergewöhnlich hohe und lang andauernde Zuwachsraten zu erwarten hat. Die Analyse von Aktien aus diesen Sektoren nach althergebrachten Methoden, wie Kurs-Gewinn-Verhältnis oder Kurs-Cash-flow-Verhältnis kann Fundamentalisten schier zum Wahnsinn treiben, da die Kursanstiege mitunter alle Regeln brechen. Es lohnt sich daher, gerade bei der Auswahl eines Basisobjekts für einen Optionsschein, auf die „Buy-the-Winners-Strategie" zurückzugreifen. Das heißt nichts anderes, als dass die Aktien, die bereits Lieblinge der Investoren sind, dieses auch meist über eine längere Zeit bleiben. Ist das Unternehmen zudem in seinem Bereich Marktführer, wie etwa Cisco Systems oder Intel, sind die Chancen auf weitere Kurssteigerungen gut. Denn die Fondsmanger werden gezwungen sein, frisches, neu vereinnahmtes Geld zu investieren. Die Marktführer nicht zu berücksichtigen, kann sich aber aus Gründen des Performancedrucks der Institutionellen niemand leisten. Zudem verfügen diese Titel über die ausreichende Marktbreite, die für Großanleger erforderlich ist.

Tipp *Setzen Sie auf Branchen mit Zukunftsphantasie und bauen Sie hier auf die Marktführer. Lassen Sie sich aber von den Emittenten nicht abzocken. Gerade* *nachdem ein Titel extrem gut gelaufen ist, werden gerne Scheine begeben, die nur wenig attraktiv sind. Warrants mit einem theoretischen Hebel von weit unter zwei, einem Aufgeld von mehr als 50 Prozent und einer kurzen Laufzeit sind selten das bessere Investment als der Direkterwerb der Aktie.*

Der Druck der Fondsmanager, Performance erzielen zu müssen, die Trendabhängigkeit von Börsenentwicklungen und das Prinzip des Money flow erklären, warum 1999 Werte wie Telekom oder Siemens enorme Kursanstiege zu verzeichnen hatten, während Daimler, VW oder RWE Ladenhüter waren. Ginge es nur nach dem KGV, müsste es genau umgedreht sein. Da der Kernpunkt für ein erfolgreiches Investment aber eine gut erzählbare Geschichte mit Zukunftsphantasie ist, waren jüngst SAP, Siemens, Mannesmann und Telekom die Outperformer. Bedenken Sie bei einem Warrant-Engagement daher zusätzlich zur fundamentalen und technischen Analyse unbedingt, ob die Aktie eine Story hat, die Sie notfalls ihrem in Börsengeschäften unbedarften Nachbarn schmackhaft machen könnten. Klappt das, können Sie fast sicher sein, dass auch das Geld der Fonds in solche Werte fließt. Denn Fondsmanager und Vermögensverwalter lieben gute Geschichten. Besonders dann, wenn sie aus einer Branche kommen, die bereits zu den Favoriten gehört.

Auf „bewertungstechnisch billige" Aktien zu setzen, kann nach einer langen Geduldsphase durchaus erfolgversprechend sein. Als Basisinstrument für ein Warrant-Engagement eignen sich solche Papiere aber selten. Denn den Stimmungswechsel in der Anlegergemeinde: „Raus aus Internet-Werten, wir kaufen jetzt Autos", ist schwer zu erwischen. Hier greift eine eiserne Regel, die trotz aller Crash-Prophetie seit Jahren für den Gesamtmarkt gilt. Auch bei Branchen heißt die Devise: The trend is your friend.

2.3 Die Chartanalyse zum Timing nutzen

Die gesamte Analyse sagt aber noch nichts über das Timing des Investments aus, also über den Zeitpunkt des Optionsscheinerwerbs. Gerade bei Warrants spielt aber der Kaufzeitpunkt eine ganz entscheidende

Rolle. Zur Wahl des richtigen Einstiegszeitpunkt ist die Chartanalyse das herausragende Instrument. Ein ziemlich gutes Instrument zum Erkennen mittelfristiger Trends ist die Auswertung des wöchentlichen MACD (Moving Average Convergence Divergence) für das jeweilige Basisinstrument. Der MACD besteht aus mehreren EMA (Exponential Moving

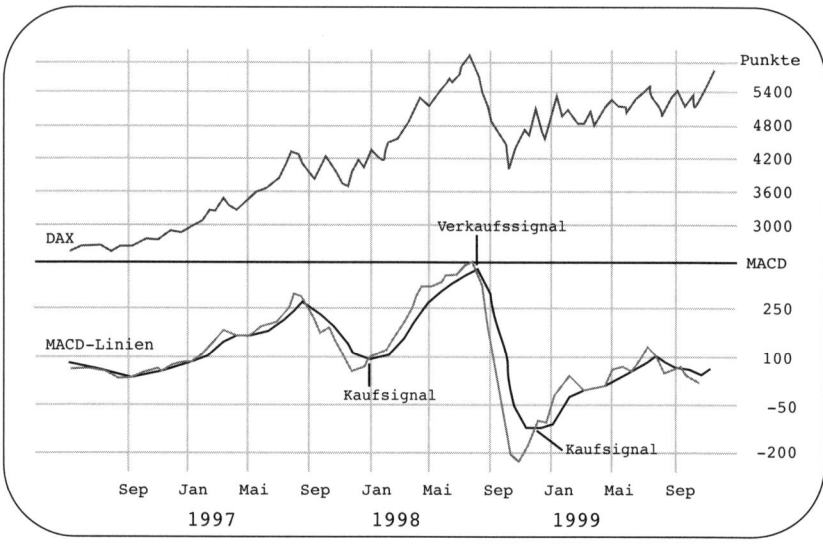

MACD - z.B. DAX oder Indexwert

Averages). Bereits die EMA reagieren besser auf Trendveränderungen als einfache gleitende Durchschnitte (wie etwa der 90- oder 200-Tage-Durchschnitt, bei dem alle Einzelkurse des Zeitintervalls gleichgewichtet sind). Denn bei den EMA erhalten die zuletzt erfassten Kurse ein höheres Gewicht als ältere Werte.

Schneidet der schnellere MACD (Signallinie) den langsameren MACD von unten nach oben ergibt sich in der Regel ein Kaufsignal. Beim Schneiden von oben nach unten hingegen entsteht ein Verkaufssignal. Wie Sie am obigen Chart sehen, gibt diese recht einfache Analyse einen soliden Hinweis auf die kommende Kursentwicklung und hat eine vernünftige Trefferquote. Bei mehreren Fehlsignalen in kurzer Zeit steigt allerdings die Chance auf eine längere Seitwärtsbewegung, für die Sie bei den Sonderkonstruktionen Spekulationsinstrumente finden, die in einem solchen Fall Gewinn bringen. Die meisten Chartprogramme verfügen über MACD-Einstellungen, so dass hier nicht näher erläutert werden muss, wie man sie praktisch errechnen kann. Wer das nachlesen möchte findet aufschlussreiches im Buch von Alexander Elder: Die Formel für Ihren Börsenerfolg, München 1999.

Fazit: Die fundamentale Analyse plus dem Timing durch die Charttechnik und anschließend die Auswahl des Warrants, der besonders günstige Bewertungskennzahlen (siehe Kapital 6) aufweist und eine Laufzeit und einen Basispreis hat, der dem Erwartungshorizont des Anlegers entspricht, bieten zusammengenommen die beste Chance auf eine gewinnbringende Investition.

Fragen zum Thema
(Lösung siehe Seite 241):

1) Das Verhältnis von Aktien-KGV zu Renten-KGV
a) spielt bei der Auswahl eines Basisinstruments für Warrants keine Rolle
b) bietet einen analytischen Anhaltspunkt
c) ist selbst bei Indices problematisch
d) sollte durch einen KGV-Vergleich innerhalb der Branche ergänzt werden

2) Der wöchentliche MACD
a) gibt nur Kaufsignale
b) gibt Kauf und Verkaufsignale
c) sollte nur auf die Charts der Basisinstrumente angewendet werden
d) bringt keine signifikanten Aussagen

3) Für KGVs gilt
a) es ist für alle Branchen gleich
b) Zykliker haben stets das höchste KGV
c) Wachstumswerte haben stets das höchste KGV
d) Es errechnet sich durch Division von Umsatz und Marktkapitalisierung

Die Sprache des Handels

Optionen sind kein Buch mit sieben Siegeln

Fachchinesisch? Muss das sein? Warum heißt es nicht einheitlich Optionsschein, sondern mal Schein, mal Warrant? Dann ist wieder von Call und Put die Rede, statt von Kauf- oder Verkaufsoption. Die Profis scheinen sich zur Verwirrung der Anleger viel zu überlegen. Sie kennen in ihrer Welt nur Strikes statt Basispreise (auch Bezugspreise genannt), Underlying statt Basiswerte (Basisinstrumente) oder Spreads statt Handelsspannen. Und hat der Anleger mit viel Müh und Not erst mal die Grundbegriffe intus, legen die Profis noch eins drauf. Dann zaubern sie Begriffe wie „in", „at" oder „out of the money" aus der Trickkiste oder sprechen gar von der Wirkung impliziter Volatilitäten. So kompliziert wie vieles zunächst wirkt, ist es aber nicht.

Geprägt ist die Sprache durch die angelsächsischen Marktteilnehmer. Denn die Vorreiterrolle im Derivategeschäft hatten die Engländer und Amerikaner inne. In Chicago wurden bereits 1848 standardisierte Terminkontrakte auf Waren gehandelt. Fischer Black, Myron Scholes und Robert Merton, drei Amerikaner waren es, die Anfang der 1970er Jahre ein Modell zur Bewertung von Optionen entwickelten. Für ihre 1973 im „Journal of Political Economy" veröffentlichte Formel erhielten Robert

C. Merton und Myron S. Scholes 1997, 14 Jahre nach der Publikation der wissenschaftlichen Arbeit, den Nobelpreis für Wirtschaftswissenschaften.

Doch so groß die Hürden auf den ersten Blick auch erscheinen, so hoch sind sie nicht. Wichtige Begriffe werden im nachfolgenden Kapitel anschaulich erklärt.

Wer die Unterschiede zwischen Optionen und Optionsscheinen kennt, sowie die nachfolgenden Begriffe bereits verinnerlicht hat, kann dieses Kapitel schnell überfliegen. Am Ende sollte jeder aber nochmal anhand der Fragen prüfen, ob tatsächlich alles klar ist, denn jedes Missverständnis kann teuer werden.

Kennen Sie diese Begriffe und wissen genau
was sich dahinter verbirgt?

Call

Put

Warrant

Long

Short

Geld

Brief

Covered Warrants

Klassiker

In the money

At the money

Out of the money

Eurex

Strike

Unterlying

Europäische Option

Amerikanische Option

3.1. Was ist eine Option?
Jeder spekuliert nach seinem Gusto

Auch wir gehen in unserem täglichen Leben oft Optionen ein, ohne dies zu wissen. Reservieren wir beispielsweise einen Flug, ist dies eine Option, aber keine Verpflichtung zu fliegen. Das Flugticket kann umgebucht und das Recht später in Anspruch genommen werden. Im Gegensatz dazu sieht das Optionsgeschäft an der Börse wie folgt aus:

Generell verbrieft eine Option das *Recht*,
einen *bestimmten Basiswert* (Underlying)
innerhalb einer *bestimmten Frist* (Laufzeit)
zu *kaufen* (Call) beziehungsweise zu *verkaufen* (Put).

Das Optionsrecht aus einem Call oder Put erlischt, sobald die Option ausgeübt wird. Geschieht dies jedoch bis zum Fälligkeitstag nicht, verfällt jede Option wertlos.

3.1.1 Kauf einer Kaufoption / Long Call

Erwirbt ein Anleger eine Kaufoption (im englischen Call) hat er das Recht, einen mengenmäßig vorher bestimmten Basiswert innerhalb einer Frist zu kaufen. Damit spekuliert er auf steigende Kurse, was im Fachjargon auch als „Long-Position" bezeichnet wird. Für den Erwerb dieses Rechts bezahlt er einen Preis, den Optionspreis. Damit hat er das Recht, aber keine Verpflichtung die Option in Anspruch nehmen.

Ausüben, also seine Rechte in Anspruch nehmen und die Lieferung wie vereinbart verlangen, wird er nur, wenn dies für ihn von Vorteil ist. Für den Inhaber der Option lohnt sich dies nämlich nur, wenn der Kurs des vereinbarten Basisinstruments höher ist als der vereinbarte Basispreis. In der Praxis wird er es jedoch vorziehen, die Option zu veräußern, da ansonsten hohe Transaktionskosten anfallen.

Beispiel:	**Kauf einer Kaufoption**
Basisinstrument:	Deutsche Telekom
Basispreis:	70 Euro
Bezugsverhältnis:	1 : 1
Laufzeit	1 Jahr
Optionsprämie:	7,50 Euro
Optionstyp:	amerikanisch
Kurs Aktie:	70 Euro

Chance-Risikoprofil Kauf eines Call

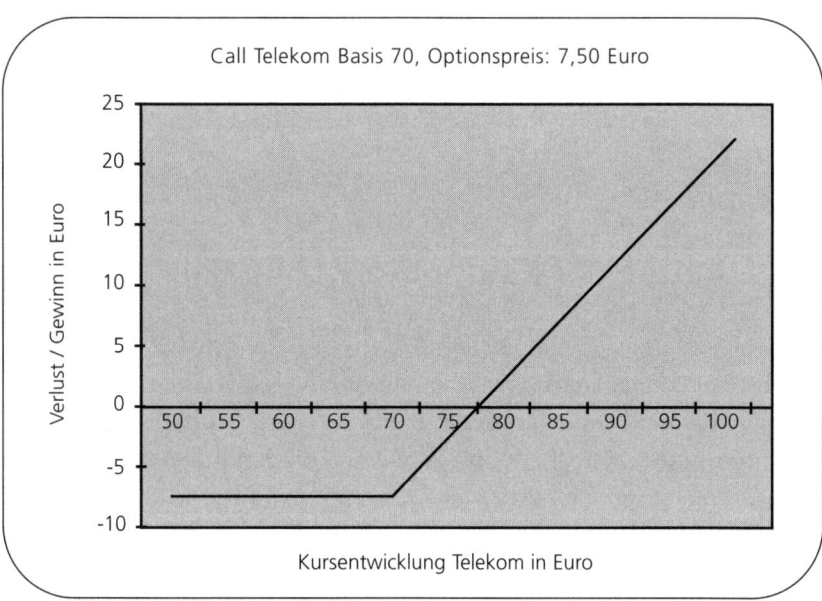

Ein Anleger hat das Recht, die Telekom-Aktie innerhalb eines Jahres zum Kurs von 70 Euro zu beziehen. Dafür bezahlt er einen Preis, die Optionsprämie, von 7,50 Euro. Attraktiv ist dies für ihn, da der Optionspreis wesentlich niedriger ist als der Aktienkurs und da der Anleger von weiter steigenden Aktienkursen mit einem geringeren Kapitaleinsatz profitiert. Dies ist der Hebeleffekt. Denn der geringe Kapitaleinsatz von 7,50 Euro ermöglicht es dem Anleger, prozentual einen weit höheren Gewinn zu erzielen als es mit der Aktie jemals möglich wäre.

Notiert die Telekom-Aktie bei Fälligkeit beispielsweise bei 80 Euro, gewinnt ein Aktienanleger 10 Euro. Der Optionsanleger wird hingegen seine Option veräußern oder gegebenenfalls den Call ausüben und die Aktie beziehen. Der Käufer des Call, der 7,50 Euro für das Optionsrecht bezahlt hat, gewinnt in diesem Fall „nur" 2,50 Euro. Vorsicht, der Vergleich hinkt. Bezogen auf den Kapitaleinsatz von 70 Euro verdient der Aktienanleger 14,3 Prozent, der Optionskäufer streicht hingegen einen Gewinn von 33 Prozent ein.

	Ertragsvergleich:	
	Aktienkauf	**Optionskauf**
Kapitaleinsatz:	70,00 Euro	7,50 Euro
Gewinn absolut:	10,00 Euro	2,50 Euro
Gewinn in Prozent:	14,3 %	33,3 %

Das Beispiel verdeutlicht auch die Markterwartung des Call-Käufers: steigende Kurse. Je höher und je schneller die Notierungen nach oben marschieren, desto größer sind die Gewinne.

3.1.2 Verkauf einer Kaufoption / Short Call

Eine Kaufoption kann nur dann gekauft werden, wenn ein anderer Anleger bereit ist, die Gegenposition einzunehmen, also den Call zu verkaufen. Im Fachjargon wird das Pendant zum Long Call (siehe 3.1.1.) als Short Call bezeichnet. Der Verkäufer einer Kaufoption rechnet nicht damit, dass die Aktie steigt. Seine Markterwartung ist aber nicht unbedingt ein Crash. Stagnierende oder leicht fallende Kurse genügen ihm. Für seine Verpflichtung, dem Käufer des Call die Aktien zu liefern, wenn es dieser wünscht, erhält der Verkäufer die Optionsprämie.

Beispiel:	Verkauf einer Kaufoption
Basisinstrument:	Telekom
Basispreis:	70 Euro
Laufzeit	1 Jahr
Optionsprämie:	7,50 Euro
Optionstyp:	amerikanisch
Kurs Aktie:	70 Euro

Chance-Risikoprofil Verkauf eines Call

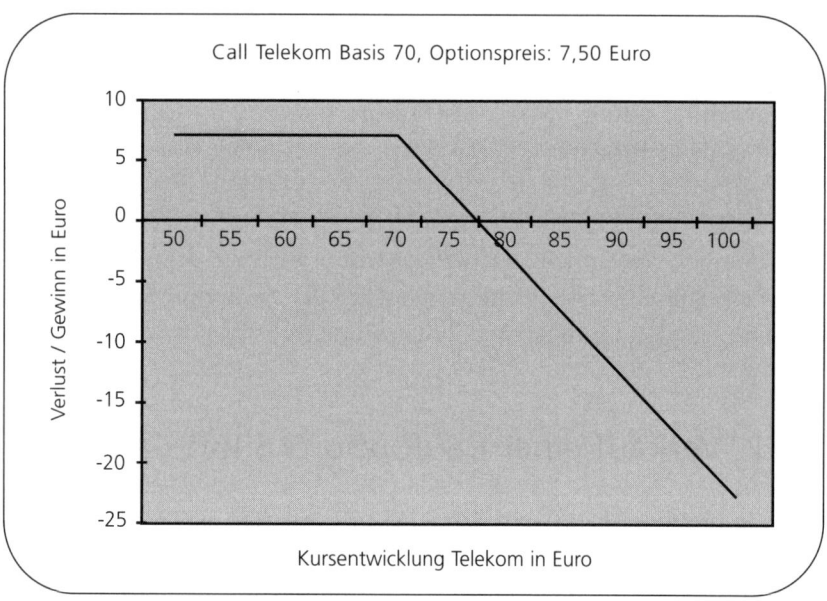

Der Verkäufer der Kaufoption streicht die im Beispiel angeführten 7,50 Euro für den Telekom-Call ein. Im Gegensatz zum Käufer hat der Verkäufer kein Wahlrecht. Er muss die Papiere liefern, wenn der Käufer diese einfordert. Im Fachterminus geht er daher die Stillhalterposition ein. Er ist „Stillhalter in Wertpapieren", da er theoretisch die Wertpapiere besitzt. Ist dies nicht der Fall, muss er im Falle einer Ausübung die Aktien an der Börse kaufen. Das kann ihn teuer zu stehen kommen, wenn der Kurs kräftig zugelegt hat.

Bewegt sich das Basisinstrument hingegen nicht vom Fleck oder fällt, macht der Käufer von seinem Recht keinen Gebrauch und der Verkäufer vereinnahmt die Prämie – so erhöht er die Rendite auf seine Aktienbestände. Vor allem professionelle Investoren, die über hohe Aktienbestände verfügen, steigern häufig so ihre Performance.

3.1.3 Kauf einer Verkaufsoption / Long Put

Wenn die Kurse purzeln, sind mit Verkaufsoptionen extrem hohe Gewinne zu verbuchen. Trotz der stattlichen Kurschancen sind Puts beim privaten Anlegerpublikum meist sehr unbeliebt. Zu unrecht. Zwar sehen wir generell lieber steigende Kurse als fallende, doch auch in Abwärtsbewegungen muss ein Optionsanleger nicht tatenlos zusehen und um seine Gewinne fürchten, die er in der Hausse verdient hat.

Per Definition hat der Käufer einer Verkaufsoption das Recht, eine festgelegte Menge eines bestimmten Basisinstruments innerhalb einer bestimmten Zeit zu verkaufen. Auch hier können wir wieder das Beispiel Telekom anwenden. Zur Vereinfachung bleiben alle Konditionen unverändert.

Beispiel:	**Kauf einer Verkaufsoption**
Basisinstrument:	Telekom
Basispreis:	70 Euro
Bezugsverhältnis:	1 : 1
Laufzeit	1 Jahr
Optionsprämie:	7,50 Euro
Optionstyp:	amerikanisch
Kurs Aktie:	70 Euro

Chance-Risikoprofil Kauf eines Put

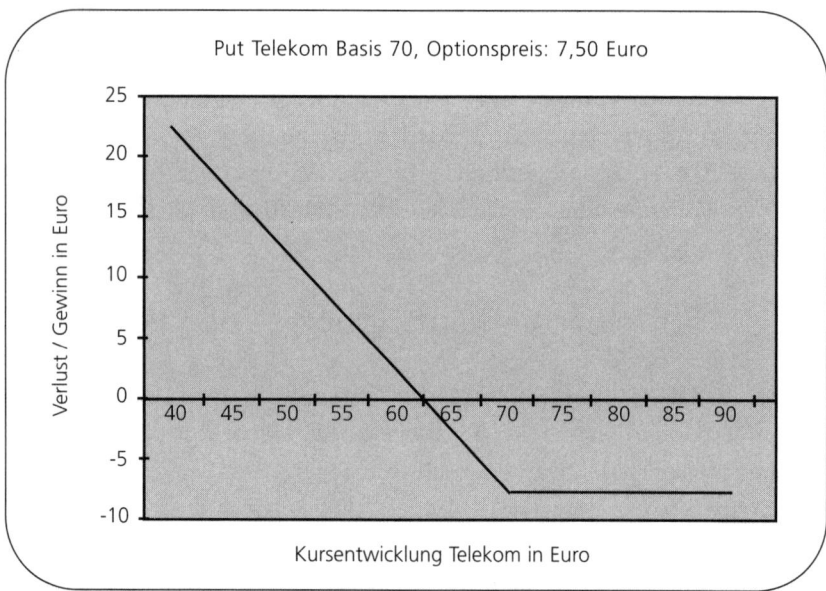

Put Telekom Basis 70, Optionspreis: 7,50 Euro

In diesem Fall bezahlt der Käufer des Put 7,50 Euro. Nur wenn die Kurse nach unten tendieren, ist hier Gewinn zu machen. Fällt die Deutsche-Telekom-Aktie bis zum Fälligkeitstag beispielsweise auf 60 Euro, ist der Put 10 Euro (70 − 60) wert. Bei einem Kapitaleinsatz von 7,50 Euro bedeutet das einen Gewinn von 2,50 Euro. Stürzt der Kurs hingegen auf 50 Euro ab, beträgt der Wert des Put am Ende 20 Euro.

Put-Optionen werden nicht nur zur reinen Spekulation auf fallende Kurse eingesetzt. Mit ihnen kann der Anleger auch Marktrisiken absichern (siehe Kapitel XI). Wie alle anderen Optionsvarianten ist auch der Put die Basis für verschiedenste Strategien.

3.1.4 Verkauf einer Verkaufsoption / Short Put

Der Gegenpart des Käufers der Verkaufoption erwartet eine Seitwärtsbewegung oder steigende Kurse. Fällt im oben genannten Beispiel die Telekom-Aktie auf 60 Euro, muss er dem Käufer die Aktie zum vereinbarten Kurs von 70 Euro (= Basispreis) abnehmen und diesen Betrag an den Käufer bezahlen. Der Verkäufer eines Put hat ein immenses Verlustrisiko. Stützt der Kurs des Basisinstruments kräftig ab, beispielsweise auf 40 Euro, so ist er verpflichtet, dem Put-Inhaber die Aktien zum Kurs von 70 Euro abzunehmen. Da der Put-Verkäufer dieses Geld an den Käufer bezahlen muss, wird er auch als „Stillhalter in Geld" bezeichnet. An der

Beispiel:	**Verkauf einer Verkaufoption**
Basisinstrument:	Telekom
Basispreis:	70 Euro
Bezugsverhältnis:	1 : 1
Laufzeit	1 Jahr
Optionsprämie:	7,50 Euro
Optionstyp:	amerikanisch
Kurs Aktie:	70 Euro

Chance-Risikoprofil Verkauf eines Put

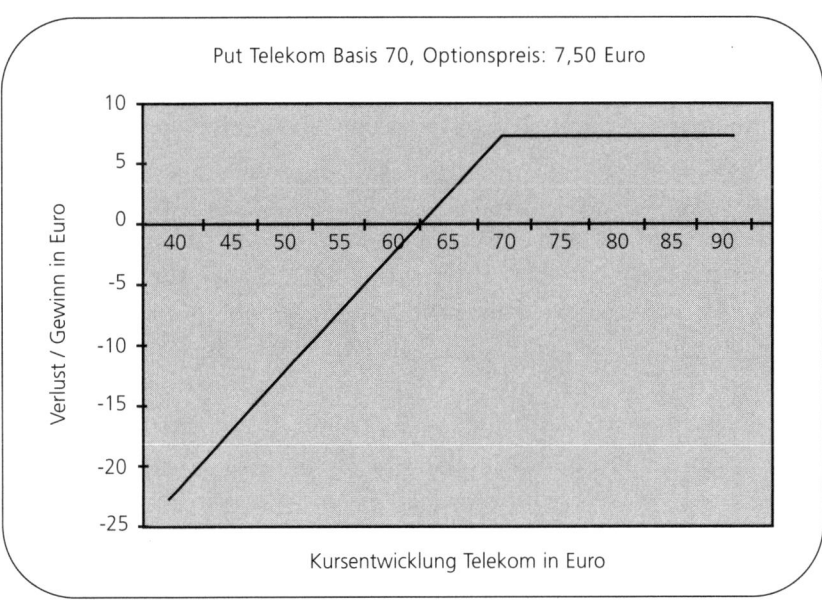

Put Telekom Basis 70, Optionspreis: 7,50 Euro

Verlust / Gewinn in Euro

Kursentwicklung Telekom in Euro

Börse kann der Put-Verkäufer seine Stücke jedoch nur zum dann aktuellen Kurs von 40 Euro veräußern – das entspricht einem Minus von 30 Euro. Reduziert um die vereinnahmte Optionsprämie von 7,50 Euro verbleibt dem Anleger ein Minus von 22,50 Euro.

3.2 Option kontra Optionsschein

Die Bezeichnungen Option und Optionsschein werden oft synonym angewandt, da die Grundstruktur des Geschäfts gleich ist. Beide berechtigen Sie zum Bezug beziehungsweise zum Verkauf eines Guts innerhalb einer bestimmten Zeit zu einem festgelegten Preis (siehe auch 3.1). Unterschiede existieren aber dennoch.

3.2.1 Formale Unterschiede

Im Optionsscheingeschäft bestimmt der Emittent Konditionen wie die Laufzeit oder den Basispreis nach seinem Gutdünken oder den Wünschen seiner Kunden. Optionen an einer Terminbörse sind hingegen standardisiert. Hier legt die Terminbörse, an der diese Optionen gehandelt werden, Kriterien fest, nach denen Basispreise und Laufzeiten bestimmt werden (siehe dazu auch Kapitel 8 - Eurex).

Optionsscheine werden wie andere Wertpapiere an der Aktienbörse notiert. Sie sind mit einer Wertpapier-Kennnummer versehen, die zur Identifizierung des einzelnen Papiers dient. Im Vergleich zur Terminbörse Eurex, an der beispielsweise nur eine Telekom-Option mit Basis 70 Euro und einer Laufzeit von einem Jahr gehandelt wird, können am Optionsscheinmarkt gleich mehrere Warrants mit identischen Basispreisen und Laufzeiten existeren. Das reduziert die Liquidität des einzelnen Scheins (zum Thema Handel und Liquidität von Warrants siehe Kapitel 4).

Ein enormer Unterschied existiert jedoch für den Käufer, was die Anlagevarianten betrifft. Am Optionsscheinmarkt ist nur der Kauf einer Kauf- oder einer Verkaufsoption möglich. An den Terminbörsen hingegen können Optionen auch verkauft werden, also Stillhaltergeschäfte eingegangen werden. Professionelle Investoren engagieren sich daher oft lieber an den Terminbörsen, da sie dort nicht nur Calls und Puts erwerben können, sondern auch die Möglichkeit haben, die Perspektive der Gegenpartei einzunehmen, sprich Optionen verkaufen können.

Auf diese Art und Weise können Optionsprämien vereinnahmt werden. Diese Stillhaltergeschäfte nennen die Profis auch „Schreiben von Optionen", was die Verpflichtung des Verkäufers ausdrückt. Dieser steht im Wort, oder „unterschreibt", dass er die Aktien liefert beziehungsweise abnimmt, wenn der Optionskäufer dies wünscht (siehe auch 3.1).

3.2.2 Der Eignungstest – wer investiert wo

Attraktiv ist der Terminmarkt Eurex vor allem für Anleger, die kurz laufende Optionen (ein bis drei Monate) bevorzugen. In diesen findet an der Eurex meist ein reger Handel statt. In länger laufenden Optionen hingegen lässt die Liquidität oft zu wünschen übrig, da nur wenige Marktteilnehmer aktiv sind. Entsprechend groß sind die Spannen zwischen An- und Verkaufskurs und es kommen selten Umsätze zustande. Da die Gefahr groß ist, in diesen Optionen nicht mit fairen Preisen bedient zu werden, sollten Sie diese meiden.

Im Vergleich zu den Optionsscheinen, bei denen der jeweilige Emittent als Market Maker ständig handelbare Kurse stellt und als ausgebendes Institut für seine Papiere verantwortlich zeichnet, ist dies an der Terminbörse Eurex nicht der Fall. Dort agieren die großen Banken als Market Maker. Deren Händler sind nur verpflichtet, eine bestimmte Anzahl von Kursen zu nennen. Haben sie ihr Pensum erfüllt oder wollen in der gefragten Option kein Geschäft tätigen, quotieren sie keine Preise oder stellen breite Spannen zwischen An- und Verkaufskursen, zu denen keine Umsätze zustande kommen.

Am Optionsscheinmarkt erscheint der Anleger auf den ersten Blick sehr auf das Wohlwollen des Emittenten angewiesen. Doch im Vergleich zur Eurex sind Sie vor allem bei langlaufenden Optionen am Warrant-Markt besser bedient als an der Terminbörse. Und dem Emittenten ist eines klar: Ein unzufriedener Kunde kann das Vertrauen zerstören, das

Hunderte von vorangegangenen Abschlüssen aufgebaut haben. Wenn sich ein Anleger nicht fair bedient fühlt, sucht er sich für das nächste Geschäft einen anderen Emittenten. Und nicht nur das. Negative Meldungen machen schnell die Runde und bleiben lange im Gedächtnis.

Neben Kritik von seiten der Anleger fürchtet der Emittent obendrein noch die Fachpresse, die sehr genau verfolgt, was in diesem Markt passiert und welcher Emittent die Anleger fair bedient (zur Bewertung der Emittenten siehe auch Kapitel 4.12). Obendrein hat der Warrant-Markt auch Kontrollmechanismen. Nennt ein Emittent einen Preis, der zu tief ist, wird sofort eine andere Bank versuchen, zu diesem Kurs Stücke zu ergattern. Dies geschieht solange, bis der Preis ein realistisches Niveau erreicht.

Tipp *Kurzfristige Trader konzentrieren sich auf die Terminbörsen wie die Eurex. Spekulative Anleger, die Calls und Puts mit längeren Laufzeiten kaufen wollen, setzen auf die an den Wertpapierbörsen notierten Optionsscheine.*

Ein Argument, das für Warrants spricht, sind zweifellos auch der Service und zum Teil die Gebühren. Aktuelle Kurse können via Internet oder Videotext abgerufen werden und die Kunden erhalten Produktübersichten des jeweiligen Hauses, wenn sie diese anfordern (siehe dazu auch die Emittentenübersicht im Anhang auf Seite 243). Was die Kosten betrifft, so sind diese von Bank zu Bank sehr unterschiedlich. Generell werden für Optionsscheingeschäfte Spesen berechnet wie beim Aktienkauf. Am Terminmarkt Eurex hingegen müssen die Kunden herkömmlicher Großbanken teilweise mit Auftragsgebühren von bis zu 150 Mark rechnen. Spesen pro Optionskontrakt werden zusätzlich berechnet. Attraktiver sind meist die Konditionen der Discountbroker. Hier werden keine horrenden Gebühren erhoben, so dass sich der Weg an die Eurex oder an andere Terminmärkte schon ab kleinen Beträgen lohnt.

3.2.3 Optionen kontra Optionsscheine – wesentliche Unterschiede im Überblick

Optionsschein	Option
■ Jeder Ermittent bestimmt die Konditionen im Detail ■ Notiz an der Aktienbörse ■ Jeder Warrant hat eine eigene Wertpapier-Kennnummer ■ Nur Käufe von Calls, Puts und Sonderkonstruktionen sind möglich ■ Nur der jeweilige Ermittent stellt handelbare Kurse	■ Standardisierte Produkte nach den Regeln der Terminbörse ■ Handel nur an der Terminbörse ■ Käufe und Verkäufe von Calls und Puts möglich ■ Viele Banken stellen als Markt Maker Kurse

3.2.4 Ohne Börsentermingeschäfte geht es nicht

Unabhängig davon, ob ein Anleger die Eurex oder den Optionsschein-markt wählt, er muss termingeschäftsfähig sein. Die Banken müssen ihre Kunden über die Risiken von Börsentermingeschäften aufklären. Um eventuellen Schadenersatzansprüchen vorzubeugen, lassen sich die Banken dies schriftlich bestätigen und erneuern diese in regelmäßigem Abstand – meist drei Jahre. Nachfolgend ein Abdruck der Erklärung:

(Name und Anschrift des Kunden)

Konto-Nummer

Depot-Nummer

Ort, Datum

Wichtige Informationen
über Verlustrisiken bei Börsentermingeschäften

Sehr geehrte Kundin, sehr geehrter Kunde,

bei Börsentermingeschäften stehen den Gewinnchancen hohe Verlustrisiken gegenüber. Jeder Anleger, der ein Börsentermingeschäft eingehen will, muß zuvor über die Risiken bei Börsentermingeschäften informiert sein.

A. Grundsätzliches über Verlustrisiken bei Börsentermingeschäften

Das Börsengesetz (§ 53 Abs. 2) sieht vor, daß wir Sie über die nachfolgenden Risiken informieren:

Verfall oder Wertminderung

Die Rechte, die Sie aus Börsentermingeschäften erwerben, können verfallen oder an Wert verlieren, weil diese Geschäfte stets nur befristete Rechte verschaffen. Je kürzer die Frist ist, desto größer kann Ihr Risiko sein.

Unkalkulierbare Verluste

Bei Verbindlichkeiten aus Börsentermingeschäften kann Ihr Verlustrisiko unbestimmbar sein und auch über die von Ihnen geleisteten Sicherheiten hinaus Ihr sonstiges Vermögen erfassen.

Fehlende Absicherungsmöglichkeiten

Geschäfte, mit denen Risiken aus eingegangenen Börsentermingeschäften ausgeschlossen oder eingeschränkt werden sollen (Glattstellungsgeschäfte), können möglicherweise nicht oder nur zu einem für Sie verlustbringenden Preis getätigt werden.

Zusätzliches Verlustpotential bei Kreditaufnahme oder aus Wechselkursschwankungen

Ihr Verlustrisiko steigt, wenn Sie für Ihr Börsentermingeschäft einen Kredit in Anspruch nehmen. Dasselbe ist bei einem Termingeschäft der Fall, bei dem Ihre Verpflichtungen oder Ansprüche auf ausländische Währung oder eine Rechnungseinheit (z.B. ECU) lauten.

B. Die Risiken bei den einzelnen Geschäftsarten

I. Kauf von Optionen

1. Kauf einer Option auf Wertpapiere, Devisen oder Edelmetalle

Das Geschäft: Wenn Sie Optionen auf Wertpapiere, Devisen oder Edelmetalle kaufen, erwerben Sie den Anspruch auf Lieferung oder Abnahme der genannten Basiswerte zu dem beim Kauf der Option bereits festgelegten Preis.

Ihr Risiko: Eine Kursveränderung des Basiswertes, also z.B. der Aktie, die Ihrer Option als Vertragsgegenstand zugrunde liegt, kann den Wert Ihrer Option mindern. Zu einer Wertminderung kommt es im Fall einer Kaufoption (Call) bei Kursverlusten, im Fall einer Verkaufsoption (Put) bei Kursgewinnen des zugrundeliegenden Vertragsgegenstandes. Tritt eine Wertminderung ein, so erfolgt diese stets überproportional zur Kursveränderung des Basiswertes, sogar bis hin zur Wertlosigkeit Ihrer Option. Eine Wertminderung Ihrer Option kann aber auch dann eintreten, wenn der Kurs des Basiswertes sich nicht ändert, weil der Wert Ihrer Option von weiteren Preisbildungsfaktoren (z.B. Laufzeit oder Häufigkeit und Intensität der Preisschwankungen des Basiswerts) mitbestimmt wird. Wegen der begrenzten Laufzeit einer Option können Sie dann nicht darauf vertrauen, daß sich der Preis der Option rechtzeitig wieder erholen wird. Erfüllen sich Ihre Erwartungen bezüglich der Marktentwicklung nicht und verzichten Sie deshalb auf die Ausübung der Option oder versäumen Sie die Ausübung, so verfällt Ihre Option mit Ablauf ihrer Laufzeit. Ihr Verlust liegt dann in dem für die Option gezahlten Preis zuzüglich der Ihnen entstandenen Kosten.

2. Kauf einer Option auf Finanzterminkontrakte

Das Geschäft: Beim Kauf einer Option auf einen Finanzterminkontrakt erwerben Sie das Recht, zu im vorhinein fixierten Bedingungen einen Vertrag abzuschließen, durch den Sie sich zum Kauf oder Verkauf per Termin von z.B. Wertpapieren, Devisen oder Edelmetallen verpflichten.

Ihr Risiko: Auch diese Option unterliegt zunächst den unter 1. beschriebenen Risiken. Nach Ausübung der Option gehen Sie allerdings neue Risiken ein: Diese richten sich nach dem dann zustande kommenden Finanzterminkontrakt und können weit über Ihrem ursprünglichen Einsatz – das ist der für die Option gezahlte Preis – liegen. Sodann treffen Sie zusätzlich die Risiken aus den nachfolgend beschriebenen Börsentermingeschäften mit Erfüllung per Termin.

II. Verkauf von Optionen und Börsentermingeschäfte mit Erfüllung per Termin

1. Verkauf per Termin und Verkauf einer Kaufoption auf Wertpapiere, Devisen oder Edelmetalle

Das Geschäft: Als Verkäufer per Termin gehen Sie die Verpflichtung ein, Wertpapiere, Devisen oder Edelmetalle zu einem vereinbarten Kaufpreis zu liefern. Als Verkäufer einer Kaufoption trifft Sie diese Verpflichtung nur dann, wenn die Option ausgeübt wird.

Ihr Risiko: Steigen die Kurse, müssen Sie dennoch zu dem zuvor festgelegten Preis liefern, der dann ganz erheblich unter dem aktuellen Marktpreis liegen kann. Sofern sich der Vertragsgegenstand, den Sie zu liefern haben, bereits in Ihrem Besitz befindet, kommen Ihnen steigende Marktpreise nicht mehr zugute. Wenn Sie ihn erst später erwerben wollen, kann der aktuelle Marktpreis erheblich über dem im voraus festgelegten Preis liegen. In der Preisdifferenz liegt Ihr

Risiko. Dieses Verlustrisiko ist im vorhinein nicht bestimmbar, d. h. theoretisch unbegrenzt. Es kann weit über von Ihnen geleistete Sicherheiten hinausgehen, wenn Sie den Liefergegenstand nicht besitzen, sondern sich erst bei Fälligkeit damit eindecken wollen. In diesem Fall können Ihnen erhebliche Verluste entstehen, da Sie je nach Marktsituation eventuell zu sehr hohen Preisen kaufen müssen oder aber entsprechende Ausgleichszahlungen zu leisten haben, wenn Ihnen die Eindeckung nicht möglich ist.

Beachten Sie: Befindet sich der Vertragsgegenstand, den Sie zu liefern haben, in Ihrem Besitz, so sind Sie zwar vor Eindeckungsverlusten geschützt. Werden aber diese Werte für die Laufzeit Ihres Börsentermingeschäftes (als Sicherheiten) ganz oder teilweise gesperrt gehalten, können Sie während dieser Zeit oder bis zur Glattstellung Ihres Terminkontraktes hierüber nicht verfügen und die Werte auch nicht verkaufen, um bei fallenden Kursen Verluste zu vermeiden.

2. Kauf per Termin und Verkauf einer Verkaufsoption auf Wertpapiere, Devisen oder Edelmetalle

Das Geschäft: *Als Käufer per Termin oder als Verkäufer einer Verkaufsoption gehen Sie die Verpflichtung ein, Wertpapiere, Devisen oder Edelmetalle zu einem festgelegten Preis abzunehmen.*

Ihr Risiko: *Auch bei sinkenden Kursen müssen Sie den Kaufgegenstand zum vereinbarten Preis abnehmen, der dann erheblich über dem aktuellen Marktpreis liegen kann. In der Differenz liegt Ihr Risiko. Dieses Verlustrisiko ist im vorhinein nicht bestimmbar und kann weit über eventuell von Ihnen geleistete Sicherheiten hinausgehen. Wenn Sie beabsichtigen, die Werte nach Abnahme sofort wieder zu verkaufen, sollten Sie beachten, daß Sie unter Umständen keinen oder nur schwer einen Käufer finden; je nach Marktentwicklung kann Ihnen dann ein Verkauf nur mit erheblichen Preisabschlägen möglich sein.*

3. Verkauf einer Option auf Finanzterminkontrakte

Das Geschäft: *Beim Verkauf einer Option auf einen Finanzterminkontrakt gehen Sie die Verpflichtung ein, zu im vorhinein fixierten Bedingungen einen Vertrag abzuschließen, durch den Sie sich zum Kauf oder Verkauf per Termin von z. B. Wertpapieren, Devisen oder Edelmetallen verpflichten.*

Ihr Risiko: *Sollte die von Ihnen verkaufte Option ausgeübt werden, so laufen Sie das Risiko eines Verkäufers oder Käufers per Termin, wie es unter Ziff. 1. und 2. dieses Abschnittes II. beschrieben ist.*

III. Options- und Finanzterminkontrakte mit Differenzausgleich

Das Geschäft: *Bei manchen Börsentermingeschäften findet nur ein Barausgleich statt. Hierbei handelt es sich insbesondere um:*

– Options- oder Finanzterminkontrakte auf einen Index, also auf eine veränderliche Zahlengröße, die aus einem nach bestimmten Kriterien festgelegten Bestand von Wertpapieren errechnet wird und deren Veränderungen die Kursbewegungen dieser Wertpapiere widerspiegeln.

– Options- oder Finanzterminkontrakte auf den Zinssatz für eine Termineinlage mit standardisierter Laufzeit.

Ihr Risiko: *Wenn Ihre Erwartungen nicht eintreten, haben Sie die Differenz zu zahlen, die zwischen dem bei Abschluß zugrunde gelegten Kurs und dem aktuellen Marktkurs bei Fälligkeit des Geschäfts besteht. Diese Differenz macht Ihren Verlust aus. Die maximale Höhe Ihres Verlustes läßt sich im vorhinein nicht bestimmen. Er kann weit über eventuell von Ihnen geleistete Sicherheiten hinausgehen.*

C. Weitere Risiken aus Börsentermingeschäften

I. Börsentermingeschäfte mit Währungsrisiko

Das Geschäft: Wenn Sie ein Börsentermingeschäft eingehen, bei dem Ihre Verpflichtung oder die von Ihnen zu beanspruchende Gegenleistung auf ausländische Währung oder eine Rechnungseinheit (z. B. ECU) lautet oder sich der Wert des Vertragsgegenstandes hiernach bestimmt (z. B. bei Gold), sind Sie einem zusätzlichen Risiko ausgesetzt.

Ihr Risiko: In diesem Fall ist Ihr Verlustrisiko nicht nur an die Wertentwicklung des zugrundeliegenden Vertragsgegenstandes gekoppelt. Vielmehr können Entwicklungen am Devisenmarkt die Ursache für zusätzliche unkalkulierbare Verluste sein: Wechselkursschwankungen können

– den Wert der erworbenen Option verringern

– den Vertragsgegenstand verteuern, den Sie zur Erfüllung des Börsentermingeschäftes liefern müssen, wenn er in ausländischer Währung oder einer Rechnungseinheit zu bezahlen ist. Dasselbe gilt für eine Zahlungsverpflichtung aus dem Börsentermingeschäft, die Sie in ausländischer Währung oder einer Rechnungseinheit erfüllen müssen.

– den Wert oder den Verkaufserlös des aus dem Börsentermingeschäft abzunehmenden Vertragsgegenstandes oder den Wert der erhaltenen Zahlung vermindern.

II. Risikoausschließende oder -einschränkende Geschäfte

Vertrauen Sie nicht darauf, daß Sie während der Laufzeit jederzeit Geschäfte abschließen können, durch die Sie Ihre Risiken aus Börsentermingeschäften kompensieren oder einschränken können. Ob diese Möglichkeit besteht, hängt von den Marktverhältnissen und auch von der Ausgestaltung Ihres jeweiligen Börsentermingeschäftes ab. Unter Umständen können Sie ein entsprechendes Geschäft nicht oder nur zu einem ungünstigen Marktpreis tätigen, so daß Ihnen ein Verlust entsteht.

III. Inanspruchnahme von Kredit

Ihr Risiko erhöht sich, wenn Sie insbesondere den Erwerb von Optionen oder die Erfüllung Ihrer Liefer- oder Zahlungsverpflichtungen aus Börsentermingeschäften über Kredit finanzieren. In diesem Fall müssen Sie, wenn sich der Markt entgegen Ihren Erwartungen entwickelt, nicht nur den eingetretenen Verlust hinnehmen, sondern auch den Kredit verzinsen und zurückzahlen. Setzen Sie daher nie darauf, den Kredit aus den Gewinnen des Börsentermingeschäftes verzinsen und zurückzahlen zu können, sondern prüfen Sie vor Geschäftsabschluß Ihre wirtschaftlichen Verhältnisse daraufhin, ob Sie zur Verzinsung und gegebenenfalls kurzfristigen Tilgung des Kredits auch dann in der Lage sind, wenn statt der erwarteten Gewinne Verluste eintreten.

D. Verbriefung in Wertpapieren

Die Risiken aus den oben geschilderten Geschäften ändern sich nicht, wenn die Rechte und Pflichten in einem Wertpapier (z. B. Optionsschein) verbrieft sind.

Nach § 53 Abs. 2 Satz 2 Börsengesetz ist dieses Informationsblatt von Ihnen zu unterschreiben, wenn Sie Börsentermingeschäfte abschließen wollen.

Ort, Datum	Ihre Unterschrift

Sonderbedingungen für Börsentermingeschäfte

Für Aufträge zum Abschluß von in- und ausländischen Börsentermingeschäften gelten die nachstehenden Sonderbedingungen:

1 Ausführungsart der Aufträge

(1) Börsentermingeschäfte in Kontrakten der Deutschen Terminbörse

Die Bank wird alle Aufträge, die sich auf die zum Handel an der Deutschen Terminbörse zugelassenen Options- und Futures-Kontrakte beziehen, soweit nichts anderes ausdrücklich vereinbart ist, als Kommissionär durch Selbsteintritt ausführen, ohne daß es einer ausdrücklichen Anzeige bedarf (§ 405 Handelsgesetzbuch), und an der Deutschen Terminbörse entsprechende Deckungsgeschäfte abschließen. Sie wird durch den Selbsteintritt unmittelbarer Vertragspartner des Kunden aus dem zustandekommenden Börsentermingeschäft. Für sämtliche Geschäfte mit dem Kunden in Kontrakten, die zum Handel an der Deutschen Terminbörse zugelassen sind, gelten die an dieser Börse maßgeblichen Handels- und Clearingbedingungen sowie die Börsenordnung.

(2) Börsentermingeschäfte an ausländischen Terminmärkten

Aufträge zum Abschluß von Börsentermingeschäften an ausländischen Terminmärkten führt die Bank als Kommissionär im eigenen Namen für Rechnung des Kunden aus. Sie haftet nur für die sorgfältige Auswahl der im Ausland in die Ausführung des Kundenauftrages eingeschalteten Stellen; sie wird dem Kunden bei Leistungsstörungen ihre Ansprüche gegen die eingeschalteten Stellen abtreten. Die Bank darf solche Aufträge auch durch Selbsteintritt ausführen und wird den Kunden hierüber in der Abrechnung unterrichten.

Die Geschäfte in Kontrakten, die an ausländischen Terminmärkten gehandelt werden, unterliegen den dort geltenden Geschäftsbedingungen, Usancen und gesetzlichen Regelungen. Dies gilt auch für ihren Inhalt und ihre Abwicklung (z. B. hinsichtlich des Ausübungszeitpunkts, der Laufzeit oder der Anforderung von Sicherheiten, aber auch der Aussetzung oder Einstellung der Geschäftsabwicklung durch die an der Börse bestehenden Clearingstellen und/oder durch die sonstigen von der Bank in die Durchführung des Kundenauftrages eingeschalteten Stellen).

(3) Sonstige Börsentermingeschäfte

Bei allen sonstigen Börsentermingeschäften tritt die Bank als Eigenhändler auf. Die Bank darf solche Aufträge auch durch Selbsteintritt ausführen und wird den Kunden hierüber in der Abrechnung unterrichten. Bei einer Ausführung durch Selbsteintritt gelten Nr. 1 Abs. 2 Sätze 4 und 5 entsprechend.

2 Wahl des Ausführungsplatzes

Sind Aufträge an verschiedenen Börsen ausführbar, so trifft die Bank mangels anderweitiger Weisung die Wahl des Ausführungsplatzes. Die Regelung in Nr. 1 Abs. 1 bleibt hiervon unberührt.

3 Sicherheiten

(1) AGB-Pfandrecht

Das Pfandrecht der Bank nach Nr. 14 ihrer Allgemeinen Geschäftsbedingungen (AGB-Pfandrecht) und sonstige Sicherheiten mit entsprechender Sicherungszweckerklärung sichern uneingeschränkt auch alle bestehenden und künftigen – auch bedingten oder befristeten – Ansprüche der Bank gegen Kunden aus Börsentermingeschäften.

(2) Unterhaltung ausreichender Vermögenswerte als Sicherheit

Die Bank kann verlangen, daß der Kunde bei ihr Vermögenswerte unterhält, die ihr im Rahmen des AGB-Pfandrechtes zugleich als Sicherheit für alle Ansprüche aus Börsentermingeschäften dienen. Die Vermögenswerte müssen jeweils in der Höhe vorhanden sein, die die Bank nach ihrer Einschätzung der Zins-, Kurs- und Preisänderungsrisiken (Verlustrisiken) aus Börsentermingeschäften mit dem Kunden für erforderlich hält. Ändert sich die Risikoeinschätzung oder der Wert der vorhandenen Vermögenswerte, so kann die Bank jederzeit innerhalb angemessener Frist, die im Hinblick auf die Besonderheiten von Börsentermingeschäften sehr kurz bemessen sein kann, verlangen, daß der Kunde weitere Vermögenswerte als Sicherheit stellt.

(3) Separierung oder gesonderte Buchung der Vermögenswerte

Die Bank darf jederzeit Vermögenswerte des Kunden im Hinblick auf die Verlustrisiken aus Börsentermingeschäften getrennt buchen oder anderweitig separieren; über diese Vermögenswerte kann der Kunde nur noch mit Zustimmung der Bank verfügen. Durch eine getrennte Buchung oder eine anderweitige Separierung wird das AGB-Pfandrecht der Bank für alle Ansprüche aus Börsentermingeschäften an den sonstigen Vermögenswerten des Kunden nicht berührt. Umgekehrt haften auch die separierten oder getrennt gebuchten Vermögenswerte unverändert für alle sonstigen Forderungen aus der Geschäftsverbindung.

(4) Unbegrenztes Verlustrisiko des Kunden

Das Verlustrisiko des Kunden aus Börsentermingeschäften ist nicht auf die getrennt gebuchten, anderweitig separierten oder sonst dem AGB-Pfandrecht unterliegenden Vermögenswerte beschränkt.

(5) Sicherheiten bei Börsentermingeschäften an der Deutschen Terminbörse

Bei allen Aufträgen zum Abschluß von Börsentermingeschäften an der Deutschen Terminbörse sind Sicherheiten mindestens in der Höhe zu stellen, die sich nach der Berechnungsmethode der Deutschen Terminbörse ergibt.

(6) Zwischenzeitliche Gutschriften oder Belastungen bei laufenden Börsentermingeschäften

Ergeben sich aus der täglichen Bewertung von Börsentermingeschäften vor der endgültigen Abwicklung oder Glattstellung dieser Geschäfte vorläufige Gewinne oder Verluste, so wird die Bank den Kunden – gegebenenfalls auf einem gesonderten Konto – entsprechend Gutschrift erteilen oder ihn belasten. Über diese Gutschrift kann der Kunde nur mit Zustimmung der Bank verfügen. Die Bank ist berechtigt, zum Ausgleich derartiger Belastungsbuchungen das laufende Konto des Kunden zu belasten, auch wenn hierdurch Kredit in Anspruch genommen wird. Die Bank wird den Kunden in regelmäßigen Abständen über die Buchungen unterrichten.

4 Folgen bei Ausbleiben von Sicherheiten; Konkurseröffnung

(1) Vorzeitige Beendigung und Glattstellung

Verlangt die Bank zusätzliche Sicherheiten und werden diese innerhalb der von ihr gesetzten Frist nicht gestellt oder wird die Stellung zusätzlicher Sicherheiten abgelehnt, so kann die Bank – sofern sie dies angedroht hat – die den offenen Positionen zugrundeliegenden Börsentermingeschäfte und Auftragsverhältnisse ohne Fristsetzung ganz oder teilweise beenden bzw. die aus solchen Geschäften resultierenden offenen Positionen ganz oder teilweise durch ein Gegengeschäft glattstellen. Das gleiche gilt, wenn der Kunde seiner Verpflichtung zum Ausgleich von vorläufigen Verlusten, die sich aus der täglichen Bewertung von Börsentermingeschäften ergeben, nicht nachkommt.

(2) Konkurseröffnung

Mit der Konkurseröffnung über das Vermögen des Kunden enden alle Börsentermingeschäfte mit dem Kunden und die Auftragsverhältnisse, die den für den Kunden abgeschlossenen Börsentermingeschäften zugrunde liegen.

(3) Schadensersatz

Die Bank hat in den vorgenannten Fällen einen Anspruch auf Schadensersatz gegen den Kunden.

5 Ausübung von Optionen durch den Kunden

(1) Spätester Ausübungszeitpunkt

Die Erklärung des Kunden, eine Option auszuüben, muß der Bank spätestens bis zu dem Zeitpunkt zugehen, den ihm der Kunden bekanntgegeben hat. Erklärungen des Kunden, die der Bank nach diesem Zeitpunkt zugehen, werden für den nächsten Börsentag berücksichtigt, sofern die Option an diesem Börsentag noch ausgeübt werden kann.

(2) Vorverlegung des Zeitpunktes bei Umtausch- und Abfindungsangeboten

Findet bei Umtausch-, Abfindungs- oder Kaufangeboten oder bei der Aufforderung zur Abgabe derartiger Angebote usancegemäß eine Verkürzung der Laufzeit der Option statt, so muß die Ausübungserklärung des Kunden der Bank bis zu dem in der Mitteilung über die Verkürzung der Laufzeit angegebenen vorverlegten Zeitpunkt zugegangen sein.

(3) Keine gesonderten Hinweispflichten

Darüber hinaus ist die Bank nicht verpflichtet, den Kunden auf den bevorstehenden Ablauf der Option und seine Erklärungsfrist aufmerksam zu machen.

6 Ausübung von Optionsrechten durch die Bank gegenüber dem Kunden

(1) Bevollmächtigung der Bank

Durch den Verkauf einer Option erteilt der Kunde der Bank unter Befreiung von den Beschränkungen des § 181 BGB unwiderruflich Vollmacht, die Erklärung der Bank über die Ausübung der Option für ihn entgegenzunehmen. Die Bank unterrichtet den Kunden unverzüglich über die Ausübung.

(2) Belastung des Kundendepots, Beschaffung der Basiswerte, Kosten, Schadensersatz

Bei Ausübung einer Kaufoption gegenüber dem Kunden ist die Bank berechtigt, den im Depot oder auf dem Konto des Kunden nicht verfügbaren Teil der für die Belieferung benötigten Basiswerte (z. B. Wertpapiere, Devisen, Edelmetalle) zu seinen Lasten anzuschaffen. Sofern es der Bank nicht möglich ist, die Basiswerte im Rahmen eines Anschaffungsgeschäftes bis zu dem Termin zu beschaffen, an dem sie selbst aufgrund der Inanspruchnahme aus einer im Kundenauftrag eingegangenen Stillhalterposition zur Lieferung verpflichtet ist, kann die Bank sich die benötigten Basiswerte anderweitig, zum Beispiel im Wege der Wertpapier-Leihe, besorgen, um die Dauer der Lieferschwierigkeiten zu überbrücken. Die Kosten hierfür sowie für einen weitergehenden Verzugsschaden trägt ebenfalls der Kunde.

7 Auslosung bei Zuteilung von Optionsausübungen

Die Bank wird die auf sie nach einem Zufallsprinzip entfallenden Zuteilungen von Optionsausübungen durch eine interne neutrale Auslosung auf ihre Stillhalter-Kunden verteilen.

8 Abwicklung von belieferbaren Futures-Kontrakten

Der Kunde kann bei Futures-Kontrakten, die durch Lieferung zu erfüllen sind, die Lieferung oder die Abnahme der Basiswerte verlangen, sofern er die Kontrakte nicht durch ein Gegengeschäft glattgestellt hat. Die Weisung, daß die Bank die effektive Lieferung herbeiführen soll, muß bei der Bank spätestens bis zu dem von der Bank dem Kunden bekanntgegebenen Zeitpunkt vorliegen. Sofern die Bank keine rechtzeitige Weisung erhält oder der Kunde die für die Lieferung erforderlichen Wertpapiere bzw. Mittel bis zu diesem Zeitpunkt nicht angeschafft hat, wird sie sich bemühen, den Future-Kontrakt unverzüglich auf Rechnung des Kunden glattzustellen, um eine Abwicklung durch effektive Lieferung zu vermeiden.

9 Einwendungen

Einwendungen gegen die Ausführungsanzeigen/Abrechnungen müssen unverzüglich nach Zugang telegrafisch, fernschriftlich oder in den Geschäftsräumen der Bank erhoben werden. Andernfalls gelten die Anzeigen und Abrechnungen als genehmigt. Die Bank wird bei den Anzeigen und Abrechnungen auf diese Folge der Unterlassung rechtzeitiger Einwendungen besonders hinweisen. Einwendungen wegen Nichtausführung eines Kundenauftrages sind unverzüglich telegrafisch, fernschriftlich oder in den Geschäftsräumen der Bank nach dem Zeitpunkt zu erheben, an dem die Ausführungsanzeige oder die Abrechnung dem Kunden im gewöhnlichen Postlauf hätte zugehen müssen.

10 Geltung der Sonderbedingungen für Optionsgeschäfte

Soweit an deutschen Wertpapierbörsen Optionsgeschäfte abgeschlossen werden, gelten für Aufträge, die sich auf solche Optionsgeschäfte beziehen, weiterhin die Sonderbedingungen für Optionsgeschäfte.

3.3 Basisinstrumente

Der Kern jeder Option ist das Basisinstrument, häufig auch Basiswert genannt. Angeboten werden derzeit Optionen auf Aktien, Indizes, Anleihen, Wechselkurse und Edelmetalle.

3.3.1 Basisinstrumente an der Eurex

Bei **Optionen** am Terminmarkt Eurex (ehemalige Deutsche Terminbörse) sind dies Aktien, Indizes, Devisen oder Anleihen. Diese im englischen als Underlying bekannten Instrumente könnten aber beispielsweise auch Strom, Weizen, Schweinebäuche, Nickel, Silber oder Zink sein. Diese werden vornehmlich an den USA oder in London gehandelt und von den deutschen Banken für den Privatanleger meist nicht angeboten. Geschäfte in diesen exotischen Derivaten müssen über einen Broker abgewickelt werden oder über einen Discountbroker wie beispielsweise Fimatex. Hierzulande existiert zwar eine Warenterminbörse (WTB) in Hannover, die Umsätze sind jedoch verschwindend gering. Zweifellos gehen Anleger an der WTB ein erhöhtes Risiko im Vergleich zu den etablierten Märkten ein. Neben dem Risiko des Futuregeschäfts birgt der enge Markt sowie die Qualität einiger Marktteilnehmer zusätzliche Gefahren. Hier sollten Sie aber nur über einen etablierten Broker oder eine Bank handeln.

3.3.2 Schützen Sie sich vor unseriösen Telefonverkäufern!

Für Geschäfte an den Warenterminbörsen werben vornehmlich unseriöse Adressen. Werden Ihnen telefonisch Terminkontrakte auf Rohstoffe offeriert, heißt es Vorsicht. Gerissene Telefonverkäufer argumentieren mit Statements wie „Sie wollten doch schon immer mal viel Geld verdienen" oder „Sie sind ein Glückspilz. Sie zählen zu den Leuten dieser Welt, die sich bald alles leisten können, was sie wollen". Bei allen Aussagen treffen die Unseriösen einen wunden Punkt: die Gier des Anlegers.

Lassen Sie sich nicht blenden! Nur selten sehen Anleger ihr eingesetztes Kapital bei diesen Firmen wieder. Zwar werden hohe Renditen versprochen, doch oft wird das eingezahlte Kapital gar nicht an der Börse investiert, sondern verschwindet auf den Konten der Firmeneigentümer. Sie erhalten Kontoauszüge und Abrechnungen für Geschäfte, die Sie angeblich getätigt haben. Das ist aber kein Beweis, dass der Broker tatsächlich an der Börse investiert hat.

Prüfen Sie daher zuerst, ob der Anbieter seriös ist. Der einfachste Weg dies zu erfahren ist es, regelmäßig die Graumarktliste von BÖRSE ONLINE zu verfolgen.

3.3.2 Basisinstrumente am Warrant-Markt

Im **Optionschein**geschäft muss zunächst zwischen den sogenannten „Klassikern" und gedeckten Optionsscheinen (Covered Warrants) unterschieden werden.

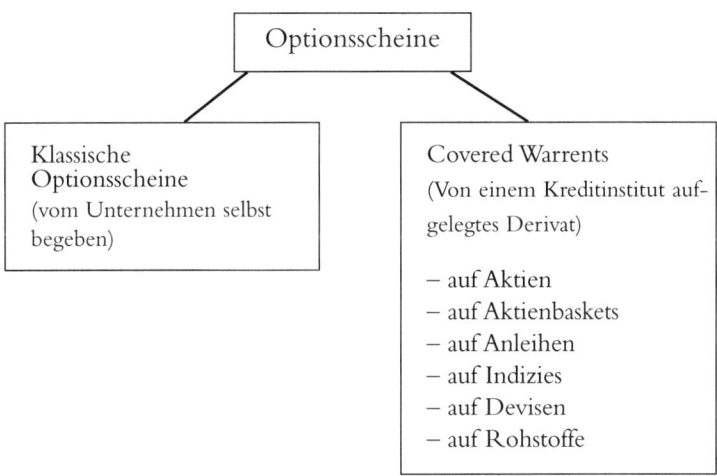

a) Die Klassiker

Alte Hasen am Optionsscheinmarkt werfen immer einen Blick auf die klassischen Optionsscheine. Denn sie sind oft erheblich günstiger bewertet als die Covered Warrants und weisen zudem eine lange Laufzeit auf. Bedauerlicherweise nimmt das Angebot an diesen Optionsscheinen seit Jahren ab. Anfang 2000 gab es nur noch ein gutes Dutzend Klassiker auf deutsche Aktien, zehn Jahre vorher waren es etwa fünfmal soviel.

Begeben werden die Klassiker von den jeweiligen Unternehmen selbst – in der Regel in Verbindung mit einer Optionsanleihe. Sie waren bis Mitte der achtziger Jahre ein beliebtes Finanzierungsinstrument börsennotierter Aktiengesellschaften. Ursprünglich wurden nämlich Optionsscheine nur in Verbindung mit einer Anleihe emittiert. Für die ausgebenden Firmen hat dies den Vorteil, dass sie zu niedrigen Zinsen Geld am Kapitalmarkt aufnehmen und dem Unternehmen später, also bei der Einlösung des Optionsscheins, Eigenkapital schafft. Juristisch wird dies auch als „bedingte Kapitalerhöhung" bezeichnet, da dem Unternehmen aus dem Optionsschein nur dann Kapital zufließt, wenn der Warrant-Inhaber sein Recht zum Bezug der Aktien ausübt und den Basispreis bezahlt. Dadurch steigt die Zahl der im Umlauf befindlichen Aktien. Mit dem Tausch in die Aktien und der Bezahlung des Optionspreises erlischt das Optionsrecht.

Der Investor hingegen erwirbt anfänglich bei der Neuemission eine Optionsanleihe mit Optionsschein (= Anleihe cum). Die Anleihe wird zwar mit einem niedrigen Kupon verzinst, gleichzeitig hat der Käufer aber das Recht, die Option auszuüben und die Aktien zu beziehen. Für die niedrige Verzinsung ist der Optionsschein praktisch die Chance auf Zusatzgewinne, falls sich der Kurs der jeweiligen Aktie nach oben bewegt. Einer Anleihe von nominal 1000 Euro sind in der Regel mehrere Optionsscheine beigefügt, die dann zum Bezug von einer oder mehreren Aktien berechtigen.

Wird der Optionsschein von der Optionsanleihe abgetrennt, entstehen neben der Anleihe cum zwei weitere Kursnotierungen an der Börse: Zum einen für den Optionsschein und zum anderen für die Optionsanleihe ohne Optionsschein (= Anleihe ex).

In der Regel beträgt die Laufzeit der klassischen Optionsscheine fünf

Jahre. Häufig sind diese Warrants auch mit einer Verlängerungsoption ausgestattet. Dies bedeutet, die Laufzeit kann (meist um ein Jahr) verlängert
werden, wenn die zu beziehende Aktie kurz vor Fälligkeit unter dem
Basispreis notiert. Das ist zum Vorteil des Anlegers, wenn der Aktienkurs
tiefer ist als der Basispreis, da sich die Chance erhöht, dass der Schein „ins
Geld" kommt und einen inneren Wert (siehe hierzu Kapitel 3.4) gewinnt. Ein Beispiel: Beim Münchener-Rück-Schein 98 lautet die Fälligkeit 3.6.2002. Der Versicherungsriese kann die Laufzeit aber um zweimal
ein Jahr verlängern, wenn vier Wochen vor Verfall der Kurs der
Münchener Rück niedriger ist als der Bezugspreis von 163,61 Euro.

Ein direkter Bewertungsvergleich mit Covered Warrants ist nicht ganz
einfach, da bei Ausübung von klassichen Optionsscheinen nicht immer
voll dividendenberechtigte Aktien geliefert werden (siehe Kapital 4).

b) Covered Warrants

Das Gros der in Deutschland notierten Warrants sind Covered Warrants,
gedeckte Optionsscheine, die von einem Kreditinstitut ausgegeben werden. Die durchschnittliche Laufzeit dieser Scheine, die als Calls wie Puts
angeboten werden, beträgt etwa ein Jahr. Hinter dem Covered Warrant
verbirgt sich nicht immer auch eine tatsächlich gedeckte Option. Es
bleibt dem Emittenten überlassen, ob er das dem Optionsschein zugrundeliegende Basisinstrument erwirbt (Call) oder veräußert (Put), oder die
Risiken auf andere Art und Weise absichert. Das ist in der Praxis eher die
Regel als die Ausnahme.

Covered Warrants auf Aktien
Diese Scheine beziehen sich üblicherweise auf ein anderes Unternehm-
men. Eine Bank wie beispielsweise die Deutsche Bank kann aber auch
Calls und Puts auf die Deutsche Bank als Covered Warrants emittieren.
Die Angebote der Emittenten reichen von Scheinen auf die einzelnen 30
DAX-Titel bis hin zu Neuer-Markt-Werten. Daneben werden auch eine
Vielzahl von Warrants angeboten.

Covered Warrants auf Aktienkörbe
Hier werden mehrere Aktien in einen Korb (= Basket) gepackt und dar-

auf Calls oder Puts offeriert. Im Gegensatz zur Einzelaktie ist hier das Risiko zwar breiter gestreut. Die Chancen sind aber ebenfalls minimiert, da der Anleger nicht nur die Top-Performer gewählt hat, sondern im Basket auch mehrere mittelmäßige oder schlechte Titel stecken. Das Risiko ist, dass steigende Kurse in einem Wert durch Verluste in einem anderen ausgeglichen werden und der Basket sich kaum vom Fleck rührt. Beliebt sind diese Instrumente vor allem auf Emerging Markets, auf die nur selten Index-Optionsscheine angeboten werden. Im Vergleich zu Einzelaktien ist die Volatilität geringer, daher werden Basket-Scheine mit geringeren Aufgeldern als die Einzeltitel gehandelt.

Covered Warrants auf Indizes

Ähnlich wie Basket-Optionsscheine verhalten sich Index-Warrants, da diese ebenfalls aus einer Vielzahl von Titeln bestehen. Eine Besonderheit ist hier zu beachten: Ein Index ist eine rein rechnerische Größe und kann nicht tatsächlich geliefert werden. Daher erhält der Anleger bei Fälligkeit eines Index-Call immer den positiven Differenzbetrag zwischen Basispreis und Index-Stand in bar ausgezahlt (beim Put wird entsprechend der negative Differenzbetrag ausgeschüttet).

Covered Warrants auf Währungen

Devisen-Calls und -Puts richten sich auf die Kursentwicklung von Wechselkursen. In der Regel wird das Währungspaar, auf das sich der Schein bezieht, angegeben, wie zum Beispiel Dollar-Yen oder Euro-Dollar. So drückt der Euro-Dollar-Kurs aus, wieviel Dollars dem Kunden ein Euro kostet. Bei der Auswahl eines Warrants gilt es, die erstgenannte Währung zu beachten – die Bezeichnung Call oder Put bezieht sich immer auf diese. So setzt ein Anleger mit einem Euro-Dollar-Call auf einen steigenden Euro und damit auf einen schwachen Dollar. Anleger, die dagegen den Euro negativ beurteilen und eine Dollar-Stärke erwarten, entscheiden sich für einen Euro-Dollar-Put.

Covered Warrants auf Zinsen

Zins-Scheine zielen auf die Kursbewegungen am Rentenmarkt. Das Basisinstrument ist eine Anleihe oder ein Future-Kontrakt, nicht das Zinsniveau. Da fallende Anleihenkurse steigende Zinsen – und vice versa

– bedeuten, zielt ein Anleger mit einem Zins-Call auf fallende Zinsen. Wer hingegen einen Anstieg des Renditeniveaus erwartet, muss einen Zins-Put wählen.

Covered Warrants auf Rohstoffe
Calls und Puts auf die edlen Metalle Gold und Silber sowie auf andere Rohstoffe durften in Deutschland lange Zeit nicht offiziell an den Börsen notiert werden. Ein Indexierungsverbot – in dem bis Ende 1998 gültigen Bundesbankgesetz – machte den Handel von Rohstoff-Scheinen nur über Umwege in Deutschland möglich. Mit Inkrafttreten des Europäischen Notenbankgesetzes am 1. Januar 1999 ist diese Regelung nicht mehr existent. Nun können Calls und Puts auf Rohstoffe uneingeschränkt an den hiesigen Börsen notiert werden. Am Markt werden jedoch nur wenige angeboten.

3.3.3 Basispreis

Der Basispreis, auch Bezugspreis oder Strike genannt, bestimmt neben dem Basiswert und der Laufzeit das Wesen eines Optionsscheins. Der Basispreis besagt, zu welchem Kurs das Basisinstrument erworben (Call) beziehungsweise verkauft (Put) werden darf. Ist der Bezugspreis eines Kaufoptionsscheins beispielsweise höher als der aktuelle Kurs des Basisinstruments ist das Risiko für den Anleger entsprechend hoch. Denn die Aktie, der Index oder die Währung muss erst einmal bis zum Basispreis steigen, damit die Ausübung am Ende der Laufzeit lohnt.

Solange bei einem Call der Basispreis über dem aktuellen Kurs des Basisinstruments liegt, spricht man von Warrants „aus dem Geld" oder „out of the money". „Aus dem Geld" ist beim Put hingegen, wenn das Basisinstrument über dem Basispreis liegt.

Genau das Gegenteil sind Optionsscheine „im Geld", von den Profis „in the money" genannt. Beim Call liegt der Basispreis (zum Beispiel: Deutsche Telekom-Call mit Basis 50 Euro) weit unter dem aktuellen Kurs (70 Euro), was für den Warrant einen hohen inneren Wert bedeutet. In der Praxis hat das zwar auch einen hohen Kurs für den Warrant zur Folge, dafür ist aber das Aufgeld für diese Optionsscheine gering. Es gilt: Je tiefer der Basispreis, desto geringer ist in der Regel das Aufgeld. Entsprechend niedrig fällt allerdings der Hebel aus. „Im Geld" beim Put bedeutet, der Basispreis ist höher als der aktuelle Kurs des Basisinstruments. Die Profis sprechen hier auch von einer hohen „Moneyness"

Die goldene Mitte sind Warrants „am Geld" oder „at the money". Hier entspricht der Basispreis in etwa dem aktuellen Aktienkurs. Unter Warrants „am Geld" versteht man allerdings nicht nur jene mit einem Basispreis von 70 Euro, wenn der Aktienkurs exakt 70 Euro beträgt (Moneyness = 0). In der Praxis wird auch bei einem Wert des Dividendentitels von 68 oder 72 Euro noch von einem Schein „am Geld" gesprochen.

Call

Im Geld	Aktienkurs	>	Basispreis
	70 Euro		50 Euro
Am Geld	Aktienkurs	=	Basispreis
	70 Euro		70 Euro
Aus dem Geld	Aktienkurs	<	Basispreis
	70 Euro		100 Euro

Put

Im Geld	Aktienkurs	<	Basispreis
	70 Euro		100 Euro
Am Geld	Aktienkurs	=	Basispreis
	70 Euro		70 Euro
Aus dem Geld	Aktienkurs	>	Basispreis
	70 Euro		50 Euro

3.3.4 Bezugsverhältnis

Je niedriger der Kurs eines Scheins, desto beliebter ist er. Die Emittenten, die die Vorlieben ihrer Kunden kennen, greifen hier in die Trickkiste. Ganz legal. Sie drehen am Bezugsverhältnis. Über dieses kann jeder Warrant optisch „billig" werden. Der vorher genannte Telekom-Optionsschein, der zum Bezug einer Telekom-Aktie berechtigt hat, kostete 7,50 Euro. Das erscheint vielen Anlegern zu teuer. Vermeintlich „billiger" wird der Warrant, wenn zehn Warrants zum Bezug einer Aktie nötig sind. Dann kostet ein Schein „nur" 0,75 Euro. Das Bezugsverhältnis lautet jetzt 10 zu 1, was bedeutet, dass der Anleger zehn Optionsscheine besitzen muss, um eine Telekom-Aktie beziehen zu können. Da der Anleger zu dem niedrigen Kurs für sein Kapital gleichzeitig mehr Scheine erhält, ist die Täuschung perfekt. Anstelle von 100 Warrants kauft dieser beispielsweise 1000 Scheine. Doch Vorsicht: das Äquivalent ist gleich.

3.3.5 Laufzeit

Die Lebenszeit eines Optionsscheins ist begrenzt. Ist die Fälligkeit verstrichen, erlischt das Optionsrecht. Selbst wenn der Optionsschein zur Fälligkeit noch werthaltig war, ist das Geld nach Ablauf der Ausübungsfrist unwiderbringlich verloren. In der Regel erhalten die Anleger von ihren Banken kurz vor Fälligkeit ein Anschreiben mit dem Hinweis, dass Optionsscheine, die sich im Depot des Kunden befinden, in den kommenden Wochen auslaufen. Auf dieses Erinnerungsschreiben sollten sich Anleger aber keinesfalls verlassen. Die Bank ist zu diesem Schreiben nicht verpflichtet. Ebenso wichtig wie die laufende Kursverfolgung ist es daher auch, Verfalldaten von Scheinen im Depot immer im Auge zu haben. Löblich verhalten sich Emittenten, die bei Fälligkeit dem Anleger das ihm zustehende Geld automatisch überweisen und dieser keine separate Ausübungserklärung erteilen muss (siehe Kapitel 4.8).

3.6 Ausübungsrecht
– europäisch oder amerikanisch?

Wenn Optionen mit gleichem Basispreis und identischer Laufzeit im Kurs voneinander stark abweichen, kann die Ursache im Ausübungsrecht liegen. Sind die Warrants mit einem amerikanischen Optionsrecht ausgestattet, können sie jederzeit ausgeübt werden. Das rechtfertigt auch einen höheren Preis für den Warrant.

Darf der Optionsschein dagegen nur an einem einzigen Tag, genaugenommen am Fälligkeitstag ausgeübt werden, hat der Schein ein europäisches Ausübungsrecht. Die Wurzel dieser Ausübungsart kommt aus dem Frankreich des 19. Jahrhunderts. Dort konnten Optionen jeweils nur quartalsweise ausgeübt werden. Zweifellos nimmt der Anleger bei dieser Variante eine Einschränkung in Kauf. Denn seine Gewinnchance ist auf den Kurs des Basisinstruments an einem bestimmten Börsentag beschränkt. Ob ein Optionsschein mit einem europäischen oder einem amerikanischen Optionsrecht versehen ist, hat aber nichts mit dem Herkunftsland des Basisinstruments zu tun. Welches Recht der Emission zugrunde liegt, bestimmt der Emittent.

Der Löwenanteil der an den Börsen in Deutschland gehandelten Optionsscheine sind mit einem amerikanischen Ausübungsrecht ausgestattet. Einzelne Warrants und Sonderkonstruktionen sind eine Ausnahme.

An den Terminbörsen hingegen sind beide Varianten gängig. An der Eurex sind DAX-Optionen nur am Laufzeitende ausübbar. Calls und Puts auf den Bund-Future oder deutsche Einzelaktien sind hingegen mit einem amerikanischen Optionsrecht ausgestattet.

Fragen zum Thema:
(Lösung siehe Seite 242):

1) Ein Call ist ein
a) Put
b) Kaufoptionsschein
c) Verkaufsoptionsschein
d) Basisinstrument

2) Ein Optionsschein ist
a) immer standardisiert
b) nicht börsennotiert
c) bei Emission immer aus dem Geld
d) mit einer Wertpapierkennnummer versehen

3) Der Begriff „aus dem Geld" bedeutetbei einem Call,
a) der Basispreis entspricht in etwa dem aktuellen Kurs des Basisinstruments
b) der Basispreis liegt über dem aktuellen Kurs des Basisinstruments
c) der Basispreis liegt unter dem aktuellen Kurs des Basisinstruments
d) dass die Option jederzeit ausgeübt werden kann

4) Mit einem Zins-Call
a) setzt der Anleger auf fallende Zinsen
b) setzt der Anleger auf steigende Zinsen
c) setzt der Anleger auf höhere Anleihekurse
d) setzt der Anleger auf sinkende Anleihekurse

5) Optionen mit amerikanischem Ausübungsrecht
a) besagen, dass der Anleger meist eine Stillhalterposition eingegangen ist
b) sind immer „im Geld"
c) kommen nur in den USA vor
d) sind in der Regel teurer als Optionen mit europäischem Ausübungsrecht

Ordnen Sie die zehn wichtigsten Begriffe zu:

1) Call	a) Basispreis/Bezugspreis
2) Put	b) Optionsschein
3) im Geld	c) Herausgeber von Optionsscheinen
4) am Geld	d) Beim Call ist der Bezugspreis höher als der Kurs des Basiswerts
5) aus dem Geld	e) Verkaufsoptionsschein
6) Strike	f) Bezugspreis entspricht dem Kurs des Basiswerts
7) Underlying	g) Kurspflegendes Institut
8) Warrant	h) Kaufoptionsschein
9) Emittent	i) Basiswert/Basisinstrument
10) Market Maker	j) Beim Call ist der Bezugspreis niedriger als der Kurs des Basiswerts

IV

Blick hinter die Kulissen des Optionsschein- geschäfts

Ein überaus spannender und interessanter Teil im Optionsgeschäft ist die Frage, was hinter der Börsenschranke läuft, wie Optionsscheine kreiert und wie sie gehandelt werden. Wenn Sie die Finessen dieses Marktes genau kennen, können Sie viel Geld verdienen. Sie werden dort und zu der Zeit kaufen, wann es für Sie am günstigsten ist – direkt beim Emittenten oder an der Börse. Interessant ist auch zu wissen, woran das Emissionshaus verdient. Der Blick hinter die Kulissen weiht Sie in die tiefen Geheimnisse des Geschäfts ein und schützt Sie vor unliebsamen Überraschungen.

4.1 So entsteht ein Optionsschein

Der erste Optionsschein entstand rein zufällig. Die DG Bank, die eine hohe Beteiligung an der früheren AGAB, der AG für Anlagen und Beteiligungen hielt, benötigte Mitte der achtziger Jahre Liquidität. So beschlossen die Bänker 1987, einen Optionschein aufzulegen, der zum Bezug der AGAB-Aktien berechtigen sollte (jeder Optionsschein bezog sich auf eine Aktie zum Kurs von 164 Mark, Fälligkeit am 1. Juni 1993). Obwohl der DG-Bank-Agab-Schein vielen Anlegern, die bis zum Laufzeitende durchgehalten hatten, Verluste bescherte, war längst eine neue Ära am Optionsscheinmarkt angebrochen. Ende 1993 waren hierzulande bereits mehr als 2000 Optionsscheine börsennotiert.

Die Anleger sind fasziniert von diesem Produkt. Ein hoher Hebel und die Vorstellung vom schnellen Geld locken. Vor allem in der Hausse der 90er Jahre hat das vielen Käufern von Calls ein stattliches Vermögen beschert.

Optionsscheinumsätze 1987–1999 in Deutschland in Mio. Mark

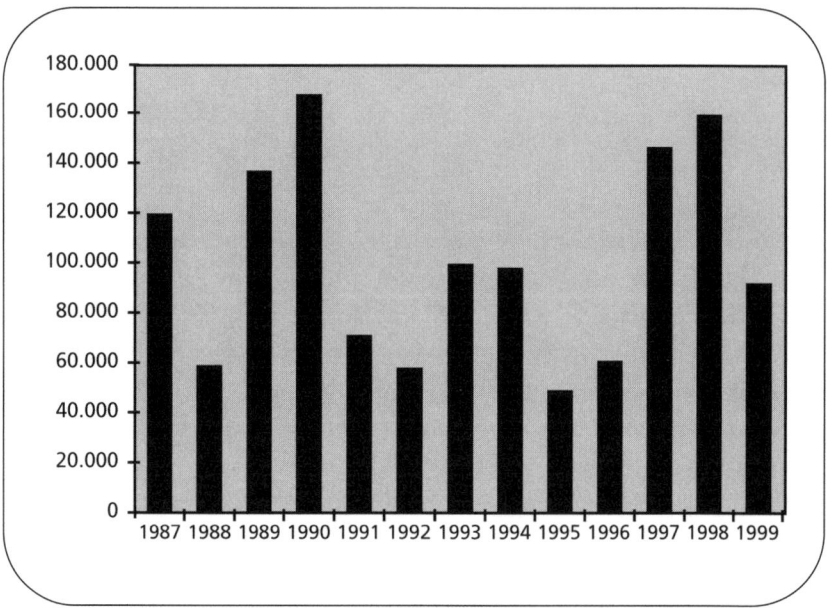

Von den rund 20 Banken, die in diesem Markt aktiv sind, offerieren viele eine breite Produktpalette. Läuft eine Serie von Optionsscheinen wie beispielsweise Calls auf den DAX aus, oder ist der Basispreis nicht mehr aktuell, werden neue Scheine emittiert. Während diese in erster Linie dazu dienen, ein breites Angebot präsentieren zu können, steht bei Scheinen auf weniger bekannte oder ausländische Werte oft auch das Marketing im Vordergrund. Auffallen um jeden Preis lautet die Devise.

Und das scheint mittlerweile nur mit neuen Basiswerten oder exotischen Konstruktionen möglich zu sein.

Die Idee für einen Schein kommt aber nicht immer nur von den Banken. Häufig wünscht auch ein professioneller Anleger, wie beispielsweise eine Versicherung oder eine Fondsgesellschaft, einen bestimmten Optionsschein. Diesem Begehren kommt jeder Emittent gerne nach, da in diesem Fall bereits eine große Kundenorder auf dem Tisch liegt, während er andernfalls, um sein Produkt verkaufen zu können, erst die Werbetrommel rühren muss.

4.1.1 Rechtlich ist alles geregelt

Begeben darf einen Optionsschein aber nicht jeder. Es müssen strikte Regeln eingehalten werden. Geprüft werden alle Emissionen vom Bundesaufsichtsamt für den Wertpapierhandel. Gemäß Wertpapier-Verkaufsprospektgesetz muss bei dieser Behörde ein Verkaufsprospekt hinterlegt werden. In diesem stehen Angaben zum Emittenten, Risikohinweise, die Ausstattung (kann auch vorläufig sein und sich auf viele Emissionen beziehen) oder Hinweise zur Besteuerung. Interessehalber und um Konditionen im Detail zu prüfen, sollten Sie mal einen Prospekt anfordern. Denn nur dort steht genau im Detail, welche Aktien Sie zu welchem Termin erhalten, wenn Sie einen Schein ausüben oder wann die Ausübungserklärung beim Emittenten sein muss. Den Prospekt gibt es direkt beim Emittenten (Adressen und Info-Telefonnummern siehe Seite 243).

Nach der technischen Prüfung durch die Aufsichtsbehörde muss der Emittent vor der Emission eines Warrants eine „Hinweisbekanntmachung" veröffentlichen, die die Hinterlegung des Verkaufsprospekts publik macht. Erst dann kann der Warrant emittiert werden. Dieses Procedere, das gut zwei Wochen dauert, kürzt der Emittent ab, indem er einen unvollständigen Verkaufsprospekt bei der Behörde abgibt und dann bei Emission immer einen „Nachtrag zum unvollständigen Verkaufsprospekt" bekannt macht. Dann dauert die Emission nur noch einen Tag und bietet dem Emittenten die Möglichkeit, schnell auf Marktänderungen zu reagieren oder bei Warrants auf neue Aktien frühzeitig am Markt zu sein.

Die Wertpapierkennnummer, mit der jeder einzelne Optionsschein versehen wird, besorgt sich der Emittent bei den „Wertpapiermitteilungen". Diese zentrale Einrichtung in Frankfurt vergibt Kennnummern für alle Wertpapiere, die am deutschen Markt gehandelt werden.

Um die Optionsscheine an einer Börse zu notieren, muss der Emittent am jeweiligen Börsenplatz einen Zulassungsantrag stellen. Meist werden die Warrants im Freiverkehr notiert, da hier nur geringe Gebühren für die Notierung zu entrichten sind und die Einführung unproblematisch und ohne große Formalitäten erfolgt.

4.1.2 Schnäppchenjäger aufgepasst

Doch Vorsicht bei Neuemission. Sie sind nicht unbedingt ein Sonderangebot. Der Preisvergleich – sofern möglich – lohnt. Es ist immer wieder zu beobachten, dass einige Emittenten neue Optionsscheine zu überhöhten Preisen offerieren. Da bei der Markteinführung noch keine Verkäufe am Markt getätigt werden, kann der Anleger diese Warrants nur kaufen. Das heißt, der Emittent kann den Preis hoch halten und riskiert selbst bei einem kleinen Spread nicht, dass er auch überhöht zurückkaufen muss.

Auch mit Optionsscheinen auf Aktienneuemissionen ist kritisch umzugehen. Denn hier wird der Optionspreis nicht auf den Emissionskurs der neuen Aktie berechnet. Der Emittent zieht zur Berechnung des Optionsscheinpreises den Kurs heran, der im grauen Markt (das ist der Handel unter den Banken für Neuemissionen – er darf nicht mit dem unseriösen und illegalen Graumarkt verwechselt werden) gerade aktuell ist. Und die Preise, zu denen dort eine Aktie den Besitzer wechselt, liegen oft deutlich über dem Emissionskurs. Damit sind diese Warrants kein Schnäppchen und auch keineswegs eine Möglichkeit, günstig an Neuemissionen zu kommen.

Auch der Unterschied von Warrant zur Aktie wird unglücklicherweise manchmal verwechselt. So wunderte sich ein Investor bei der Telekom-Emission, warum er so wenig für die T-Aktien bezahlen musste. Auf seiner Rechnung stand nicht 27,50 Mark, sondern nur 2,80 Mark. Unklar war ihm allerdings, was das Wort Call hinter Telekom zu bedeuten habe und warum auch noch ein Fälligkeitsdatum angegeben war.

4.2 Auch der Emittent will leben

Das Marketing, die Information der Anleger, die Kursbereitstellung über Videotext oder Internet, Lizenz- und Börsenzulassungsgebühren – all das kostet Geld. Handel und Abwicklung mit ihren technisch gut ausgestatteten Arbeitsplätzen wollen ebenfalls bezahlt sein. Aber nicht nur das. Wer Geschäfte tätigt, will auch Gewinne erwirtschaften.

Doch wie verdienen die Banken? Sie haben zwei Möglichkeiten: Erstens leben sie von der Spanne zwischen An- und Verkaufskurs, dem Spread. Da die Händler laufend Geschäfte tätigen und ein Anleger kauft, während ein anderer verkauft, können sie die Geschäfte kompensieren und streichen den Spread ein. Für die Bank ist es nicht relevant, dass An- und Verkauf in ein- und derselben Wertpapier-Kennnummer getätigt werden. Gewinn macht die Bank auch dann, wenn Kauf und Verkauf in unterschiedlichen Papieren stattfinden. Denn die Händler betrachten beispielsweise alle Dollar-Warrants als eine Risikoposition in ihren Büchern. Abgesichert wird daher nicht jedes einzelne Geschäft, sondern nur Spitzen. Der Trader der Bank führt ein sogenanntes „Buch". Vollelektronisch werden alle Geschäfte gespeichert und alle Risikopositionen aufgeführt.

Die zweite Möglichkeit, wie die Bank Geld in diesem Geschäft verdienen kann, ist der Handel. Zum einen können die Händler mit Risikopositionen – in begrenztem Rahmen – spekulieren. Benötigt der Trader beispielsweise US-Dollars, wird er mit dem Kauf noch abwarten, wenn er mit steigenden Kursen für den Greenback rechnet.

Zum anderen kann der Händler, der Warrants ge- oder verkauft hat, sein Absicherungsgeschäft oft deutlich günstiger eingehen. Denn er kann sich als Profi beispielsweise zu niedrigeren Preisen an der Eurex oder an anderen Terminmärkten eindecken. Häufig werden nämlich Warrants und Eurex-Optionen mit identischen Konditionen angeboten. Vergleicht man nun beide Offerten, zeigt sich, dass die Optionen an der Eurex oft erheblich günstiger sind. Daher gilt: Preise vergleichen, denn im Einkauf liegt der Gewinn.

Doch nicht nur im Einkauf werden teilweise höhere Preise berechnet. So mancher Emittent wurde schon dabei ertappt, dass er beim Einkauf ähnliche Konditionen wie die Konkurrenz bietet, im Verkauf aber erheblich schlechter ist. Verschenken Sie nichts und vergleichen Sie auch die Preise, wenn Sie ihren Schein veräußern wollen. Gerissene Trader bei den Emittenten wissen, dass kaum ein Anleger darauf achtet und dass sie daher, wenn viele Anleger verkaufen wollen, den Geldkurs des Scheins, also den Ankaufskurs auch mal ein wenig tiefer ansetzen können.

Zehn Prozent im Kurs fallen für Sie zwar kaum ins Gewicht, wenn Sie mit einem Schein mehrere hundert Prozent verdient haben. Das ist zum einen nicht alle Tage der Fall und zum anderen wollen Sie ja nicht übers Ohr gehauen werden. Wenn Sie bei einigen Geschäften die Verkaufskurse mit den Preisen der Konkurrenz vergleichen oder auf die Eurex-Kurse achten, werden Sie wissen, ob Sie bei „ihrem" Emittenten über den Tisch gezogen werden oder nicht.

Tipp *Es empfiehlt sich, nicht nur die Optionsscheine untereinander zu vergleichen, sondern auch einmal einen Blick auf die Kurse an der Eurex zu werfen. Insbesondere kurzlaufende Optionen sind sehr liquide (siehe dazu auch Kapitel 3.3) und meist auch erheblich günstiger als Warrants. Um herauszufinden, welcher Emittent Sie wirklich fair bedient, sollten Sie zudem auch beim Verkauf Kurse vergleichen.*

4.3 *Vorsicht Falle.* Der Spread, die Spanne zwischen An- und Verkaufskurs

Ein Witz für Insider:
Anleger: „Wieviel kostet der Call mit Basis 45 Euro"?
Trader: „Der ist aktuell 2,10 zu 2,20"
Anleger: „Sie sind doch ein Profi. Wissen Sie denn nicht genau, wieviel der
kostet?"

„Selbstverständlich handeln wir diese Scheine nur mit einem Spread von einem Cent" – so die Werbeslogans der Banken. Doch Vorsicht: Lassen Sie sich nicht an der Nase herumführen! Ein geringer Spread heißt noch lange nicht, dass dieser Optionsschein günstig ist. Zum einen ist der Herdentrieb bekannt, denn die breite Masse rennt immer in eine Richtung. In einer Phase, in der beispielsweise die Kauflust überwiegt, kann jeder Händler ohne Probleme einen niedrigen Spread stellen. Ohne dass es vielen Anlegern auffällt, wird der Händler den Preis hochsetzen, da er weiß, heute wird überwiegend gekauft. Profis nennen dies „die Seite einfärben". Wird hingegen nur verkauft, werden die Kurse nach unten angepasst. Preise vergleichen zahlt sich aus!

Vorsicht heißt es auch bei optisch günstigen Kursen. Bei einem Warrant, der zu 0,62 zu 0,65 Euro offeriert wird, scheint auf den ersten Blick der Spread mit 3 Cents geringer als bei einem Call auf dieselbe Aktie, der zu einem Kurs von 6,21 Euro zu 6,41 Euro gehandelt wird. Der Spread beträgt hier immerhin 20 Cents. Doch beim Spread muss das Bezugsverhältnis berücksichtigt werden. Beim ersten Call sind zehn Warrants zum Bezug einer Aktie nötig, beim zweiten lautet das Bezugsverhältnis 1 zu 1. Wird dieses berücksichtigt, beträgt der Spread beim ersten Schein 30 Cents und beim zweiten 20 Cents. Der Schein zum Preis von 0,65 Euro ist zudem nicht nur im Hinblick auf den Spread teurer, auch der Kurs ist höher. Bei einem Bezugsverhältnis von 10 zu 1 läge der Optionspreis nämlich bei 6,50 Euro – also kein Schnäppchen.

Tipp Lassen Sie sich nicht von optisch günstigen Kursen und vermeintlich niedrigen Spreads blenden. Berücksichtigen Sie immer das Bezugsverhältnis.

4.4 Abwicklung von Aufträgen

Warrants können sowohl über die Börse als auch im außerbörslichen Geschäft erworben und veräußert werden. Da in diesem Geschäft Geschwindigkeit und Konditionen zählen, müssen Sie entscheiden, wann Sie welche der beiden Varianten wählen. Die aktuellen Preise des Emittenten lassen sich über Videotext, Reuters oder das Internet verfolgen (siehe auch Anhang S. 243).

4.4.1 So läuft der Hase an der Börse

9,9 zu 10,10 stellt der Makler an der Börse den Kurs für eine Aktie. Dies bedeutet, er ist bereit, den Dividendentitel zu 9,90 Euro anzukaufen und für 10,10 Euro zu verkaufen. Die Marge dazwischen ist der Risikoaufschlag für den Makler, falls sich beispielsweise nur ein Käufer, aber kein Verkäufer findet. Im Fachjargon wird das gewöhnlich als Spread bezeichnet. Ähnlich wie im Aktienhandel läuft es auch im Warrantgeschäft. In der Regel handelt der Makler hier jedoch nicht auf eigene Rechnung, sondern stellt genau die Kurse, die der jeweilige Optionsscheinemittent auf dem Informationssystem Reuters oder seinem handelseigenen System zur Verfügung stellt.

Da der Makler in den wenigsten Fällen an der Börse einen Kontrahenten findet, wendet er sich an das Emissionshaus. Dieses nennt den Geldkurs (zu dem der Emittent den Optionsschein ankauft) und den Briefkurs (zu dem er bereit ist zu verkaufen). Ist die dem Makler vorliegende Order passend limitiert, kommt das Geschäft zu dem vom Emittenten genannten Kurs zustande. Ohne dass der Anleger etwas davon merkt, hat er also zu dem vom Optionsscheinhaus genannten Kurs geoder verkauft. Illiquide, wie Bankberater gerne behaupten, sind Covered Warrants daher keinesfalls.

> **Tipp** *Ob Ihre Order auch zum richtigen Kurs ausgeführt wurde, können Sie im Internet nachprüfen. Unter www.euwax.de finden Sie – mit einem Tag Verzögerung – die historischen Emittentenkurse, also die An- und Verkaufspreise, die der Emittent für jeden Warrant während des gesamten Tages zu jeder Uhrzeit gestellt hat.*

Zu Engpässen kann es vielmehr bei klassischen Aktienoptionsscheinen kommen. Diese sind vom Unternehmen selbst begeben und bei vielen erfahrenen Anlegern sehr beliebt, da sie oft nur geringe Aufgelder aufweisen und dennoch eine gute Dynamik im Vergleich zur Aktie bieten. Bedauerlicherweise betreiben hier aber nur wenige Banken Kurspflege. Für diese Warrants ist kein Emittent verpflichtet, jederzeit handelbare Kurse zu stellen. Da bei diesen Warrants Angebot und Nachfrage ohne die Einschaltung eines Market Makers an der Börse aufeinandertreffen, kommen hier bei einigen Emissionen nicht immer Umsätze zustande. Daher gilt: keine unlimitierten Aufträge!

Werden Aufträge über die Börse abgerechnet, findet der Anleger häufig Zeichen wie ein „G" hinter dem Kurs. Hier ist der Kurs genannt, zu dem der Emittent bereit ist, den Optionsschein zurückzukaufen. Illiquide sind diese Warrants aber keineswegs. Ist hinter einem Kurs dagegen nichts vermerkt, fand zu diesem Preis ein Umsatz statt. Nachfolgend eine Liste mit den wichtigsten Kurszusätzen, die sowohl am Aktien- wie am Optionsscheinmarkt gelten.

G = Geldkurs
Der Geldkurs erscheint bei Warrants häufig. Er bezeichnet den Kurs, zu dem verkauft werden kann.

bG = bezahlt Geld
Dem Makler liegen mehr Kauf- als Verkaufsaufträge vor. Die Nachfrage überwiegt das Angebot.

rat G = rationiert Geld
Alle Kaufaufträge, für die eine Ausführung aufgrund des Limits möglich ist, erhalten nur einen Teil der gewünschten Stücke.

–G = gestrichen Geld
geschätzter Ankaufskurs

B = Briefkurs
Zu diesem ist Angebot vorhanden, Käufe können zu diesem Kurs getätigt werden.

bB = bezahlt Brief
Nur die zum Kurs limitierten Verkaufsaufträge wurden abgerechnet. Es besteht weiteres Angebot.

rat B = rationiert Brief
Alle Verkäufe, für die aufgrund des Limits eine Ausführung möglich war, wurden zum genannten Kurs mit Teilausführungen bedient.

–B = gestrichen Brief
geschätzter Briefkurs

C = Kompensationsgeschäfte
Dieser Kurszusatz lässt erkennen, dass der Makler ein Kompensationsgeschäft getätigt hat.

T = Taxe
Taxkurs bedeutet Schätzkurs

au = ausgesetzt
An diesem Tag war der Kurs offiziell ausgesetzt. Es wurde kein Kurs festgestellt.

Eine Verpflichtung für den Emittenten, jederzeit handelbare Kurse zu stellen, existiert auch für Covered Warrants nicht generell. Zwar spricht das Geschäftsinteresse des Emittenten für eine kontinuierliche und faire Marktpflege, im Fachjargon auch Market Making genannt. Zum einen wird nämlich ein Anleger, der seine Warrants plötzlich nicht mehr veräußern kann, nie wieder einen Schein dieses Emittenten kaufen. Zum anderen fürchten die Emittenten negative Presse mehr als hohe Verluste. In den turbulenten Börsenphasen Anfang der Neunziger Jahre wagten es einige Emittenten wie beispielsweise Bankers Trust noch, für mehrere Stunden keine handelbaren Kurse zu stellen und wickelten kein Geschäft mehr ab.

Heute ist dies kaum mehr vorstellbar. Ein Emittent, der seine Warrants an der Stuttgarter Euwax (European Warrant Exchange) listen lassen will, muss für alle Neuemissionen einen Maximalspread festlegen und diesen auch in Krisensituationen einhalten. In hektischen Zeiten kommt es zwar zu erheblichen Verzögerungen, und es wird vom Anleger viel Geduld gefordert, da häufig alle Telefonleitungen überlastet sind. Doch es wird gehandelt. Da weder die Banken noch die Emittenten Kapazitäten für Extremsituationen haben und aus Kostengründen auch nicht darstellen können, ist hier vom Anleger Nachsicht gefordert.

Bitter ist dies vor allem, wenn man die Kurse purzeln sieht, bei seiner Bank oder beim Emittenten aber nicht durchkommt, um eine Verkaufsorder zu erteilen. Das überzeugendste Argument der Emittenten ist die Kostenseite. Müsste nämlich immer soviel Kapazität bereitstehen wie in den Krisensituationen, die in unberechenbaren Zeitabständen von einigen Jahren vorkommen, wären Warrants erheblich teurer. Einen interessanten Vergleich lieferte auch ein Emittent, der anmerkt, dass auch zu Ferienbeginn alle Urlauber im Stau stehen oder am Samstag im Supermarkt Wartezeiten in Kauf zu nehmen sind.

Anzumerken bleibt hier noch, dass auch Makler und Händler Menschen sind, die in der Hektik Fehler machen. Bei der Vielzahl der Geschäfte, die in Sekundenschnelle abzuwickeln sind, passiert es schnell, dass der Makler oder der Händler auf dem Bildschirm um eine Zeile verrutscht und einen falschen Preis nennt. Wird darauf gehandelt kann das Börsengeschäft storniert werden, sofern die Börsenaufsicht zustimmt. Dann wird der Kurs nachträglich rektifiziert. Der Anleger hat dann keine Handhabe, um gegen ein Storno von seiten der Bank vorzugehen.

Tipp *Wickeln Sie ihre Aufträge gerne über die Börse ab, bietet Stuttgart den besten Service. Hier werden Limits automatisch kontrolliert und Orders meist in Sekundenschnelle ausgeführt. Diese rasche Abwicklung macht dem außerbörslichen Handel längst Konkurrenz. Zwar folgten auch Frankfurt und Düsseldorf dem Vorbild der Schwaben. An diesen Börsen werden aber nicht alle Optionsscheine gleich behandelt.*

4.4.2 Außerbörslicher Handel

Privatanleger können Optionsscheine genauso wie jeder Profi handeln. Im Fachjargon werden Geschäfte, die nicht über die Börse, sondern direkt mit dem Emittenten gemacht werden, als außerbörslicher Handel oder Direktgeschäft bezeichnet. Das funktioniert wie folgt: Der Anleger erfragt zuerst – über Videotext, Internet oder direkt bei seiner Bank oder beim Emittenten – den aktuellen Kurs eines Optionsscheins. Diese Kurse dienen der Orientierung.

Da sich das Basisinstrument aber laufend ändert, bleibt auch der Kurs des Optionsscheins nicht konstant. Er bewegt sich permanent. Soll ein Geschäft zustandekommen, ist es nötig, online oder über die Bank telefonisch einen handelbaren Kurs zu erfragen. Der Emittent muss dann, ohne den Wunsch des Kunden zu kennen, Geld- und Briefkurs nennen, also die Kurse, zu denen er bereit ist zu kaufen und zu verkaufen. Meist wird aber auch nach der Stückzahl gefragt. Kann die Order des Kunden zu dem vom Emittenten genannten Preis ausgeführt werden, kommt das Geschäft sofort zustande. Eine Vormerkung von Limiten ist im außerbörslichen Geschäft möglich.

Der Vorteil bei dieser Abwicklung liegt auf der Hand: Der Anleger kann sofort neu disponieren und läuft nicht Gefahr, dass seine Order längere Zeit unbearbeitet in den Büchern des Maklers schlummert. Nicht wenige Anleger haben sich schon über die zögerliche Ausführung von Optionsscheinaufträgen geärgert. Besonders in hektischen Marktphasen ist eine schnelle Auftragsausführung wichtig, da die Warrant-Preise in Sekundenschnelle hin- und herspringen. Aus diesem Grund bevorzugen viele Anleger den außerbörslichen Handel.

Hier wird allerdings kein offizieller Börsenkurs abgerechnet, den der Anleger in der Zeitung verfolgen kann. Vertrauen zu den Banken und Emissionshäusern ist in diesem Fall Voraussetzung. Den Kurs können sie unter Umständen online verfolgen. Da sich die Preise aber permanent ändern und diese auf Videotext oder im Internet nicht sekündlich aktualisiert werden, haben Sie keine Garantie, dass Sie den Kurs, der Ihnen abgerechnet wird, auch am Bildschirm verfolgen können. Im Internet können Sie unter www.euwax.de unter dem Punkt „historische Emittentenkurse" die Kurse am nächsten Tag überprüfen. Dort werden die vom Emittenten via Nachrichtenagentur Reuters veröffentlichten handelbaren Kurse präsentiert – und zwar die Preise, wie sie von morgens bis abends gestellt wurden.

Vorteilhaft im außerbörslichen Geschäft sind teilweise auch die Gebühren. Der Anleger zahlt nämlich keine Courtage an den Makler. Dieser ist nicht eingeschaltet und hat keinen Anspruch auf ein Entgelt. Da die Abwicklung außerbörslicher Aufträge für die Banken jedoch mit einem erhöhten Arbeitsaufwand verbunden ist, bieten diese sie oft erst ab einem Gegenwert von 5000 oder 10.000 Euro an. Teilweise werden auch Zusatzgebühren verrechnet.

4.5 Wie und wo handelt der Emittent

Mit Calls verdienten einige Anleger in den Haussephasen der neunziger Jahre soviel Geld, dass sie verunsichert waren, ob sie ihre Gewinne tatsächlich eines Tages einstreichen können. Sie befürchteten, dass am Ende die Banken die hohen Gewinne, die sie erzielt hatten, nicht mehr zahlen könnten. Sie hatten richtig gedacht, was der eine gewinnt, muss ein anderer verlieren. Das muss aber keinesweg der Emittent sein. Im Geschäft mit Derivaten gehen die Banken nämlich kein großes Risiko ein. Sie sichern ihre Positionen ab.

Eine Neuemission von Covered Warrants besteht zunächst nur auf dem Papier. Risiko entsteht erst dann, wenn ein Optionsschein verkauft wird. Und da spekuliert die Bank nicht gegen den Anleger. Der Emittent sucht einen Geschäftspartner, der bereit ist, die Gegenposition einzugehen. In der Praxis sichert der Emittent allerdings nicht jede einzelne Warrantposition ab. Vielmehr rechnet er alle Risikopositionen gegeneinander auf und „hedgt" (siehe Kapitel 11) nur die verbleibende Spitze.

Einen Geschäftspartner findet der Warrant-Händler nicht immer an organisierten Optionsmärkten wie der Eurex. Insbesondere für Optionen mit längeren Laufzeiten „hedgt" der Emittent seine Risiken am OTC-Markt, dem Over-The-Counter-Market. Telefonisch werden unter professionellen Marktteilnehmern wie Emittenten, Versicherungen oder Fondsgesellschaften Optionen verschiedenster Art gehandelt. Das sind aber nicht immer nur einfache Calls und Puts. Nahezu alle Varianten exotischer oder maßgeschneiderter Konstrukte wechseln am OTC-Markt den Besitzer. Denn dort unterliegen die Derivate keinen starren Regeln wie an den Terminbörsen. Sie werden frei ausgehandelt, je nach den Wünschen und Bedürfnissen der Marktteilnehmer. Die Volumen des

OTC-Marktes übersteigen die gehandelten Kontrakte an den Terminbörsen bei weitem.

4.6 Stop Loss hält Verluste in Grenzen

Stop-Loss-Orders, sprich Verkaufsaufträge, die ausgeführt werden, wenn ein bestimmter Kurs (nach unten) erreicht wird, können inzwischen für alle börsennotierten Optionsscheine erteilt werden. Doch Anleger, die sich im Warrant-Geschäft auf Stoppkurse verlassen und unter Umständen sorglos in den Urlaub reisen, erwarten böse Überraschungen. Die Aufträge werden nämlich nicht in jedem Fall ausgeführt. An sich sollte eine Stop-Loss-Order realisiert werden, wenn der vom Kunden festgesetzte Stoppkurs unterschritten wird. Dann wird die Stop-Loss-Order „Bestens", also ohne Limit, zum nächsten Kurs verkauft. Der Abrechnungskurs ist daher nicht identisch mit dem Stoppkurs und kann sowohl höher als auch niedriger als der vorgegebene Stop-Loss-Kurs sein.

Bedingung: Damit eine Stop-Loss-Verkaufsorder zur „Bestens-Order" wird, muss ein Umsatz stattfinden. Es muss also ein Geschäft getätigt werden. Nur wenn ein Geschäft zustande kam, registriert das Börsenhandelssystem eine Stop-Order als Geschäft, das bearbeitet werden muss. Am Aktienmarkt ist dies kein Problem, da hier laufend Umsatz getätigt wird. Bei Optionsscheinen hingegen, von denen rund 10.000 notiert werden und viele gleiche oder ähnliche Konditionen aufweisen, kommt bei dem größten Teil nicht jeden Tag ein Umsatz zustande.

Ausgeführt wird eine Stop-Loss-Order bekanntlich aber erst dann, wenn vorher eine Börsentransaktion stattfand. Im schlimmsten Fall liegt die Stop-Loss-Order wochenlang unangetastet in den Büchern des Maklers. Da hat schon so mancher Warrant-Anleger einen extrem teuren Urlaub verbracht. Denn während er sich mit seiner Stop-Loss-Order in Sicherheit wähnte, waren die Scheine nach der Kurskorrektur nur noch wenige Cents wert.

Dies gilt für alle Börsen mit Ausnahme von Stuttgart. An der Euwax überwacht der zuständige Makler auch die Limits von Stop-Loss-Aufträgen. Er führt die Aufträge aus, wenn dies aufgrund des Kurses erfolgen müsste. Um getreu den Börsenusancen zu handeln, wird in Stuttgart künstlich ein Umsatz generiert, wenn der Stoppkurs den Briefkurs des Emittenten erreicht. Dann wird zu dem Geldkurs, der tiefer ist, die vorliegende Stückzahl an den Emittenten verkauft. Dieser Kurs wird offiziell notiert, um Umsatz vorzuweisen, und um zum nächsten Kurs, der identisch ist, die Stop-Loss-Order auszuführen und abzurechnen. Das Pendant zum Stop Loss sind Stop-Buy-Aufträge. Der Anleger kauft, wenn ein bestimmter Kurs erreicht wird – im Optionsscheingeschäft ist dies nicht sinnvoll.

4.7 Kapitalmaßnahmen ändern die Basis

Aktionäre erhalten bei Kapitalveränderungen in der Regel ein Bezugsrecht. Für die Anteilseigner eines Unternehmens existiert ein gesetzlich verankerter Verwässerungsschutz. Dieser sichert jedem Teilhaber das Recht zu, vor und nach einer Kapitalerhöhung mit dem gleichen prozentualen Anteil am Unternehmen beteiligt sein zu können, um die Machtverhältnisse durch eine Kapitalveränderung nicht zu gefährden. Hält ein Investor beispielsweise 50 Prozent eines Unternehmens, so muss er die Möglichkeit haben, auch nach der Kapitalveränderung 50 Prozent der Aktien zu halten.

Für Optionsscheinanleger hat Justitia hingegen keinen Rechtsanspruch definiert. Die Herausgeber von Warrants regeln jedoch in den Emissionsbedingungen, wie bei einer Kapitalmaßnahme verfahren wird. Dort steht zwar, dass der Anleger durch eine Kapitalerhöhung nicht benachteiligt werden darf. Doch in der Praxis sieht die Sache oft ganz anders aus.

Schon allein zwischen den Klassikern, die von den Unternehmen selbst begeben wurden, und den Covered Warrants der Emittenten bestehen große Unterschiede. Bei klassischen Aktienoptionsscheinen, die von den Unternehmen selbst ausgegeben wurden, erhält der Anleger teilweise ein Bezugsrecht, teilweise wird aber auch der Basispreis angepasst. Schlimmstenfalls geht der Anleger ganz leer aus. Im Emissionsprospekt bei klassischen Aktienoptionsscheinen stehen teilweise Klauseln, die eine Anpassung ausschließen. In diesem Fall hat der Warrant-Inhaber das

Nachsehen. Meist wird jedoch der Basispreis sowie das Bezugsverhältnis angepasst, so dass der Anleger tatsächlich so gestellt ist, dass er keinen Nachteil aus der Kapitalveränderung hat.

Bei Covered Warrants hingegen sichert zwar auch jeder Emittent dem Anleger einen adäquaten Ausgleich zu. In der Praxis wird hier jedoch unterschiedlich verfahren. Und wie dies im Detail aussieht, steht einzig und allein in den Emissionsbedingungen. Denn im Markt gibt es zwei gängige Verfahren: Einige Banken bereinigen wie die Eurex um den Bereinigungsfaktor. Um diesen wird der Basispreis reduziert und das Bezugsverhältnis erhöht. Je nach Basispreis ist die Anpassung prozentual höher oder geringer. Beträgt der Bereinigungsfaktor beispielsweise 0,021, errechnet sich so aus einem alten Basispreis von 50 Euro ein neuer von 48,95 Euro. Das Bezugsverhältnis von 1 zu 1 erhöht sich auf 1 zu 1,021. Da diese Variante unabhängig vom Basispreis neutral für den Anleger ist, wenden sie immer mehr Emittenten an.

Ein kleiner Teil der Häuser hingegen reduziert lediglich den Basiswert und lässt das Bezugsverhältnis unangetastet. Dabei gibt es unterschiedliche Verfahren, nach denen angepasst wird: Zum einen ist es möglich, den Wert des Bezugsrechts am ersten Handelstag abzuziehen, zum anderen kann der Aktienkurs um den Durchschnittswert aus dem 14-tägigen Bezugsrechtshandel bereinigt werden.

Da hier bei jedem Optionsschein − unabhängig vom Basispreis − der gleiche Betrag abgezogen wird, ist diese Methode nicht ideal. Immerhin macht es einen Unterschied, ob ein Bezugsrechtswert von zwei Euro von einem Basispreis von 20 oder 40 Euro abgezogen werden. Bei einem Basiswert von 20 Euro entspricht das zehn Prozent, bei einem von 40 Euro nur fünf Prozent.

____Tipp__ *Fordern Sie mal einen Verkaufsprospekt an. Dann wissen Sie genau, wie bei den von Ihnen gewählten Scheinen bei Kapitalmaßnahmen umgegangen wird.*

4.8 Ausübung von Optionsscheinen

Die Lebenszeit jeder Option ist begrenzt. Ist die Ausübungsfrist einmal verstrichen, ist jede Hoffnung umsonst. Die Option verfällt wertlos. Bis zum Ende der Laufzeit kaufen die Emittenten die von ihnen begebenen Optionsscheine zurück. Sie bezahlen in der Regel auch dann noch einen Cent, wenn die Warrants keinen Wert mehr haben. Dieser Verkauf ist vor allem dann empfehlenswert, wenn der Verlust mit Spekulationsgewinnen verrechnet werden soll. Nur durch den Verkauf erkennen die Finanzbehörden den Verlust steuerlich an. Das ist jedoch nicht möglich, wenn der Schein wertlos verfallen ist und ausgebucht wurde.

4.8.1 Bezug während der Laufzeit

Bei Warrants werden heute zwar nur noch ein bis zwei Prozent aller ausstehenden Scheine ausgeübt und das Basisinstrument bezogen. Doch selbst im Zeitalter der Technik geht vieles nicht so schnell, wie mancher Anleger erwartet. Bei Ausübung wird entweder das Basisinstrument geliefert oder der Gegenwert in bar ausgezahlt. Welche Variante im Falle einer Ausübung angewandt wird, bestimmt der Emittent in den Optionsscheinbedingungen.

Besitzen Sie einen Optionsschein mit amerikanischem Optionsrecht und wollen diesen ausüben und das Basisinstrument beziehen, ist Geduld gefragt. Bis nämlich die Wertpapiere in Ihrem Depot verbucht sind, vergehen oft mehrere Tage oder gar Wochen. Extrem lange dauert vor allem die Ausübung bei klassischen Aktienoptionsscheinen, also Warrants, die von den Firmen selbst kommen. Hier sind zwei bis drei Wochen bis zur endgültigen Verbuchung im Depot des Anlegers eher die Regel als die Ausnahme.

Diese Frist ist von Bedeutung, wenn der Anleger die Aktien sofort wieder verkaufen will. Da die meisten Banken dies aber nicht erlauben, solange die Aktien nicht tatsächlich im Depot des Kunden gelandet sind, trägt der Anleger das Kursrisiko.

Ausgeübt werden können europäische Optionen nur am Schluss, während bei Optionen mit amerikanischem Optionsrecht das Basisinstrument jederzeit bezogen werden kann. Ausnahmen bilden die Zeiträume um die Hauptversammlungstermine der jeweiligen Aktiengesellschaften. Üblicherweise ist die Ausübung am Tag der Hauptversammlung nicht möglich. Bei Optionsscheinen erlauben die Emittenten den Bezug des Basisinstruments zum Teil sogar zwei Wochen vor der Hauptversammlung und bis zu einigen Tagen nach der Hauptversammlung nicht. In dieser Phase kann es bei Optionen, die tief „im Geld" notieren, auch zu einem Abgeld kommen. Dies bedeutet, der Erwerb der Aktie über den Schein ist günstiger als der direkte Kauf der Aktie. Da der Schein aber bis zur Dividendenausschüttung nicht ausgeübt werden kann, sind diese Warrants kein Schnäppchen.

Ähnlich läuft es bei den Klassikern, bei denen nicht immer voll dividendenberechtigte Aktien geliefert werden. Erfolgt die Ausübung in der Zeit zwischen dem Geschäftsjahresende und der Hauptversammlung werden dem Anleger „neue Aktien" eingebucht, die erst ab dem laufenden oder dem nächsten Geschäftsjahr dividendenberechtigt sind. Hier ist Vorsicht angebracht, da „neue Aktien" zudem nicht immer an der Börse gehandelt werden oder sich nur schwer ein Käufer findet.

Bei herkömmlichen Covered Warrants hingegen können nur noch bei wenigen Emissionen tatsächlich die Aktien oder das jeweilige Basisinstrument bezogen werden. Meist ist in den Emissionsbedingungen nämlich ein Barausgleich vereinbart. Bei Index-Warrants ist dies immer der Fall, da Indizes nicht geliefert werden können.

4.8.2 Ausübung am Laufzeitende

Will der Anleger hingegen am Laufzeitende ausüben, braucht er oft starke Nerven. Denn die schriftliche Erklärung, dass die Optionsscheine ausgeübt werden sollen, muss der Kunde bei seiner Hausbank schon sehr früh abgeben. Beim Emittenten muss dieses in der Regel morgens um zehn oder elf Uhr vorliegen, damit am gleichen Tag ausgeübt wird. Machen Sie sich im Einzelfall bei Ihrer Bank kundig. Abgerechnet wird aber der Schlussstand des Index oder der jeweiligen Aktien. Hier liegen also zwischen Ausübungserklärung und Abrechnungskurs für den Anleger mehrere Stunden, teilweise sogar ein Tag. Bei hektischen

Bewegungen der Märkte bedeutet das ein erhöhtes Risiko für den Anleger.

Tipp Prüfen Sie vor der Ausübung, ob sich diese für Sie lohnt und fragen Sie nach dem Zeitpunkt, zu dem die Ausübungserklärung vorliegen muss, und zu welchem Kurs Sie abgerechnet werden. Fragen Sie immer nach den Kosten. Teilweise werden Zusatzspesen verrechnet und Sie müssen auch die Kosten für den Verkauf der Papiere berücksichtigen. All das schmälert den Ertrag!

Sehr kundenfreundlich ist die automatische Ausübung am Laufzeitende, wie sie zum Beispiel von der Deutschen Bank oder Warburg Dillon Read praktiziert wird. Ohne eine Weisung erteilen zu müssen, erhält der Anleger bei Fälligkeit den inneren Wert des Optionsscheins gutgeschrieben. *Beispiel:* Die X-Aktie notiert bei 150 Euro, der Basispreis beträgt 100 Euro. Bei einem Bezugsverhältnis von 1 zu 1 erhält der Anleger je Optionsschein bei Fälligkeit, ohne agieren zu müssen, 50 Euro auf sein Konto überwiesen.

Die automatische Ausübung ist ein sicherer Schutz vor unliebsamen Überraschungen. So passiert Ihnen nicht, was einem im Ausland berufstätigen Anleger widerfahren ist: Er hatte einen Call auf Lufthansa erworben und fragte kurz vor Verfall bei seiner Bank nach, ob er denn eine Ausübungserklärung erteilen müsse. Diese sicherte ihm zu, das sei nicht erforderlich, da der Warrant am Ende automatisch ausgeübt wurde. Das war aber zum Leidwesen des Anlegers nicht der Fall, und der Bankberater wollte sich am Ende nicht mehr an seine Aussage erinnern. Da der Emittent den Gewinn eingestrichen hatte, war es realistisch, dort nach dem Geld zu fragen. Doch dieser meinte: „Der Warrant ist abgelaufen, Sie haben hieraus keine Ansprüche mehr". Bitter für den Investor, der so mehr als 10.000 Mark dahinschwinden sah.

Unter Vermittlung eines erfahrenen Insiders kam der Anleger letztendlich doch noch zu seinem Gewinn. Der Bankberater erinnerte sich nach einem längeren Gespräch wieder an seine Aussage und war bereit, die Hälfte des Verlustes zu tragen, die andere Hälfte berappte kulanzhalber der Emittent. Er hatte den vollen Gewinn bereits einkassiert, da das Emissionshaus alle Warrants ausübt, wenn diese einen Wert aufweisen. Liegt keine Ausübungserklärung von seiten des Kunden vor − wie in diesem Fall −, verbleibt der Gewinn beim Emittenten.

Da nicht jeder Anleger einen Schutzengel zur Seite hat und rechtlich von seiten des Emittenten keine Verpflichtung besteht, das Geld zurückzuzahlen, sollten Sie entweder nur Warrants kaufen, die am Ende automatisch ausgeübt werden oder vorher den Emissionsprospekt studieren. Mit Ausnahme der Citibank haben alle großen Emittenten bereits die automatische Ausübung eingeführt. Die Nummer eins der Branche agiert jedoch nicht im Sinne der Anleger, sie streicht alle Gewinne ein, wenn ein Schein nicht rechtzeitig ausgeübt wird.

4.8.3 Der kleine aber feine Unterschied im Ausübungsrecht – europäisches versus amerikanisches Optionsrecht

Zwischen europäischen und amerikanischen Optionen, die also nur am Ende oder jederzeit während der Laufzeit ausgeübt werden können, besteht beim Kurs oft ein großer Unterschied. Sie sollten vor einem Engagement klar wissen, um welches Ausübungsrecht es sich handelt. Einfache Calls und Puts am Warrantmarkt sind in der Regel mit dem amerikanischen Optionsrecht ausgestattet. Ist dies nicht der Fall, ist das in Statistiken der Finanzpresse angegeben.

Tatsächlich haben Emittenten aber auch schon versucht, Optionen europäischen Typs zum Preis amerikanischer Optionen zu verkaufen, die bekanntlich teurer sind. Doch derart unsittliche Vorgehensweisen wurden schnell publik und brachten durch negative Presse mehr Schaden als Gewinn. Daher dürften die Emittenten von derartigen Vorgehensweisen weitgehend geheilt sein.

Doch warum soll ein Anleger überhaupt mehr für ein Optionsrecht bezahlen, wenn er es ohnehin nicht in Anspruch nimmt? Bis Ende 1998 waren Optionen amerikanischen Typs aus steuerlichen Gründen interessant. Erfolgte nämlich bei Ausübung ein Barausgleich, so war der Gewinn steuerfrei. Inzwischen ist dieses Schlupfloch gestopft und alle Gewinne – unabhängig ob sie durch Verkauf oder der Ausübung entstehen – sind steuerpflichtig (siehe Kapitel 13). Daher sind heute generell europäische Optionen, die auch von den professionellen Anlegern bevorzugt werden, interessant.

Der Vorteil eines günstigeren Kurses kann aber aufgewogen werden. Europäische Optionen werden teilweise auch mit einem Abgeld gehandelt, da sich ihre Ausübung auf einen einzigen Tag beschränkt. Dies ist um so größer, je höher die Dividendenrendite. Um den Tag der Dividendenzahlung machen sie heftige kurzfristige Reaktionen des Basisinstruments weit weniger mit als Optionen amerikanischen Typs. So kann die Enttäuschung für den Anleger sehr groß sein. Klären Sie vor dem Erwerb einer Option, ob es sich um ein amerikanisches oder europäisches Ausübungsrecht handelt. Meiden Sie vor allem vor allem bei dividendenstarken Aktien Warrants europäischer Art.

4.9 *Achtung:* Börsenhandel endet vor Verfall

Zocken bis das Lebenslicht des Warrants erlischt. Das ist der Wunsch vieler Anleger. Doch Vorsicht. Der Börsenhandel wird in der Regel eine Woche vor Fälligkeit eingestellt. Bei der Rabobank endet der Börsenhandel bereits sieben Tage vor Verfall, Trinkaus und Burkhardt sowie Warburg Dillon Read hingegen ermöglichen die Notierung bis ein oder zwei Tage vor Verfall. Wird an der Börse kein Kurs mehr festgestellt, ist der Handel nur noch im außerbörslichen Geschäft, also direkt mit dem Emittenten möglich.

Tipp Wer in den letzten Laufzeittagen noch traden will, muss prüfen, ob das bei seiner Bank möglich ist.

4.10 Die beste Zeit für Ihren Auftrag

Warrants werden von morgens bis abends, teilweise sogar bis 22 Uhr gehandelt. Lange Handelszeiten sind aber mehr ein Marketinggag der Emittenten als ein Vorteil für den Kunden. Zwar hat so jeder Investor auch die Möglichkeit, nach Börsenschluss an seinem Feierabend gemütlich zuhause vom PC oder via Telefon noch eine Order zu erteilen.

Doch über eins sollten Sie sich hier im Klaren sein: Die Kurse vor oder nach Börsenschluss werden zum Teil mit breiteren Spreads gestellt als während des Tages. Bei hoher Nachfrage ist zu beobachten, dass die Preise schnell stark nach oben tendieren, kommt Verkaufsdruck auf, fallen die Kurse kräftiger. Große Positionen sind ohnehin nur selten handelbar. Empfehlenswert ist es daher, die jeweiligen Scheine am besten während der Börsenzeiten der Heimatmärkte zu handeln. Das bedeutet, Warrants auf deutsche und europäische Aktien von 9 bis 17 Uhr und jene auf US-Aktien am Nachmittag (MEZ) ab 16.30 Uhr. Problematisch ist es teilweise bei asiatischen Titeln. Diese sollten in den frühen Morgenstunden abgewickelt werden.

4.11 Handelszeiten und Börsenplätze

Optionsscheine werden überwiegend in Stuttgart, Frankfurt und Düsseldorf gehandelt. Da Stuttgart inzwischen den Großteil der börslichen Warrantumsätze in Deutschland auf sich konzentriert, und immer mehr Anhänger aufgrund der schnellen Orderabwicklung gewinnt, verlieren Düsseldorf und Frankfurt an Bedeutung. Erste Emittenten überlegen, Warrants nur noch in Stuttgart listen zu lassen. Börsengeschäfte werden dort von 8.30 Uhr bis 17 Uhr abgeschlossen. Stuttgart kämpft im Moment für längere Öffnungszeiten – die Schwaben wollen bis 22 Uhr aktiv sein. Die Deutsche Börse AG, die das Geschäft von Stuttgart wieder nach Frankfurt zurückholen will, plant Optionsscheine vollelektronisch auf dem Börsensystem Xetra zu handeln und das Trading bis 20 Uhr zu ermöglichen.

Über die Discount-Broker sind bereits jetzt lange Handelszeiten möglich. Mit dem 24-Stunden-Brokerage ist der Weg für Geschäfte rund um die Uhr frei. Bislang spielen die Börsen hier aber noch nicht mit. Maximal können Geschäfte bis 22 Uhr abgeschlossen werden. Da sich die Zeiten, welcher Emittent was wie lange handelt, laufend ändert, lohnt es sich, die Geschäftszeiten aktuell zu prüfen.

4.12 Einen besten Emittenten gibt es nicht

„Über den Tisch gezogen. Der Preis war nicht fair. Beim Emissionshaus war wieder mal kein Durchkommen, und die Warrants konnten nicht verkauft werden. Das Online-Handelssystem des Emittenten war ausgefallen. Für große Aufträge stellt der Emittent einen schlechteren Preis…" – Beschwerden wie diese sind nicht nur über spezielle Adressen bekannt. Auch bei sehr guten Anbietern gibt es mal Probleme.

Dann ist es ratsam, mit dem Emittenten, der über eine Hotline erreichbar ist, über die Unstimmigkeit zu diskutieren. Hier sollte man Ihnen genau Auskunft geben können. Wenn Sie danach noch immer ein schlechtes Gefühl haben, greifen Sie das nächste Mal beim Konkurrenten zu und beobachten, wie Sie dort bedient werden.

Bei der Auswahl eines Warrant sollte nicht unbedingt der Emittent, dessen Größe oder sein Service im Vordergrund stehen, sondern zuerst der Preis – denn ein Call bleibt ein Call, egal wer diesen emittiert hat. Vergleichen Sie die Angebote der Emittenten und die Preise! Oft werden mehrere Warrants mit absolut identischen Konditionen angeboten. In diesem Fall heißt es, den günstigsten Schein zu kaufen. Die Konditionen einzelner Anbieter lassen sich auch via Web vergleichen. Die aktuellen Optionsscheinkurse und Konditionenvergleiche ermöglicht das Internet, zum Beispiel unter *www.boerse-online.de* oder *www.onvista.de*.

Fragen zum Thema
(Lösung siehe Seite 242):

1) Wann wird der Börsenhandel von Optionsscheinen üblicherweise eingestellt?
a) Am Fälligkeitstag
b) Ein Woche vor Verfall
c) Vier Wochen vor Verfall
d) Mit Ablauf der Ausübungsfrist

2) Was bedeutet automatische Ausübung bei Verfall
a) Bei Fälligkeit wird der Warrant automatisch eingelöst, ohne Weisung des Anlegers
b) Bei Fälligkeit erhält der Anleger sein Geld automatisch, wenn er eine Weisung erteilt hat
c) Der Warrant kann jederzeit ausgeübt werden
d) Der Warrant kann nur zu einem bestimmten Zeitpunkt ausgeübt werden

3) Der Unterschied zwischen dem Börsenhandel und dem außerbörslichen Handel besteht darin,
a) dass der Anleger beim Börsengeschäft direkt mit dem Makler handeln kann
b) dass der Anleger beim außerbörslichen Geschäft ohne seine Hausbank direkt mit dem Emittenten handelt
c) dass außerbörsliche Aufträge keine Limite haben können
d) dass bei Börsenaufträgen eine Courtage anfällt

4) Was bedeutet Stop Loss im Börsengeschäft?
a) Der Kaufauftrag wird ausgeführt, wenn der Stop-Loss-Kurs erreicht ist
b) Bei einem Kauf kann dieser Kurszusatz erteilt werden.
c) Ziel ist es, die Wertpapiere zu verkaufen, wenn ein bestimmter Kurs markiert wurde
d) Ziel ist es, die Wertpapiere zu verkaufen, wenn sie stark ansteigen

5) Warum finden wir bei Optionsscheinen häufig den Kurszusatz G

a) G steht für Geldkurs, der Emittent kauft die Warrants zu diesem Preis

b) G steht für Geldkurs, der Emittent verkauft die Warrants zu diesem Preis

c) G steht für geschätzt und bedeutet, es fand kein Umsatz statt

d) G bedeutet, dass der Makler keinen Käufer findet

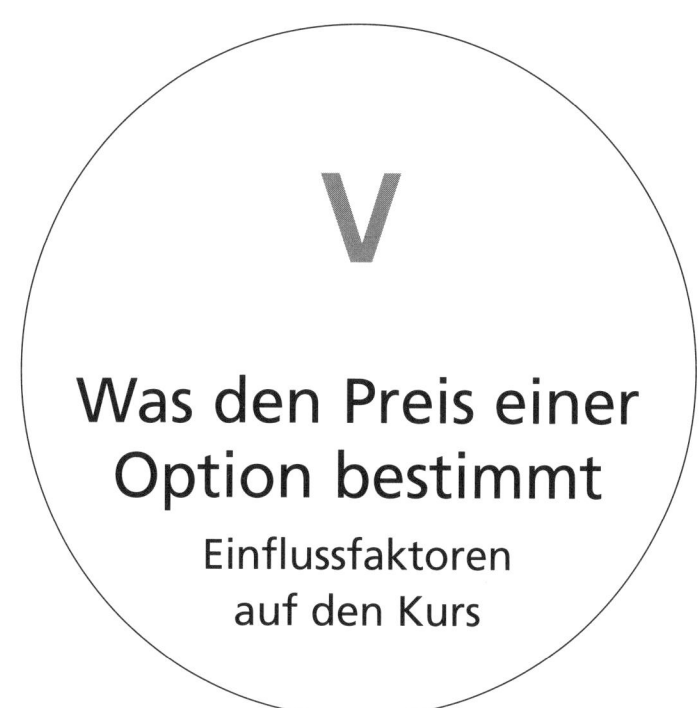

V

Was den Preis einer Option bestimmt

Einflussfaktoren auf den Kurs

Optionspreise machen gelegentlich erstaunliche Sprünge. Selbst wenn sich das Basisinstrument nicht von der Stelle rührt, kann sich der Preis einer Option ändern. Ist dies positiv für den Anleger, ist die Freude groß. Auf den ersten Blick scheint es, der Emittent habe sich verrechnet. Dem ist aber nicht so. Denn neben der Kursentwicklung des Basisinstruments existieren noch weitere Faktoren, die den Kurs einer Option beeinflussen. Das ist in erster Linie die Volatilität. Aber auch Zinsen und Dividenden bewegen die Optionspreise.

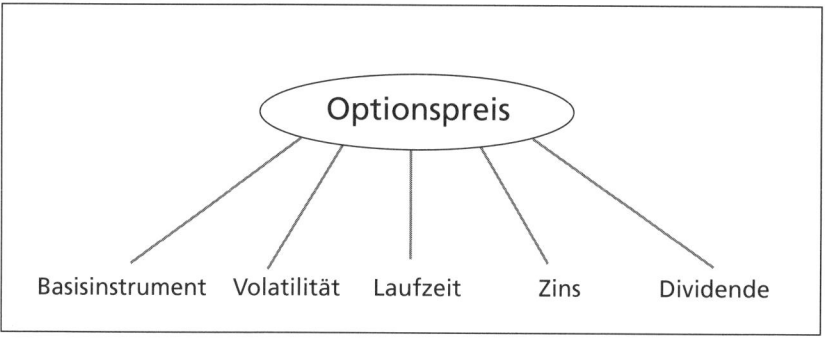

5.1 Kursentwicklung des Basisinstruments

Dies ist die gewichtigste Komponente zur Bestimmung des Optionspreises. Geld ist mit einfachen Calls und Puts nur dann zu verdienen,
wenn sich der Basiswert in die erwartete Richtung bewegt – und das
möglichst schnell. So erzielt beispielsweise der Inhaber eines DAX-Call
keinen Gewinn, wenn das deutsche Kursbarometer wochen- oder gar
monatelang auf der Stelle tritt. Das bedeutet, er verliert Geld. Denn über
die Laufzeit hinweg bauen Optionen ihr Aufgeld vollständig ab. Als Call-
Inhaber vermehrt er sein Kapital nur, wenn die Kurse steigen. Im Gegensatz dazu setzt der Put-Käufer auf fallende Kurse und verdient in der
Baisse und in Korrekturphasen.

Geld lässt sich mit Optionen aber in allen Marktphasen machen. In
Seitwärtsbewegungen sind beispielsweise Bandbreiten-Optionsscheine
ein geeignetes Investment. Strategien und Einsatzmöglichkeiten von
Optionen und Optionsscheinen finden Sie in den Kapiteln 7 bis 10.

5.2 Volatilität

Die Volatilität ist die Schwankungsbreite des Basisinstruments. Diese
Größe, die oft auch nur „Vola" genannt wird, ist neben der Kursentwicklung des Basisinstruments der wichtigste Einflussfaktor für den Optionspreis. Schwankt das Basisinstrument stark, spricht man von hoher Volatilität. Da die Wahrscheinlichkeit hier höher ist, dass erwartete Kurse
erreicht werden, ist ein höherer Optionspreis die logische Folge. Ist die
Schwankungsbreite des Basisinstruments hingegen gering, spricht man
von einer niedrigen Volatilität. Folglich kosten Optionen auf diese Basisinstrumente weniger.

In den Medien werden unterschiedliche Volatilitäten veröffentlicht,
zum Beispiel die 30-, die 100- oder die 250-Tage-Volatilität. Zur Berechnung des Optionspreises wird die Schwankungsbreite je nach Restlaufzeit der Option zugrunde gelegt. Bei einer Option mit 30 Tagen
Restlaufzeit wird entsprechend die 30-Tage-Vola herangezogen. Errechnet wird die Volatilität aus den Abweichungen eines Kurses von dessen

Mittelwert (mathematisch: Normalverteilung) – und das für einen bestimmten Zeitraum. Dabei werden in der Praxis statistische Verfahren herangezogen. Eine stark vereinfachte Rechnung wäre folgende:

Der Kurs einer Aktie beträgt heute 311 Euro, gestern notierte der Titel bei 290 Euro, vorgestern bei 276 Euro, davor bei 295 Euro. Der Mittelwert beträgt 293 Euro (311 + 290 + 276 + 295 : 4).

Die Abweichungen vom Mittelwert betragen:

311 – 293	=	18
290 – 293	=	3
276 – 293	=	17
295 – 293	=	2
Gesamtabweichung	40 : 4 = 10 Euro	

Dies bedeutet, die Kurse schwankten in diesen vier Handelstagen zehn Euro um ihren Mittelwert, das sind 3,4 Prozent.

Exkurs: Normalverteilung

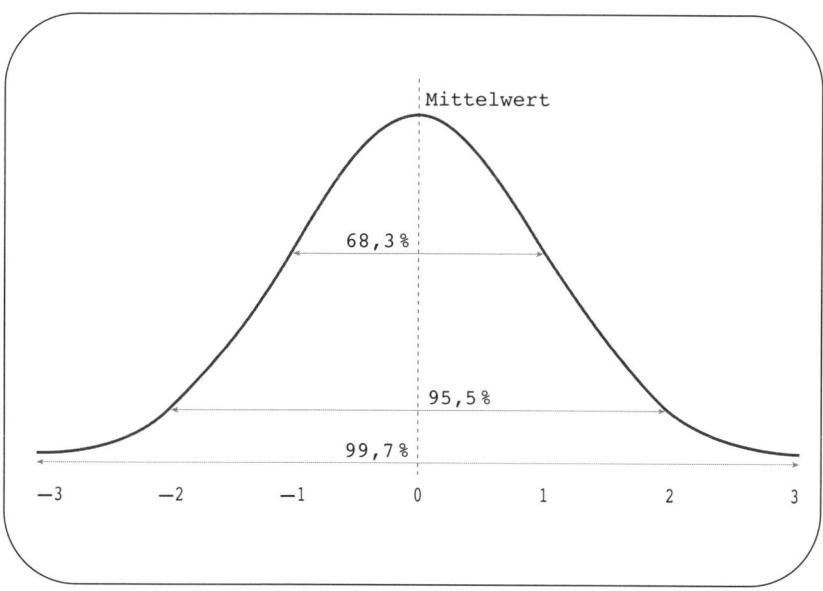

Interessant ist auch die Tatsache, dass sich der Kurs eines Wertpapiers während der Restlaufzeit einer Option bei Normalverteilung (siehe Chart) zu 68,3 Prozent innerhalb der davon ableitbaren Spanne bewegt. In 95,5 Prozent aller Fälle bleibt er innerhalb der doppelten Spanne und in 99,7 Prozent innerhalb der dreifachen Spanne. Die verbleibenden 0,3 Prozent sind das Risiko, dass extremere Ausschläge stattfinden. Und die gibt es zweifellos, zum Beispiel einen Börsencrash mit heftigen Kursabschlägen. Jeder Händler wird daher einen gewissen Risikoaufschlag berechnen, da er weiß, dass es von Zeit zu Zeit Extremsituationen gibt. Dies ist auch ein Grund, warum Warrants „aus dem Geld" (beim Call liegt der Basispreis höher als der aktuelle Kurs des Basisinstruments, beim Put darunter) oft mit hohen Spreads gehandelt werden. Warrants, die der Emittent mit einem Cent zurückkauft, veräußert er beispielsweise mit zehn Cents, stellt als den Preis 0,01 zu 0,10 Euro. Tritt nämlich der Fall der Fälle ein und der Schein gewinnt an Wert, hat der Emittent unter Umständen hohe Verluste. Die Trader versuchen ihr Risiko daher mit den hohen Spreads auszugleichen oder zu reduzieren.

Jeder Händler legt bei der Berechnung des Optionspreises die von ihm für den Basiswert und die jeweilige Laufzeit **erwartete Volatilität** zugrunde und trifft Annahmen für die Zukunft. Um diese Prognosen zu ermöglichen wird zwar auch die Schwankungsbreite in der Vergangenheit betrachtet, die sogenannte historische Volatilität. Sie wird aus den historischen Kursen errechnet und ist am einfachsten zu ermitteln, da alle Kurse der Vergangenheit bekannt sind.

Optionen sind aber auf die Kursentwicklung eines Basiswerts in den kommenden Wochen oder Monaten gerichtet. Die exakte Bestimmung der zukünftigen Volatilität ist aber praktisch unmöglich. Es zählt zum Geschick des Händlers, diese Größe richtig einzuschätzen. Nicht selten werden die Händler hier auf dem falschen Fuß erwischt. Denn oft treten Faktoren auf, die nicht vorhersehbar sind. Das macht es unmöglich, die zukünftige Vola richtig zu prognostizieren.

Der Anleger hingegen sieht nur einen Optionspreis und weiß zunächst nicht, welche Volatilität zugrunde gelegt wurde. Aus dem Preis lässt sich aber rückwärts errechnen, welche Volatilität dem Optionspreis zugrunde gelegt wurde. Die aus dem Optionspreis zurückgerechnete Volalität wird als implizite Volatilität bezeichnet. Diese kann mittels eines Optionsrechners (wie dem beiliegendem) nachvollzogen werden, wenn der Optionspreis und die Konditionen des Warrants bekannt sind.

Häufig wird die **implizite Vola** auch der erwarteten Volatilität gleichgesetzt. Der Unterschied ist aber die Berechnung – das eine ist die Basis, um den Preis zu ermitteln, das andere ist die im Preis enthaltene Volatilität.

5.2.1 Wer bezahlt gerne überhöhte Preise?

Der Anleger sollte seinen Vorteil aus der Tatsache ziehen, dass jeder Händler seine eigenen Annahmen in Punkto Volatilität trifft. Denn gerade am Optionsscheinmarkt kommt es in den meisten Fällen zu unterschiedlichen Preisen von Optionen mit identischen Konditionen. Getreu dem Motto „im Einkauf liegt der Gewinn" sollten Anleger immer Kurse vergleichen und den günstigsten Schein erwerben. Wer kurzlaufende Warrants favorisiert, sollte auch immer einen Blick auf die Preise der Optionen am Terminmarkt Eurex werfen. Denn hier sind die Kurse oft deutlich niedriger als am Optionsscheinmarkt (Prüfen Sie aber vorher, ob in der gewünschten Option ausreichend Umsätze zustandekommen!).

Viele Anleger verunsichert, dass die erwartete Volatilität, die einen Optionspreis doch wesentlich mitbestimmt, eine reine Schätzgröße ist. Es scheint, als sei der Anleger hier auf das Wohlwollen des Händlers angewiesen. Dem ist nicht ganz so, denn die Marktmechanismen funktionieren gut. Sofern ein Marktteilnehmer eine extrem niedrige erwartete Schwankungsbreite ansetzt, werden andere Trader versuchen, diese Option zu kaufen, um so günstig Volatilität zu erwerben. Im umgekehrten Fall, wenn eine Option also zu teuer ist, wird ein Profi sie nicht anfassen. Für den Privatanleger gilt daher erst recht: Preise vergleichen. Insbesondere am Optionsscheinmarkt verlassen sich viele Anleger auf den guten Ruf eines Hauses, die Größe oder der Bekanntheitsgrad eines Emittenten. Doch Vorsicht! Faktoren wie diese sind kein Gütesiegel.

5.2.2 Erwartete Volatilität
– einfach nachvollziehbar

Wieviele Punkte schwankt der DAX pro Handelstag oder pro Woche? 50, 100 oder 200 Punkte? Je nachdem, was Sie annehmen, können Sie im Nu auch die Volatilität errechnen. Ändert sich der DAX bei einem Index-Stand von 5000 Punkten um 100 Punkte täglich, dann sind das zwei Prozent.

Diese zwei Prozent Schwankungsbreite werden mit der Wurzel der Handelstage (256 pro Jahr) multipliziert (die Wurzel aus 256 ist 16). Die Rechnung lautet also 2 x 16 = 32 Prozent.

Die Formel lautet:

Volatilität in % p.a. =

Volatilität pro Handelstag in Punkten $\sqrt{\bullet \text{ Anzahl der Handelstage pro Jahr}}$

Wird nur die Wochenschwankung zu Grunde gelegt, wird die Schwankungsbreite mit der Wurzel der Wochenanzahl (52 pro Jahr) multipliziert (die Wurzel aus 52 ist 7,2). Analog kann die Berechnung auch monatlich verfolgen.

5.2.3 Die Wirkung der Volatilität

Ein Übernahmeangebot oder überaus positive Ertragszahlen – der Kurs der Aktie schnellt nach oben. Callinhaber profitieren von derartigen Ereignissen oft doppelt, meist ohne dies zu wissen. Denn zum einen steigt der Aktienkurs und zum anderen die implizite Volatilität. Und je höher der Aktienkurs und je höher die implizite Volatilität, desto höher der Preis einer Option. Negativ wirkt sich dieser Fakt jedoch für Neueinsteiger aus. Sie bezahlen zwangsläufig einen höheren Preis.

Bei Ereignissen wie diesen steigt die implizite Volatilität meist stark an, allerdings nur kurzfristig. Hier heißt es Vorsicht. In dem Moment, in dem sich die Ausschläge beruhigen und die Händler wieder von ruhigeren Zeiten ausgehen, sprich eine niedrigere implizite Volatilität erwarten, fällt bei gleichbleibendem Aktienkurs der Preis der Option.

Doch die implizite Volatilität legt nicht nur rasant zu, wenn eine positive Nachricht überraschend kommt. Sie steigt auch dann, wenn die Kurse kräftig purzeln. Insbesondere während eines Crash steigt der Wert der Put-Optionen extem an, sogar Calls können davon zum Teil noch profitieren. Doch in dem Moment, in dem sich die Lage stabilisiert, kommen auch die impliziten Volatilitäten wieder zurück.

Doch was bedeutet das in konkreten Zahlen? In der Korrekturbewegung im Herbst 1998, die binnen weniger Tage den DAX um 25 Prozent nach unten drückte, schoss die implizite Volatilität von 37 auf 57 Prozent hoch. Ein DAX-Put „am Geld" mit der Basis 5000 Punkte und einer Laufzeit von sechs Monaten notierte vor der Korrektur bei rund 4,40 Euro. Der Volatilitätsanstieg auf 57 Prozent hievte den Wert dieses Scheins auch ohne Bewegung am Aktienmarkt auf 7,18 Euro – ein Plus von 63 Prozent. Da der DAX jedoch zudem auf 3950 Punkte fiel, schnellte der Preis des Warrant auf 13,08 Euro hoch und der Anleger konnte einen Gesamtgewinn von knapp 200 Prozent binnen zwei Wochen verbuchen. In Phasen wie diesen heißt es aber „schnell Kasse machen". Zwei Wochen später sackten die impliziten Volatilitäten wieder auf 40 Prozent ab, der DAX lag wieder bei 4600 Punkten und der Put war noch 7,19 Euro wert.

Die Wirkung der „Vola"

Basispreis	OS-Kurs bei impliziter Volatilität von...		prozentuale Veränderung des Optionspreises
	20 %	40 %	
5000 Punkte	12,26 Euro	+15,75 %	+28,5 %
5500 Punkte	8,57 Euro	+12,69 %	+48,1 %
6000 Punkte	5,64 Euro	+10,27 %	+82,1 %
6500 Punkte	3,51 Euro	+8,31 %	+136,8 %
7000 Punkte	2,08 Euro	+6,66 %	+220,2 %

Erklärung: Theoretische Preise für DAX-Calls mit Laufzeit von einem Jahr bei einem Dax-Stand von 6000 Punkten (Bezugsverhältnis 100:1)

Rechnungen wie diese können Sie im beigefügten Optionsrechner durchführen. Der Rechner ermöglicht es jedem Investor, schnell ein Gefühl dafür zu entwickeln, wie stark sich eine Option bewegt, wenn sich Parameter wie Volatilität oder Basisinstrument ändern.

Ein DAX-Call hingegen mit Basis 5000 Punkten und sechs Monaten Laufzeit büßte durch die Korrektur hingegen 50 Prozent seines Wertes ein. Ohne den Volatilitätsanstieg von 37 auf 57 Prozent wäre der Call anstatt 3,21 Euro nur noch 1,27 Euro wert gewesen. Der Volatilitätsanstieg milderte also den Einbruch.

Tipp Bei *erratischen Ausschlägen empfiehlt es sich, schnell zu reagieren und Kasse zu machen, Optionsbestände werden dann veräußert. Call- wie Put-Inhaber profitieren nämlich von einem Volatilitätsanstieg.*

Der nachfolgende Chart verdeutlicht unter anderem die Entwicklung in einer Korrekturphase – am Beispiel Herbst 1998. Der VDAX misst die implizite Volatilität von Eurex-Optionen am Geld mit einer Restlaufzeit von 45 Tagen.

DAX versus VDAX 1997 und 1998

In der Regel gilt: Bei anziehenden Kursen fällt die Volatilität, bei fallenden hingegen steigt sie (Siehe Chart unten und Seite 106). Der Grund dafür ist, dass üblicherweise die Kurse kontinuierlich und ohne erratische Ausschläge steigen. Bei fallenden Kursen sind die Bewegungen in der Regel kurz und heftig. Ausnahme in dieser Entwicklung waren weitgehend die Jahre 1997 und 1998. Aufgrund der rasant und kontinuierlich steigenden Kurse war die Vola auch in dem Aufwärtstrend sehr hoch und Optionen entsprechend teuer. Der hohe Optionspreis beschreibt auch die Situation, dass Optionen stark nachgefragt wurden, aber auf der anderen Seite nur wenige bereit waren, Optionen zu verkaufen und das Risiko einzugehen, dass sie am Ende ihre Bestände liefern müssen. Diese Personen, meist professionelle Investoren, werden daher auch gelegentlich als „Volaverkäufer" bezeichnet.

DAX und VDAX 1999

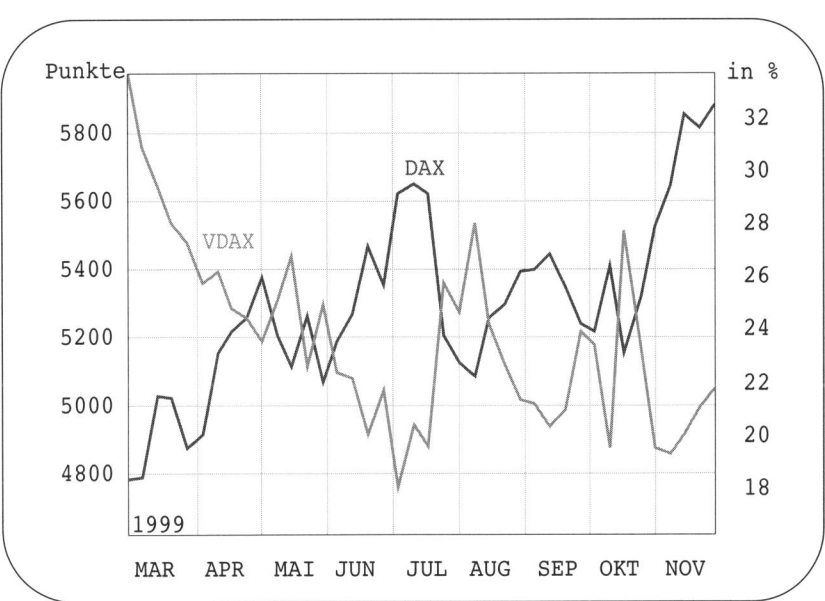

Die implizite Volatilität steigt, wenn die Kurse stark fallen, und bricht ein, wenn die Kurse zulegen.

DAX und VDAX 1998 und 1999

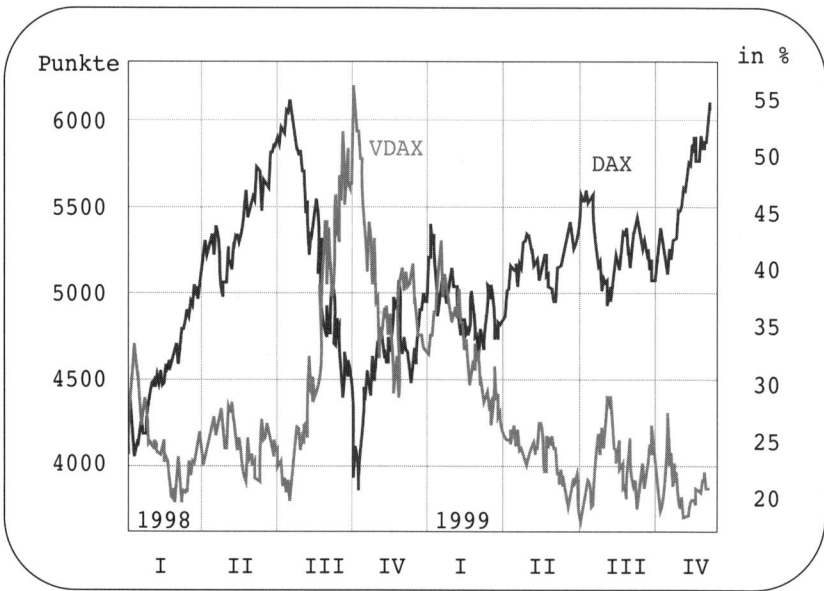

Klassich war die Entwicklung in den Anfängen des Bull-Marktes in Deutschland 1995. Die Aktienkurse stiegen, die Volatilität sank. 1997, nachdem der Markt in den Vorjahren stark zugelegt hatte, stiegen auch die impliziten Volatilitäten rasant an. Institutionelle Anleger wie die Fondsgesellschaften oder Versicherer, die bis dato immer bereit waren, als Optionsverkäufer zu fungieren, konnten mit der Performance des Marktes nicht mithalten und verloren durch den Verkauf von Optionen Bestände, die sie zu günstigen Einstandskursen erworben hatten. Für das Risiko, dass die Kurse weiter steigen, wollten die Verkäufer von Optionen nun höhere Prämien sehen. Diese Extremphase ging Ende 1998 zu Ende, als sich der DAX in einer Konsolidierungsphase im Bereich von 5000 Punkten einpendelte. Der langjährige Durchschnitt des VDAX von 16 bis 20 Prozent wurde allerdings nicht wieder erreicht.

Chart VDAX seit 92

Im Gegensatz zum DAX werden Einzelaktien in der Regel mit weit höheren Volatilitäten bewertet. Denn bei einem einzigen Titel ist das Risiko heftiger Schwankungen größer als für den Gesamtmarkt. So wurden beispielsweise bei einem VDAX von 26 Prozent vergleichbare Einzelaktienoptionen auf Allianz mit 42 Prozent gehandelt, auf BMW mit 46 Prozent und auf Commerzbank sogar mit 51 Prozent. Ähnlich wie der DAX werden auch Baskets mit geringeren Volatilitäten gehandelt. Der Anleger sollte sich hier aber immer im Klaren sein, dass er mit einer Index- oder Basket-Option nie die Performance eines einzelnen High-flyer erreichen kann. Auf der anderen Seite ist dafür auch das Risiko breiter gestreut.

5.3 Zinsen und Dividenden bestimmen den Preis der Zukunft

Innerhalb der Laufzeit einer Option fallen Kosten und Erträge an. Selbst Opportunitätskosten fließen in die Optionspreisermittlung ein. Werden Kosten wie Finanzierungszinsen oder Opportunitätskosten berücksichtigt und Erträge wie Dividenden und Zinsen gegengerechnet, erhält man den Terminkurs (zur Berechnung siehe unter 5.3.3).

5.3.1 Zinsen – das kostet Geld

Geld kostet Geld – in der Bankensprache sind dies die Zinsen. Wer Geld am Optionsmarkt einsetzt, kann keine andere zinsbringende Kapitalanlage tätigen. Daher werden im Preis von Optionen immer die Finanzierungskosten berücksichtigt. Der Call-Käufer muss – wenn alle anderen Parameter gleich bleiben – in einer Hochzinsphase einen höheren Preis für seine Option berappen als in Zeiten niederer Zinsen, schließlich würde eine Anlage in festverzinslichen Papieren mehr Ertrag bringen.

Die Basis zur Berechnung von Optionspreisen ist in der Praxis immer der risikolose Zinssatz. Das ist der Zins für Kapital mit höchster Bonität, wie beispielsweise bei öffentlichen Papieren. Häufig wird aber auch der Zinssatz im Interbanken-Geschäft herangezogen, da dieser einfacher und für jede Laufzeit verfügbar ist. Denn jede Option wird mit dem Zinssatz der Laufzeit der Option berechnet. So dient für eine Option mit Fälligkeit in einem Jahr der Zinssatz für 12 Monate, für ein Geschäft von einem Monat entsprechend der Zinssatz für 30 Tage. Beispiel: Ein Call auf eine Aktie (Kurs 100) mit Basis 100 Euro kostet bei einer Volatilität von 50 Prozent, einer Restlaufzeit von einem Jahr und einem Zins von fünf Prozent 21,09 Euro. Steigt der Zins für einjährige Papiere von fünf auf sechs Prozent erhöht sich der Preis für den Call auf 21,48 Euro. Beim Put hingegen ist die Wirkung umgekehrt. Hier bedeutet ein Zinsanstieg einen fallenden Optionspreis.

Bei Aktienoptionen ist der Einfluss der Zinsen nicht besonders hoch, eine größere Rolle spielen sie jedoch bei Devisen-Optionen (siehe unten: *Der Terminkurs*). Denn der Optionspreis wird durch den Terminkurs bestimmt, den Preis, der in Zukunft gezahlt wird.

5.3.2 Erträge werden gegengerechnet

Ebenso wie der Aufwand (Zinsen), werden bei einer Option auch die Erträge berücksichtigt. Besitzt der Verkäufer eines Call die Aktien, erhält er während der Laufzeit der Option die Dividendenausschüttungen. Diese Ausschüttung wird bei der Berechnung des Optionspreises berücksichtigt, denn der Call-Inhaber geht am Dividendenstichtag leer aus. Für den Call-Käufer bedeutet dies, dass die Option durch die Berücksichtigung der Dividende günstiger wird. Erhöht ein Unternehmen während der Laufzeit eines Call die Dividende, fällt der Kurs des Call, der Put legt dagegen zu.

Das größte Problem ist, die künftigen Dividenden zu prognostizieren. Denn viele Unternehmen tendieren dazu, ihre Ausschüttung an die Ertragslage anzupassen. So wird bei der Berechnung des Optionspreises immer gerade die Dividende angenommen, die von den Marktteilnehmern erwartet wird.

Während diese Berechnung bei Aktienoptionen einfach ist, werden bei Devisenoptionen als Erträge beispielsweise die Zinsen betrachtet, die in der Fremdwährung erzielt werden (siehe auch *Der Terminkurs*).

5.3.3 Der Terminkurs

Werden Zinsen (5.3.1) und Erträge (5.3.2) miteinander verrechnet, erhält man den Terminkurs. Am einfachsten stellt sich dieser anhand einer Rechnung dar.

Beispiel Terminkurs Aktie:

Aktienkurs:	100 Euro
Optionslaufzeit:	1 Jahr
12-Monats-Zins:	4 Prozent
Dividende:	1,50 Euro

Terminkurs = Kurs + Kosten − Erträge
102,50 Euro = 100 + 4 − 1,50

Bei Anleihen wird anstelle der Dividende der Kupon berücksichtigt:
Beispiel Terminkurs:

Anleihenkurs: 100 Euro
Optionslaufzeit: 1 Jahr
12-Monats-Zins: 4 Prozent
Kupon: 6 %

Terminkurs = Kurs + Kosten − Erträge
98 Euro = 100 + 4 − 6

Und was sind die Erträge bei Währungsoptionen? Wer ein Devisengeschäft genau betrachtet, weiß, dass hier eine Währung gekauft und eine andere dagegen verkauft wird. Der Kauf eines Dollar-Euro-Call bedeutet, dass der Dollar gekauft und der Euro verkauft wird. (Eine Eselsbrücke, um sich zu merken, ob man auf steigenden oder fallenden Dollar oder Euro spekuliert, ist darauf zu achten, welche Währung zuerst genannt wird.) Ist die Bezeichnung des Warrants Euro-Dollar-Call, wird der Euro gekauft, der Dollar verkauft, sprich es ist eine Spekulation auf einen festen Euro und eine schwache US-Devise.

Beispiel: Ein Euro-Dollar-Call mit Basis 1,10 bedeutet, dass der Anleger darauf setzt, dass der Euro steigt, zum Beispiel auf 1,20 Dollar. Dies bedeutet, dass für einen Euro 1,20 US-Dollar bezahlt werden müssen, was wiederum eine Schwäche der US-Devise wäre.

Beispiel Devisentermingeschäft ein Jahr:

Kurs Euro-Dollar: 1,10
12-Monats-Zins in den USA: 6 Prozent
12-Monats-Zins in Euroland: 4 Prozent

Die Rechnung lautet:

$$\text{Terminkurs} = \text{Kapital} \cdot \frac{(1 + \text{inländ. Zins})}{(1 + \text{ausländ. Zins})}$$

$$= 1,10 \cdot \frac{1,04}{1,06} = 1,07924$$

Da in Euroland weniger Zinsen als in den USA gezahlt werden, ist folglich der Terminkurs für den Euro niedriger als der Kassakurs. Der Grund: Legt der Investor sein Kapital in den Vereinigten Staaten an, erhält er zwei Prozent mehr Ertrag pro Jahr als in Euroland.

5.4 Die Wirkung der einzelnen Komponenten

Berücksichtigen Sie, dass die einzelnen Komponenten voneinander unabhängig sind und sich unterschiedlich stark auf den Optionspreis auswirken.

So wirken die Einflussfaktoren:		
	Call	Put
Basisinstrument legt zu	steigt	fällt
Basisinstrument stürzt ab	fällt	steigt
Implizite Volatilität nimmt zu	steigt	steigt
Zinsen klettern nach oben	steigt	fällt
Dividende steigt	fällt	steigt

Wie stark die einzelnen Optionskomponenten, Basispreis, Volatilität, Zinsen und Dividenden wirken, ist von Option zu Option unterschiedlich. Die nachfolgende Grafik gibt eine Näherung für Optionen „am Geld", also für Optionen, deren Basispreis in etwa dem aktuellen Aktienkurs entspricht. Unterschätzt wird oft der Einfluss der Volatilität. Dieser ist geringer, wenn eine Option „im Geld" (also beim Call der Basispreis unter dem aktuellen Kurs liegt) notiert. Ist sie hingegen „aus dem Geld" (beim Call ist der Basispreis höher als der aktuelle Kurs) ist dieser sehr hoch.

So gewichtig ist der Einfluss der Optionskomponenten auf den Preis

Basispreis ✶ ✶ ✶ ✶

Volatilität ✶ ✶ ✶

Dividenden ✶

Zinsen ✶

Fragen zum Thema
(Lösung siehe Seite 242):

1) Wenn die Volatilität steigt,
a) erhöht sich die Dividende
b) steigt der Call
c) steigt der Put
d) fällt der Call

2) Was bestimmt den Preis einer Option
a) Laufzeit
b) Basispreis
c) Börse
d) Volatilität

3) Welcher der nachfolgenden Kriterien ist in der Regel einer gewich-
tigsten Einflussfaktoren auf den Kurs einer Option?
a) Emittent
b) Zins
c) Dividende
d) Volatilität

4) Wie hoch ist der Terminkurs für eine Aktie, wenn die Dividende 2
Euro beträgt, der Aktienkurs bei 178 Euro notiert. Die
Optionslaufzeit soll ein Jahr betragen. Am Kapitalmarkt beträgt die
Rendite für einjährige Anleihen 3,5 Prozent.
a) 176,50 Euro
b) 172,50 Euro
c) 183,50 Euro
d) 179,50 Euro

5) Wenn die Dividenden erhöht wird,
a) verliert der Call an Wert
b) verliert der Put an Wert
c) gewinnt der Call an Wert
d) gewinnt der Put an Wert

VI

Optionspreismodelle und die „Griechen"

Bevor wir uns mit den Optionspreismodellen befassen wollen, muss grundsätzlich Klarheit darüber herrschen, was ein Modell überhaupt ist und welche Aussagen damit getroffen werden können. Seit Urzeiten versuchen Menschen Geschehnisse, die um sie herum passieren, zu erklären. Um die Welt zu beschreiben, müssen zwangsläufig Modelle ersonnen werden, die das Verhalten der beobachteten Objekte vollständig und richtig wiedergeben und hauptsächlich korrekte Prognosen für die Zukunft abliefern!

So galt die Erde bis zum Mittelalter als fester Punkt, um den die Gestirne kreisen. Tatsächlich gab es aber schon 500 Jahre vor Christi Theorien von Philoläus, einem Mitglied der Religionsgemeinschaft, die Pythagoras gegründet hatte, die der Erde eine Eigenbewegung zugeschrieben und die Sonne als Zentrum unseres Sonnensystems erkannt hatten. Dennoch haben erst die Beobachtungen der Gestirne mit verbesserten Fernrohren und die Modelle von Kopernikus und Keppler zu Ergebnissen geführt, die korrekte Vorhersagen über das Verhalten der Gestirne erlaubten. Hätte die Prognose nicht das errechnete Ergebnis erbracht, die Modelle wären rasch im Papierkorb gelandet. Einsteins allgemeiner Relativitätstheorie wurde zunächst nur ein kurzes Überleben prophezeit. Sie hat sich dadurch durchgesetzt, dass sie für eine Sonnenfinsternis von 1919 bestimmte Abweichungen für Sternenlicht prognostizierte. Nach den herkömmlichen Modellen hätten diese Phänomene nicht auftreten dürfen. Die Expeditionen, die aufgebrochen waren, die Sonnenfinsternis vom 29. Mai 1919 zu beobachteten, fanden tatsächlich eine Ablenkung entfernten Sternenlichts durch die Masse der Sonne. Das Modell hatte das vorhergesagt, sich in diesem Punkt selbst bewiesen und alte Theorien verdrängt.

Dieser Weg von Modell, Kontrolle des Modells anhand von Prognosen und der gemessenen Realität und Abänderung des Modells an das, was nach neuestem Stand der Wissenschaften „richtig" ist, prägt die Geschichte der Menschheit. Denn jedes neue Modell ist immer nur eine bessere Beschreibung der Wirklichkeit. Die Wirklichkeit selbst entzieht sich aber in letzter Konsequenz unserer Beobachtung. Das Handwerkszeug der Physiker, die mit den neuen Modellen unsere Wahrnehmung beschreiben, ist die Mathematik. Eine exakte Wissenschaft ist aber immer nur so gut, wie das Modell, in dem sie angewendet wird.

6.1 Was haben Modelle mit Optionspreistheorie zu tun?

Für einen Optionsscheinkäufer ist es überlebenswichtig zu begreifen, dass Modelle nur beschränkt etwas mit der Wirklichkeit zu tun haben. Sie sind lediglich das Beste, was wir aus erkenntnistheoretischer und mathematischer Sicht zu bieten haben, um einen komplexen Vorgang, etwa auch die Preisbildung von derivativen Produkten, richtig zu beschreiben.

Aus dieser Sicht ist es wertvoll, sich darüber klar zu werden, mit welchen Vorgaben Optionspreismodelle arbeiten. Ihre Berechtigung soll hier aber keinesfalls bestritten werden. Ob Black/Scholes für europäische Optionen kurzer Laufzeit, Mac Millan, Stoll & Whaley auch für amerikanische Optionen oder das Binominalmodell, alle haben der Optionspreistheorie wichtige Erkenntnisse gebracht. Es wäre jedoch fatal, wenn Sie die aus solchen Modellen zu errechnenden „fair Value" als Wirklichkeit akzeptieren würden.

Das Black-Scholes-Modell beispielsweise vereinfacht den Prozess der Preisfindung eines Optionsscheins derart, dass nur noch fünf Variablen in die Formel eingesetzt werden müssen, um den „fair Value" zu erhalten: Aktienkurs, Restlaufzeit, Basispreis, Zinssatz und Volatilität.

Gelten sollte zudem:
a) der risikolose Zinssatz einer Anlage ist bekannt und konstant
b) es gibt keine Dividendenausschüttungen
c) die Option ist europäisch, also nur am Ende ausübbar
d) Steuern sowie Transaktionskosten sind vernachlässigbar
e) der Markt ist absolut liquide, das heißt, es gibt bei Aktien und Optionen beliebige Stückelungen und Stillhaltergeschäfte (Verkauf von Optionen) sind jederzeit möglich
f) Aktienkursentwicklungen entsprechen einem Random Walk

Es besteht auch unter Experten kaum ein Zweifel, dass der „fair Value" angesichts der nichterfüllbaren Bedingungen, denen er eigentlich unterliegen sollte, nichts anderes als ein nett gewählter Name ist. Dieser „fair Value" errechnet sich nämlich meist unter Zuhilfenahme der historischen Volatilität.

__Tipp__ *Vorsicht ist angebracht, wenn die Kennzahlen „fair Value", „theoretischer Wert", „fairer Preis" oder „theoretischer Preis" veröffentlicht werden. Werte, die mit der historischen Volatilität berechnet werden, liefern nämlich keinen Anhaltspunkt, wohin sich der Optionsschein entwickelt. Achten Sie also in den Publikationen genau darauf, ob bei der Berechnung dieses Werts die historische oder die implizite Volatilität zugrundegelegt wurde. Meist wird nämlich mit der historischen Volatilität gerechnet und führt viele Anleger in die Irre.*

Einige Ungereimtheiten bei der Optionspreisberechnung lassen sich durch die Fortentwicklung der Modelle beseitigen, von denen jede Bank ihr eigenes einsetzt. Der „Geheimcode" wird jedoch nicht preisgegeben. Zum Glück muss der Anleger diese weiterentwickelten Formeln nicht nachrechnen. Die beiliegende CD-Rom erübrigt diese Arbeit. Dennoch wird Ihnen jeder ehrliche Optionsschein-Händler einer Bank, der frühmorgens einen Warrant auf einen US-Wert verkaufen soll, bestätigen, dass er trotz Optionspreismodell und dem Einsatz aufwendiger Computerprogramme kein einfaches Geschäft hat.

Egal was der Computer auswirft, sein An- und Verkaufskurs wird sowohl von seiner eigenen Positionierung (was habe ich im Bestand?), als auch vom Volumen des Auftrags und der Liquidität des Basisinstruments abhängen. Und da die US-Börse nicht geöffnet hat, berechnet er zweifelsohne einen mehr oder weniger angemessenen Risikoaufschlag.

Es ist daher auch wenig sinnvoll, sich die entsprechenden Formeln für Optionspreistheorien einzuprägen und mit der Ansicht zu protzen, endlich können den Optionsscheinanlegern handfeste (nachrechenbare) Modelle (!) angeboten werden, die fast zwangsläufig zum Börsenerfolg führen.

Wer das verkündet, hat nicht nur vergessen, wie das Geschäft im Alltag läuft, sondern auch längst verdrängt, wie ursprünglich solche Modelle entstanden sind, welche Prämissen dafür angenommen wurden und die wichtigste Tatsache, dass es eben lediglich Modelle sind, die nur versuchen die Wirklichkeit zu beschreiben. Der gerade noch verhinderte Zusammenbruch des LTCM-Hedge-Fonds Ende der 90er Jahre hatte seine Ursache letztlich auch in einer ausufernden Gläubigkeit an derartige Modelle und dem sicherern Gefühl, das Perpetuum Mobile der Börsengewinnmaschine erfunden zu haben. Schließlich geht das Black-Scholes-Modell von einer risikofreien Welt aus. Duplizierungen bereits bestehender Konstruktionen führen so zu einer risikolosen Arbitragemöglichkeit, bei der man, zumindest in der Theorie, eigentlich nur gewinnen kann. Nur: Diese risikolose Welt besteht nur als Wunschvorstellung und in absolut liquiden Märkten. Die Wirklichkeit ist manchmal doch anders, als sie von hochbezahlten Analytikern und Analysten erwartet wird. Nicht umsonst ist es Wirklichkeit, dass etliche Optionsscheinhäuser von Zeit zu Zeit herbe Verluste verkraften müssen. Nick Leeson, der das ehrwürdige Institut Barings in die Pleite trieb, ist nur der kriminelle Gipfel des Eisbergs, der für den Privatanleger sonst nicht sichtbar ist.

Denn wo Menschen arbeiten, werden Fehler gemacht. Ein kleiner Fehler im Computersystem, ein übermüdeter Trader und schnell sind 50.000 DAX-Calls außerbörslich für 50 Cent zu billig verkauft. Auch wenn Sie das kaum glauben werden, so etwas passiert öfter als Sie meinen. Daher haben auch nicht wenige Händler den automatischen Reflex, den Preis um ein bis drei Prozent – manche langen auch kräftiger zu – hochzusetzen, wenn eine größere außerbörsliche Position angefragt wird.

6.2 Der „fair Value" versagt

Ein besonders schönes Beispiel für den Privatanleger dafür, dass der „fair Value", der aus Optionspreismodellen errechnet werden kann, kein Garant für Börsenerfolg ist, stammt aus dem Jahr 1991. Damals häuften sich die Anfragen bezüglich eines noch lange laufenden Optionsscheins auf die Aktie der Vereinigten Kunstmühlen. Der am Markt festgestellte Optionsscheinkurs war wesentlich niedriger als der in Statistiken ausgewiesene theoretische Wert. Anleger glaubten, eine Verdoppelung des Optionsscheinkurses sei das Mindeste, was der glückliche Käufer nach der Theorie zu erwarten hatte. Was viele nicht wussten: Der theoretische Wert oder „fair Value" wurde mit der historischen Volatilität, also der Schwankungsbreite der Vergangenheit gerechnet. Da die historische Volatilität deutlich über der vom Markt erwarteten Schwankungsbreite lag, war der theoretische Wert wesentlich höher als der tatsächlich an der Börse festgestellte Kurs. Am Ende zeigte sich, dass der Markt richtig lag mit seiner Erwartung, dass die Schwankungsbreite geringer werde. Die Aktie tendierte nämlich nur noch seitwärts und der Optionsscheinkurs machte nicht die von vielen Beobachtern erwarteten Sprünge.

Wäre mit der impliziten Volatilität gerechnet worden, hätte das Missverständnis einer krassen Unterbewertung nicht aufkommen können. Als Realität für die Besitzer der Scheine entpuppte sich damit nicht die erwartete Kursverdoppelung, sondern ein anhaltender Kursverlust.

Ein Angleich des Optionsscheinkurses an den ursprünglichen „fair Value" fand generell nicht statt. Da zudem die Aktie ein echter Flop war und nicht wie erwartet zulegte, haben viele Käufer damals viel Geld verloren, weil sie ein Modell für die Realität hielten, das mit der historischen Volatilität rechnet.

Das komplette Gegenbeispiel einer echten Unterbewertung erfuhr der Warrant auf das niederländische Finanzdienstleistungsunternehmen ING.

Aufgrund seiner langen Laufzeit haben Bewertungsprobleme (historische contra implizite Volatilität; welcher Zinssatz ist bei einer Laufzeit von neun Jahren überhaupt vernünftig?) dazu geführt, dass der Warrant über lange Zeit zum absoluten „Discountpreis" erhältlich war. Da zudem die Volatilität der Aktie zunahm und sich der Aktienkurs in die gewünschte Richtung entwickelte, konnten hohe Gewinne erzielt werden. Wer damals 10.000 Mark investierte, hatte nach einigen Jahren eine halbe Million auf dem Konto – steuerfrei. Das sind nur zwei Beispiele, bei denen das Rechnen mit der historischen Volatilität falsche Ergebnisse lieferte, da er mit der historischen Volatilität rechnete.

6.3 Random Walk – *die Theorie für Alles*

Die Grundvoraussetzung zur Errechnung eines „fairen Wertes" ist die Annahme, dass sich die Veränderungen im Kurs des Basisobjekts rein zufällig vollziehen, also ein stochastischer Prozess sind. Damit sind wir in einer wahrscheinlichkeitstheoretischen Betrachtung, die durchaus ihre Berechtigung hat, aber auf keinen Fall der Stein der Weisen ist.

Die Kursentwicklung des Basisobjekts folgt in der Theorie dem „Wiener Prozess" (ursprünglich wurde damit Anfang des Jahrhunderts in der Physik die Bewegung eines Teilchens beschrieben, das einer großen Zahl von Zusammenstößen mit Artgenossen ausgesetzt ist). Die Bewegungsänderung ist in einem bestimmten Zeitintervall normalverteilt.

Zudem besitzt der Prozess die sogenannte „Markoff-Eigenschaft", was nichts anderes bedeutet, als dass die künftige Bewegung völlig unabhängig von den Vergangenheitsdaten erfolgt.

Auf die Kursentwicklung unseres Basisinstruments, also unserer Aktie, des Index oder der Währung, übertragen, heißt das, dass ein völlig effizienter Markt vorausgesetzt wird, in dem alle Informationen allen Marktteilnehmern völlig und gleichzeitig bekannt sind. Damit können sie nach der Theorie auch keinen Einfluss mehr auf die künftige Kursentwicklung nehmen.

Daher lassen sich aus dem Kursverhalten einer Aktie in der Vergangenheit keine Schlüsse mehr auf eine künftige Entwicklung ableiten. Bei

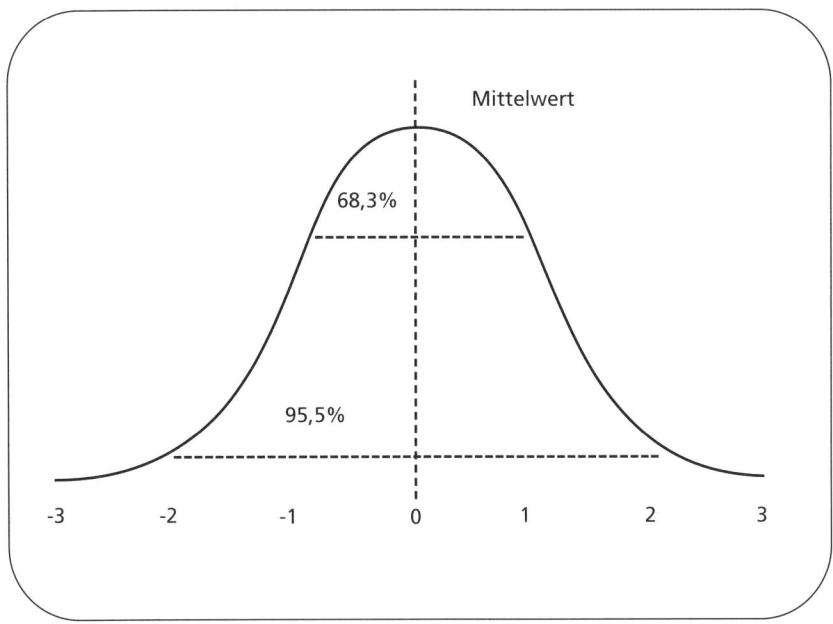

eingefleischten Charttechnikern dürften diese Prämissen, die in Optionspreismodellen verarbeitet sind, das blanke Entsetzen auslösen! Dieses von
unseren Basisobjekten erwartete Verhalten heißt auch Random Walk
(übersetzt: zufälliger Gang oder „Gang des Betrunkenen").

Es wird per definitionem davon ausgegangen, dass ein Kursanstieg der
X-Aktie um zehn Prozent genauso wahrscheinlich ist wie ein Kursrückgang um die gleiche Größenordnung. Auch die Fundamentalanaltiker
sollten sich hier die Haare raufen. Unter der Annahme eines Random
Walk würden sich aufwendige Analysen erübrigen. Dennoch sind diese
Annahmen zwingend notwendig, um eine Bewertung von Optionsscheinen mathematisch zu ermöglichen.

Doch welche Aussagen über einen Optionsschein erlaubt der „theoretische Wert" überhaupt? Das Wichtigste, was der Optionsschein-Käufer
wissen muss, ist, dass der Optionsscheinkurs keine statische Größe ist. Er
verändert sich quasi mit jeder Kursbewegung, die das Basiobjekt voll-
zieht, mit jeder Volatilitätsänderung oder Neueinschätzung der Zins-
entwicklung. Da er zudem mit der historischen Volatilität gerechnet wird,
ist seine Aussagekraft aber ausgesprochen gering. Nehmen Sie den „fair
Value" daher nicht zu wörtlich.

Eine weitaus bessere Möglichkeit, sich die Formeln zunutze zu machen, ist, den an der Börse festgestellten Preis tatsächlich als fair anzunehmen und die Formeln in Richtung der impliziten Volatilität aufzulösen. Den Wert, den Sie dann erhalten, ist die erwartete Schwankungsbreite, die der Markt dem Warrant beim aktuellen Kurs für die Restlaufzeit zubilligt.

Rechnen Sie mit einem Ansteigen der Volatilität – dadurch verteuert sich die Option bei sonst gleichbleibenden Voraussetzungen, dann kann der Kauf einer Option oder eines Warrants sinnvoll sein. So können kurzfristig Volatilitätsgewinne erzielt werden.

Erwarten Sie hingegen fallende Volatilitäten, können Optionen an der Terminbörse (zum Beispiel an der Eurex – siehe Kapitel 8 und 9) verkauft werden. Sinkt die Volatilität, fallen die Optionspreise, und verkaufte Positionen können zu niedrigeren Kursen wieder eingedeckt werden. Diese Rechnung geht allerdings nur dann auf, wenn alle anderen Parameter wie der Aktienkurs, Zinsen und Dividenden unverändert bleiben.

Tipp Bei einfachen Calls oder Puts auf Indizes bedeutet eine zu hohe Volatilität – von mehr als 30 Prozent – Gefahr. Die Optionsscheine sind unter diesen Voraussetzungen extrem teuer – der langjährige Durchschnitt liegt bei rund 20 Prozent.

6.4 Die „alten" Bewertungskennzahlen
– Aufgeld, Hebel und innerer Wert

Optionen werden seit Jahrhunderten gehandelt – solange existiert bereits der Wunsch nach einer aussagekräftigen Bewertung von Optionen. Mit einfachen Kennzahlen wie Aufgeld, Hebel oder innerer Wert wurden seit langem Vergleiche angestellt, bis Modelle wie Black & Scholes (1973) bekannt wurden. In der modernen Optionspreisbewertung verlor vor allem der bei vielen Anlegern beliebte Hebel an Bedeutung. Er wurde erweitert und liefert daher deutlich bessere Ergebnisse. Anderen Größen wie dem Aufgeld oder dem innere Wert wird noch immer viel Bedeutung beigemessen – nicht ohne Grund.

Aufgeld

Das Aufgeld ist eine der ältesten Kennzahlen der Optionspreistheorie und hat sich bis heute bewährt. Denn es lässt sich relativ einfach und schnell errechnen und ermöglicht einen raschen Vergleich mit anderen Warrants. Einfach definiert ist das Aufgeld die Prämie, die der Anleger zum Betrachtungszeitpunkt zu bezahlen hat, wenn er das Basisinstrument durch das Ausüben des Optionsscheins erwirbt, statt das Basisinstrument direkt an der Börse zu kaufen. Praktisch ist dies nur bei Optionsscheinen mit „amerikanischem" Ausübungsrecht möglich. Bei „europäischen" Optionen hingegen ist dies eine theoretische Betrachtung, da das Basisinstrument nur bei Fälligkeit bezogen werden kann.

Bei der Berechnung des Aufgelds wird zunächst das „absolute Aufgeld" einer Option ermittelt. Dazu werden beim Call der Basispreis und der Optionsscheinkurs unter Berücksichtigung des Bezugsverhältnisses addiert und der aktuelle Kurs des Basiswerts subtrahiert. Ein Vergleich mit anderen Warrants ist aber erst möglich, wenn dieses Ergebnis in Relation zum Aktienkurs gesetzt sowie die Restlaufzeit berücksichtigt werden.

Das „Aufgeld in Prozent" ergibt sich, indem das absolute Aufgeld, also 15 Mark, durch 180 dividiert und mit 100 multipliziert wird. Das ergibt in unserem Beispiel 8,33 Prozent.

Um das „jährliche Aufgeld in Prozent" zu erhalten, muss dieses Ergebnis durch die Restlaufzeit in Jahren dividiert werden. Läuft der Warrant in sechs Monaten aus, beträgt das „jährliche Aufgeld" 16,66 Prozent.

Wie hoch das Aufgeld bei einem Call oder Put ist, richtet sich vor allem nach drei Faktoren: Erstens das Verhältnis des Basispreises zum aktuellen Kurs des Basiswerts. Als Faustformel gilt: Je weiter ein Optionsschein „im Geld" (Basispreis liegt unter dem Kurs des Basisinstruments) notiert, desto geringer ist das Aufgeld. Zweiter gewichtiger Einflussfaktor auf die Optionsprämie ist die Volatilität des Basisinstruments. Werden für die zugrundeliegende Aktie oder den Index starke Schwankungen erwartet – wie zum Beispiel für Hightech-Werte, ist die Optionsprämie hoch. Für Optionen „am Geld" müssen bei volatilen Werten schon mal jährliche Prämien von 30 oder 50 Prozent berappt werden. Bewegt sich ein Basisinstrument hingegen wenig und sind nur geringe Ausschläge zu

---

Formeln zur Berechnung des jährlichen Aufgelds in Prozent:

Call: $\dfrac{(\text{OS-Kurs x Bezugsverhältnis} + \text{Basispreis} - \text{Aktienkurs})}{\text{Aktienkurs x } 100 : \text{Restlaufzeit in Jahren})}$

Put: $\dfrac{(\text{OS-Kurs x Bezugsverhältnis} - \text{Basispreis} + \text{Aktienkurs})}{\text{Aktienkurs x } 100 : \text{Restlaufzeit in Jahren})}$

Beispiel Call:

Aktienkurs	180 Euro
Bezugsverhältnis	10:1
Basispreis	150 Euro
Optionsscheinkurs	4,50 Euro
Restlaufzeit:	0,5 Jahre

Berechnung:

Absolutes Aufgeld:	$(4{,}50 \cdot 10 : 1) + 150 - 180 = 15$ Euro
Aufgeld in Prozent:	$15 : 180 \cdot 100 = 8{,}33$ Prozent
Jährliches Aufgeld in Prozent:	$8{,}33 : 0{,}5 = 16{,}66$ Prozent

---

erwarten, ist das Aufgeld entsprechend niedrig. Als dritter Punkt gilt es auch, die Laufzeit zu betrachten. Je länger eine Option läuft, desto höher ist in der Regel das absolute Aufgeld. Langlaufende Optionen weisen aber in der Regel ein geringeres jährliches Aufgeld auf als kürzere.

Zinsen und Dividenden fließen ebenfalls in die Berechnung des Aufgeldes ein – sie sind jedoch von geringerer Bedeutung (siehe auch Kapitel 5). Anleger sollten bei Engagements nie vergessen, dass das Aufgeld über die Laufzeit hinweg vollständig abgebaut wird – in der Praxis wird dies als Zeitwertverfall bezeichnet (siehe Kapitel 6.5.1).

Innerer Wert

Der Optionsschein hat am Fälligkeitstag kein Aufgeld, also kein Zeitwert mehr. Dann zählt der „innere Wert". Beim Call ist dies der Betrag, um den das Basisinstrument (zum Beispiel Aktie, Index) den Basispreis übersteigt, beim Put dagegen, die Differenz, um die die Aktie unter dem Basispreis notiert. Dabei ist das Bezugsverhältnis zu berücksichtigen. Errechnet wird der innere Wert nach der Formel:

Der innerer Wert kann also positiv wie negativ sein. Notiert eine Option „im Geld", ist der Wert positiv. Optionen „am Geld" und „aus dem Geld" haben hingegen noch keinen „Wert" angesammelt – sie weisen daher einen negativen inneren Wert auf.

Formeln zur Berechnung des inneren Werts:

Call: (Kurs $_{Basisinstrument}$ - Basispreis) • Anzahl der zu beziehenden Aktien je Optionsschein

Put: (Basispreis - Kurs $_{Basisinstrument}$) • Anzahl der zu beziehenden Aktien je Optionsschein

Beispiel:
Aktienkurs	180 Euro
Bezugsverhältnis	10:1
Basispreis	150 Euro

Berechnung Call: Innerer Wert = (180 - 150) • 0,1 = 3 Euro
Berechnung Put: Innerer Wert = (150 - 180) • 0,1 = -3 Euro

Einfacher Hebel

Der Hebel zeigt, um das Wievielfache der Anleger mit dem Optionsschein mehr verdienen kann als mit dem jeweiligen Basisinstrument. Ein
Hebel von zwei bei einem Aktienoptionsschein besagt, dass mit der
Option das Doppelte an Gewinn erzielt werden kann, als mit der jeweiligen Aktie. Da der Hebel aber nicht nur nach oben, sondern auch nach
unten wirkt, ist das Verlustrisiko ebenfalls höher als beim direkten Erwerb
des Basisinstruments. Die Berechnung dieses herkömmlichen Hebels ist
einfach:

$$\frac{\text{Kurs des Basisinstruments}}{\text{Optionspreis} \cdot \text{Bezugsverhältnis}}$$

Beispiel:
Aktienkurs: 50 Euro
Optionspreis: 2,50 Euro
Bezugsverhältnis: 10 : 1

$$\frac{50}{2{,}50 \cdot (10 : 1)} = \text{Hebel 2}$$

Doch Vorsicht! Die Aussagekraft dieses einfachen Hebels ist irreführend.
Denn er berücksichtigt die Wahrscheinlichkeit nicht, dass eine Option
bei Fälligkeit im Gewinn endet. Kostet eine Aktie 50 Euro und der
Basispreis lautet 150 Euro, hat ein Call einen sehr niedrigen Kurs und
folglich einen hohen Hebel.

Beispiel:
Aktienkurs: 50 Euro
Optionspreis: 0,50 Euro
Bezugsverhältnis: 10 : 1

$$\frac{50}{0{,}50 \bullet (10 : 1) = \text{Hebel } 10} = \text{Hebel } 10$$

Ob das Investment jedoch am Ende einen Gewinn abwirft, ist also fraglich. Der Call birgt ein besonders hohes Risiko, im Totalverlust zu enden, wenn sich die Aktie nicht verdreifacht. Die Aussagekraft dieses einfachen Hebels ist gering! Ein Investment sollte daher nicht aufgrund dieser Kennzahl getätigt werden. Nur wenn dieser einfache Hebel um das Delta (siehe unter 6.5.2. *Delta*) erweitert wird, erhält man eine aussagekräftige Kennzahl, nämlich den theoretischen Hebel (siehe unter 6.5.4. *Theoretischer Hebel – Omega*).

Tipp Der einfache Hebel hat wenig Aussagekraft. Investments sollten daher nicht auf dieser Kennzahl basieren. Richten Sie sich nur nach dem theoretischen Hebel (siehe unten). Zudem sollten Sie nie vergessen, dass der Hebel nicht nur nach oben, sondern auch nach unten wirkt. Das Verlustrisiko von Warrants mit einem hohen Hebeln ist ebenfalls grösser als das einer Option mit einem kleinen Hebel.

6.5 Die „neuen" Bewertungskennzahlen
– die „Griechen"

Weitaus aussagekräftiger als Aufgeld, einfacher Hebel oder innerer Wert sind die modernen Bewertungskennzahlen, die Griechen. Daher sollten Sie diese bei jeder Kauf- oder Verkaufsentscheidung berücksichtigen. Sie zeigen Ihnen, wie sich ein Warrant nach einer Änderung eines Einflussfaktors aktuell verhalten wird. Das Arsenal griechischer Buchstaben bezeichnet Eigenschaften, nach denen sich die Wertentwicklung eines Optionsscheins richtet. Da es sich auch hier um keine statischen Größen handelt, geben sie immer nur für einen kurzen Zeitraum eine entsprechend exakte Beschreibung, was mit dem Warrant passiert. So kann die Kennziffer Delta (detaillierte Erklärung siehe unten: *Delta*) von 16 Prozent durchaus in wenigen Wochen zu einem Delta von 80 Prozent mutieren, was dem Warrant völlig andere Eigenschaften verleiht.

Die wichtigsten Kennzahlen, die Ihnen rasch einen Eindruck vom Verhalten Ihres Warrants auf Änderungen des Kurses des Basisinstruments geben, sind das Delta und der theoretische Hebel, der auch als Omega bezeichnet wird, sowie der Zeitwertverlust, das Theta.

6.5.1 Theta – *Der Zahn der Zeit*

Die Wirkung des Zeitwertverfalls wird oft massiv unterschätzt. Dabei muss sich der Optionsschein-Spekulant zuerst darüber klar sein, dass er mit dem Warrant ein Papier mit begrenzter Haltbarkeit gekauft hat. Bis zum Verfallsdatum existiert dieses Papier, danach verschwindet es vom Kurszettel (zwar gibt es wenige Scheine mit einer möglichen Laufzeitverlängerung, aber auch die laufen letztendlich irgendwann aus). Der Kurs eines Warrants besteht immer aus zwei Komponenten: dem Zeitwert (Aufgeld) und dem inneren Wert.

Das Theta misst nun den Einfluss einer Laufzeitverringerung um einen Tag auf den Optionsscheinpreis. Voraussetzung ist, dass alle anderen Optionskomponenten gleich bleiben, also sich auch der Aktienkurs bis zum Laufzeitende nicht verändert. Das Theta kann absolut wie auch relativ gemessen werden. Meist wird es in Prozent angegeben, was bedeutet, dass der tägliche Wertverlust in Prozent gezeigt wird. Beträgt das Theta etwa 0,10 Euro pro Tag, heißt das, dass der Optionsschein bis zum nächsten Tag zehn Cent an Wert verliert. Wird das Theta hingegen in Prozent angegeben, bedeutet ein Theta-Wert von 0,1 Prozent, dass der Warrant pro Tag 0,1 Prozent einbüßt.

Bei Warrants „im Geld" ist das absolute Theta am geringsten, da das Aufgeld niedrig ist. Ebenso wie bei „aus dem Geld" stehenden Scheinen nimmt das Theta nahezu linear ab. Bei Scheinen „am Geld" ist das Theta relativ hoch. Hier ist der Zeitwertverfall daher gegen Ende der Laufzeit sehr groß. Der Wertverlust, den ein Schein aufgrund der Zeitwertkomponente erfährt, wird also mit abnehmender Restlaufzeit immer größer. Als Faustregel gilt, dass sich der Zeitwertverlust in den letzten drei

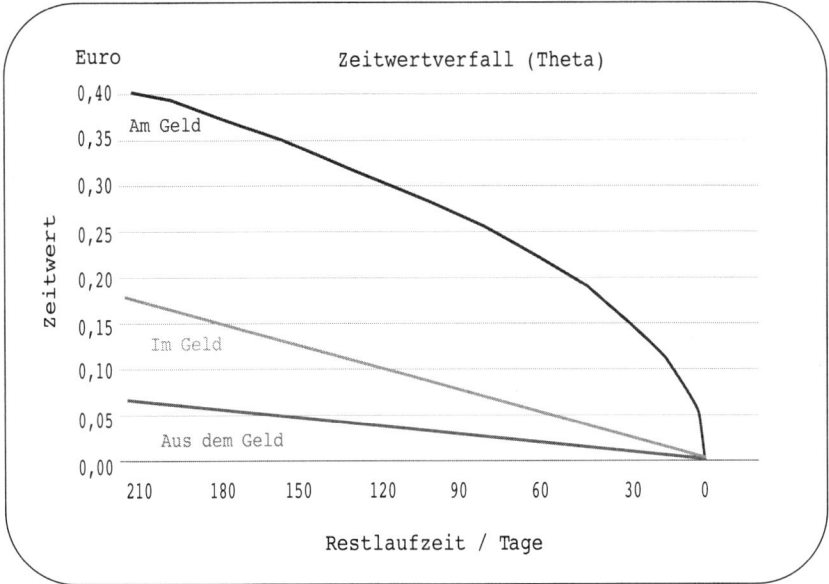

Monaten der Laufzeit derart beschleunigt, dass solche Scheine, die am Geld notieren mit Vorsicht zu genießen sind.

Tipp *Das Theta wird oft für unterschiedliche Zeiträume angegeben. Sie sollten sich daher immer im Klaren sein, ob es sich um den täglichen, wöchentlichen oder monatlichen Zeitwertverfall handelt.*

6.5.2 Delta – *die entscheidende Kennzahl*

Das Delta zeigt die – über das Bezugsverhältnis normalisierte – Veränderung des Optionsscheinpreises an, wenn sich der Wert des Basisinstruments um eine Einheit ändert. Beispiel: Hat ein Warrant auf die VW-Aktie etwa ein Delta von 50 Prozent, bedeutet ein Kursanstieg der VW-Aktie von einem Euro eine Kursverbesserung des Scheins von 50 Cents. Das gilt bei einem Bezugsverhältnis von 1 zu 1. Lautet das Bezugsverhältnis hingegen 10 zu 1, wäre die Kursverbesserung des Scheins nur 5 Cent. Bei einem Delta von annähernd 100 Prozent legt der Warrant in absoluten Zahlen genauso stark zu wie das Basisinstrument (vorausgesetzt das Bezugsverhältnis ist 1 zu 1). 1 Euro Kursgewinn beim Basisinstrument entspricht dann auch 1 Euro Kursgewinn beim entprechenden Options-schein.

Das Delta eines Call liegt immer zwischen Null und Eins oder anders ausgedrückt zwischen Null Prozent und 100 Prozent, das eines Put zwischen Null und −1 (oder Null Prozent und −100 Prozent). Ausnahmen gibt es bei exotischen Optionsschein-Konstruktionen, wie beispielsweise den Power-Warrants (siehe Kapitel 7). Hier kann das Delta durchaus weit höher als 100 Prozent liegen, denn diese Scheine können auf minimale Kursänderungen sehr heftig reagieren.

Das Delta ist auch ein Indikator für die Gewinn- und Verlustwahr-scheinlichkeit. So bedeutet ein Delta von 30 Prozent, dass der Call – wenn alle anderen Parameter unverändert bleiben – am Laufzeitende mit einer Wahrscheinlichkeit von 30 Prozent im Gewinn endet. Reziprok liegt die Verlustwahrscheinlichkeit bei 70 Prozent.

Das Delta ist jedoch kein statischer Wert, der einmal errechnet wird und über die gesamte Laufzeit hinweg unverändert bleibt. Bedenken Sie immer, dass jeder Kursanstieg des Basisinstrument beim Call das Delta vergrössert, jeder Kursrückgang es verkleinert. Beim Put ist es genau umgekehrt: Steigt das Basisinstrument, verringert sich das Delta, fällt es hingegen, erhöht sich das Delta.

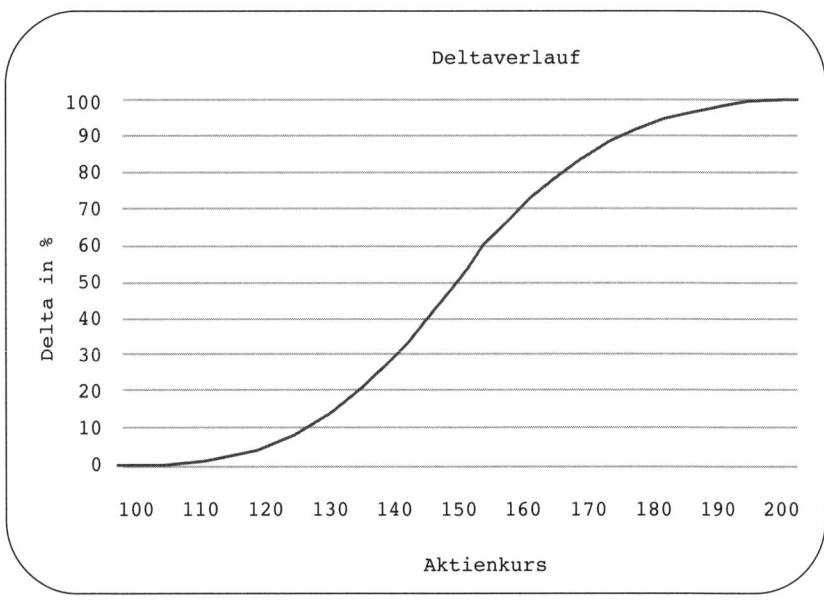

Die Art der Veränderung des Delta ist von allen Faktoren, die den Optionspreis beeinflussen (Volatilität, Restlaufzeit, Zinsen und Dividenden) sowie von der Höhe des Basiswerts abhängig. Verändert sich eine der Einflussgrößen, bedeutet dies ebenfalls eine Änderung des Delta. Der Einfluss von Zinsen und Dividenden ist in der Regel gering, die Änderungen der Kosten und Erträge (siehe auch unter 5.3.3. *Der Terminkurs*) schlagen sich aber dennoch auf die Höhe des Delta nieder. In punkto Restlaufzeit gilt: Je länger die Laufzeit, desto größer das Delta. Dieses legt ebenfalls zu, wenn die Volatilität ansteigt. Denn bei einer längeren Laufzeit oder bei einer grösseren Schwankungsintensität steigt die Wahrscheinlichkeit, dass sich die Option in die erwartete Richtung bewegt – und damit auch das Delta.

In Bezug auf die Höhe des Basispreises muss unterschieden werden, wie weit der aktuelle Kurs des Basiswerts vom Basisinstrument entfernt ist: Optionen „aus dem Geld" (beim Call liegt der Basispreis weit über dem aktuellen Kurs des Basisinstruments) weisen ein niedriges Delta auf und vollziehen die Bewegungen des Basisinstruments kaum nach. Hier ist die Wahrscheinlichkeit gering, dass sich die Option bis zum Laufzeitende in die Richtung des Optionspreises bewegt. Sehr kleine Deltas von beispielsweise 10 Prozent führen bei einem Kursanstieg des Basisinstruments auch zu entsprechend kleinen absoluten Veränderungen des Optionsscheinkurses. Ein Beispiel: Bei einem Call mit einem Kurs von 0,20 Euro und einem Delta von 10 Prozent bewirkt eine Bewegung des Basisinstruments um einen Euro einen Anstieg von 0,02 Euro oder 10 Prozent.

Deutlich besser sieht es bei Optionen „am Geld" aus. Sie vollziehen die Kursbewegungen des Basiswerts etwa zur Hälfte nach. Als grobe Faustformel kann man sich merken, dass eine Option „am Geld" – der Kurs des Basisinstruments ist genauso hoch wie der Bezugspreis des Warrants – etwa ein Delta von 50 Prozent aufweist.

Am stärksten vollziehen Optionen „im Geld" die Bewegungen des Basisinstruments nach. Ein Delta von 100 Prozent bedeutet, dass die Option jede Kursbewegung des Basisinstruments zu 100 Prozent mitmacht. Beispiel: Ein Call (Bezugsverhältnis 1 zu 1) mit einem Kurs von 20 Euro und einem Delta von 100 Prozent legt bei einem Kursanstieg des Basisinstruments von einem Euro ebenfalls um einen Euro zu.

Exkurs

Calls mit einem Delta von 100 Prozent sind für vorsichtiger agierende Anleger sehr interessant. Denn sie weisen einen theoretischen Hebel auf, der höher als eins ist, sie bieten also mehr Dynamik als das Basisinstruments selbst. Da der Kapitaleinsatz beim Call jedoch geringer ist als der Erwerb des Basisinstruments, kann so ein höherer Gewinn erzielt werden. Denn ein Schein mit einem Delta von 100 Prozent legt genausoviel zu wie das Basisinstrument – vorausgesetzt das Bezugsverhältnis beträgt 1 zu 1. Lautet dies 10 zu 1, bedeutet das, dass zehn Warrants erforderlich sind, um die Kursbewegung des Basisinstruments nachzuvollziehen.

6.5.3 Gamma – *Steigung des Delta*

Das Gamma misst die Veränderung des Deltas in Abhängigkeit von der Bewegung des Basisinstruments. Beispielsweise bedeutet ein Gamma von zwei Prozent, dass sich das Delta bei einer Kursänderung des Basisinstruments um eine Einheit – also etwa einen Euro bei Aktien oder einem Cent beim Euro-Dollar-Kurs – um zwei Punkte verändert. Hat ein Call-Warrant auf die VW-Aktie beispielsweise ein Delta von 40 Prozent und liegt das Gamma bei zwei Prozent, steigt das Delta auf 42 Prozent, wenn die Aktie einen Euro zulegt, und fällt auf 38 Prozent, wenn sie um einen Euro fällt.

Wie die schematische Darstellung einer Gammaentwicklung zeigt, hat die Kennziffer ihren höchsten Wert direkt am Geld. Je weiter der Schein aus dem Geld oder im Geld notiert, desto kleiner wird auch das Gamma. Was heißt das nun konkret? Die Veränderung des Deltas ist bei einer Änderung des Kurses des Basisobjekts um eine Einheit am Geld am höchsten. Experten sprechen daher auch davon, dass Warrants die am Geld notieren, die höchste „Deltasensitivität" haben.

Das Gamma kann wertvolle Hinweise auf die Entwicklung des Optionsscheinkurses geben. Kommt ein Warrant ins Geld wird er um so stärker reagieren, je größer sein Gamma ist. Wer also Warrants mit hoher

Reagilibität sucht, wird Scheine nehmen, die am Geld ein hohes Gamma aufweisen.

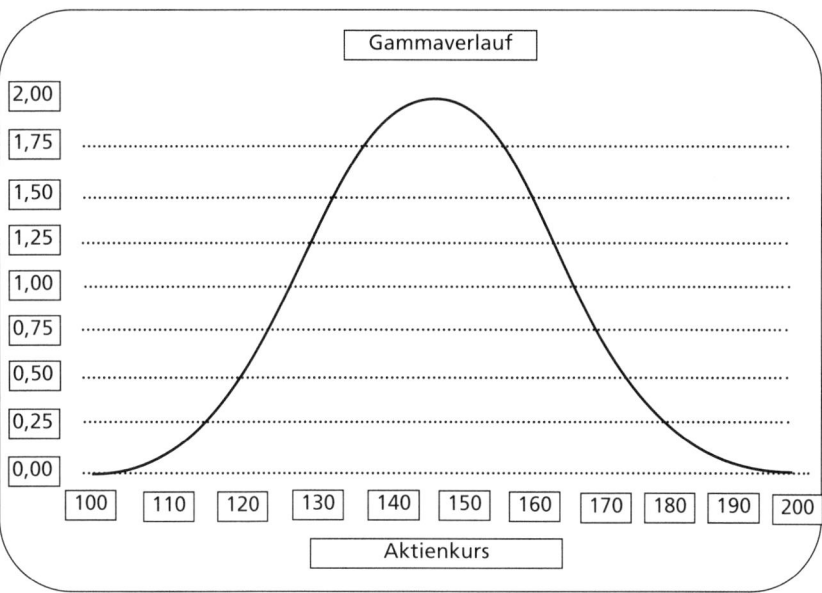

6.5.4 Theoretischer Hebel (Omega) – *die Dynamik*

Der theoretische Hebel besagt, wieviel Mehrertrag mit einer Option – im Vergleich zu einem Engagement im Basisinstrument – möglich ist. Den Zusatz „theoretisch" hat dieser Hebel, da bei der Berechnung die Kennzahl Delta berücksichtigt wird. Daher ist der theoretische Hebel, auch Omega oder Lambda genannt, der um das Delta ergänzte einfache Hebel. Der einfache Hebel (siehe 6.4.3) ergibt sich aus der Division von Aktienkurs und Optionsscheinkurs, wobei noch das Bezugsverhältnis zu berücksichtigen ist.

Zur Erinnerung ein Beispiel:

Kurs Basisinstrument: 100 Euro
Optionsscheinkurs: 20 Euro
Bezugsverhältnis: 1 : 1
Der einfache Hebel beträgt 5 (100 : 20).

Bei einem Kursanstieg der Aktie um 20 Prozent zeigt der einfache Hebel an, dass sich der Optionspreis verdoppeln sollte (fünffacher Hebel). Das funktioniert in der Praxis allerdings nur dann, wenn der Aktienkurs sehr weit über dem Basispreis notiert und das Delta 100 Prozent beträgt.

Die Formel für den theoretischen Hebel lautet:

$$\frac{\text{Delta} \cdot \text{Kurs des Basisinstruments}}{\text{Optionsscheinkurs} \cdot \text{Bezugsverhältnis}}$$

Der Nachteil des einfachen Hebels ist also, dass er ein konstantes Delta von eins voraussetzt. Da dies in der Praxis meist nicht der Fall ist, wird der einfache Hebel in der Regel zu hoch ausgewiesen. Realistischer ist hingegen das Ergebnis, wenn der Wert des einfachen Hebels mit dem ermittelten Delta multipliziert wird. Das ergibt den theoretischen Hebel, auch Omega genannt.

Beispiel:
Kurs Basisinstrument: 100 Euro
Optionsscheinkurs: 20 Euro
Bezugsverhältnis: 1 : 1
Delta: 0,5 = 50 Prozent

$$\text{theoretischer Hebel} = \frac{0,5 \cdot 100}{20 \cdot 1} = 2,5$$

Das Omega ist aber eine etwas problematische Kennzahl, da es sowohl von einem konstanten Delta als auch von einer konstanten Volatilität ausgeht. Das entspricht keineswegs der Realität. Ungenauigkeiten bringt das auch bei Warrants, die weit „aus dem Geld" notieren. Diese haben nämlich zumeist eine bedeutend höhere Volatilität als Optionen, die „am Geld" liegen. Das Omega sollte daher als Richtschnur für die theoretische Hebelwirkung gelten.

6.5.5 Vega – *die Power der Volatilität*

Das Vega misst den Einfluss der Änderung der für die Zukunft erwarteten Volatilität auf die Optionsscheinprämie. Zur Erinnerung: Die Volatilität ist ein Maß für die Schwankungsbreite eines Basisobjekts in einem bestimmten Zeitraum. Das Vega zeigt, um wieviel sich der Optionsscheinpreis ändert, wenn sich nur die implizite Volatilität um einen Prozentpunkt ändert. Wie immer gilt auch hier: alle anderen Parameter bleiben unverändert. Ein Vega von beispielsweise 0,30 besagt, dass sich bei einem Bezugsverhältnis von 1 zu 1 der Optionsscheinkurs um 30 Cents erhöht, wenn die Volatilität um einen Prozentpunkt steigt. Fällt sie hingegen um einen Prozentpunkt, bedeutet dies einen Kursverlust von 0,30 Euro.

Zwei Besonderheiten gilt es beim Vega zu beachten: Es erreicht seinen höchsten Wert stets am Geld und ist um so größer, je länger der Schein läuft. Zudem ist der Einfluss von Volatilitätsänderungen wohl der am häufigsten zu beobachtende Irrtum im Derivategeschäft. Tatsache ist aber, dass Volatilitätsbewegungen neben Kursveränderungen des Basisobjekts den wichtigsten Einfluss auf den Preis eines Warrants haben. Mit diesem Konzept haben viele Anleger Probleme. Denn ein und der selbe Schein können bei einem identischen Kurs des Basisinstruments vielleicht 4 Euro, aber auch 6 Euro kosten. Es kann sogar passieren, dass der Kurs des Basisobjekts an mehreren Handelstagen leicht zulegt, der Optionsscheinkurs aber nachgibt. Typische Reaktionen sind dann: „Ich habe einen Put statt einem Call gekauft" oder „da sieht man wieder, die Emittenten betrügen, wo sie nur können". Dem ist nicht so. Denn eine Änderung der impliziten Volatilität hat oft einen höheren Einfluss als viele Anleger erwarten (siehe auch Kapitel 5.2).

6.5.6 Rho – *Zeiten und Zinsen ändern sich*

Das Rho gibt die Veränderung der Optionsscheinprämie auf Zinsbewegungen an. Hier wird auf eine genauere Betrachtung verzichtet, da der Einfluss gegenüber anderen Faktoren relativ gering ist und es nur selten zu massiven Zinsänderungen in sehr kurzer Zeit kommt (siehe auch

Kapitel 5.3.3). Grundsätzlich sollten sich Optionsscheinkäufer aber darüber klar sein, dass höhere Zinsen einen Call wertvoller machen, niedrige ihn verbilligen. Beim Put ist es dagegen umgekehrt. Die Tatsache, dass höhere Zinsen negativ auf die Aktienmärkte wirken, ist in diesem Zusammenhang vernachlässigbar, da einem guten Spekulanten in Optionsscheinen völlig egal ist, in welche Richtung ein Markt tendiert. Er muss nur sicher stellen, dass er auf der richtigen Seite positioniert ist.

Fragen zum Thema
(Lösung siehe Seite 242):

1) Modelle sind
a) eine exakte Beschreibung der Wirklichkeit
b) der Versuch, die Realität zu berechnen
c) ein Hilfsmittel bei der Optionsscheinanalyse
d) für die Optionsscheinanalyse allein völlig ausreichend

2) Das Modell nach Black&Scholes bedarf weniger Variablen, diese sind
a) die Marktmeinung über ein Basisobjekt
b) die historische Volatilität
c) der risikofreie Zinssatz
d) Aktienkurs, Restlaufzeit und Basispreis

3) Mit den Gleichungen von Black&Scholes und Stoll&Whaley lassen sich
a) Einsichten über die Preiswürdigkeit von Optionen gewinnen
b) charttechnische Analysen ad absurdum führen
c) fundamentale Daten vernachlässigen
d) risikolose Gewinne erzielem

4) Optionsscheinpreise an der Börse sind
a) willkürlich
b) ein Hinweis auf die implizite Volatilität
c) abhängig von raschen Marktentwicklungen
d) immer fair

5) Die historische Volatilität unterscheidet sich von der Impliziten durch
a) eine höhere Aussagekraft
b) die lange Zahlenreihe, aus der sie entsteht
c) die reine Vergangenheitsbezogenheit
d) sie weniger aussagekräftig ist

6) Das Delta

a) entspricht der Ausübungswahrscheinlichkeit eines Scheines

b) spielt eine untergeordnete Rolle

c) liegt bei Plain-Vanilla-Calls immer zwischen 0 und 100 Prozent

d) kann bei Sonderkonstruktionen höhere Werte annehmen

7) Ein theoretischer Hebel von fünf besagt

a) dass der Optionsschein um fünf Prozent steigt, wenn das Basisinstrument ein Prozent zulegt

b) dass der Optionsschein fünfmal schneller steigt als das Basisinstrument

c) bleibt unabhängig von weiteren Kursentwicklungen konstant

d) dass ein Schein am Geld notiert

8) Das Gamma

a) spielt bei Plain-Vanilla-Warrants keine Rolle

b) spielt nur bei Plain-Vanilla-Warrants eine Rolle

c) Misst die Veränderung des Deltas in Abhängigkeit von der Bewegung des Basisinstruments

d) hat seinen höchsten Wert, wenn der Schein am Geld notiert

9) Das Theta

a) spielt bei langlaufenden Scheinen eine untergeordnete Rolle

b) steigt in den letzten drei Monaten der Laufzeit bei Scheinen, die am Geld stehen stark an

c) ist bei Scheinen, die mit ihrem inneren Wert notieren bedeutunglos

d) gibt den Zeitwertverlust eines Warrants an

10) Die Griechen

a) sind statische Größen

b) ändern sich nur, wenn der Kurs des Basisinstruments steigt

c) geben Auskunft über das kurzfristige Verhalten eines Optionsscheins auf Änderungen der Volatilität, der Zinsen oder der Restlaufzeit

d) haben wenig Aussagekraft

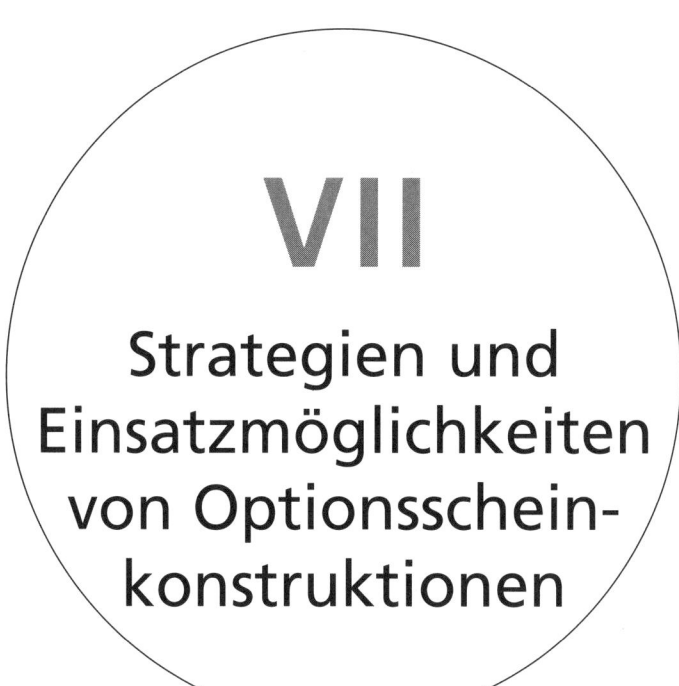

VII
Strategien und Einsatzmöglichkeiten von Optionsschein-konstruktionen

Die Spekulation mit Kauf- und Verkaufsoptionen ist für viele Options-schein-Einsteiger bereits eine komplizierte und undurchschaubare An-gelegenheit. Schließlich reicht bereits bei diesen einfachsten derivativen Produkten schon ein geringer Irrtum in Marktrichtung oder Timing, um erhebliche Verluste verschmerzen zu müsen. Vor Optionsschein-Kon-struktionen oder sogenannten exotischen Warrants scheuen daher die meisten Spekulanten zurück. Zum Teil geschieht das aus Unkenntnis über die Wirkungsweise der synthetischen Produkte, zum Teil haben Spe-kulanten aber einmal schlechte Erfahrungen realisiert und verteufeln da-nach die gesamte Gruppe dieser Warrants.

Bereits zu Anfang der neunziger Jahre, als die einfachen Covered Warrants (oder gedeckte Optionsscheine) mehr und mehr emittiert wur-den, gab es ein ähnliches Phänomen zu beobachten. Viele der damals von den Emissionshäusern an die Börse gebrachten Scheine bescherten den Käufern schmerzliche Verluste. Der Umkehrschluss, der damals sowohl von den Käufern als auch von Teilen der Börsenpresse gezogen wurde, war vernichtend für die neuen Produkte: Mit Covered Warrants war viel Geld zu verlieren, also sind diese Scheine Teufelszeug und für den Privatanleger unbedingt zu meiden. Dass es die Börsenphase war, die zu einem solch einseitigem Ergebnis führte und die Produktpalette solcher Scheine nur äußerst begrenzt war, kam kaum jemandem in den Sinn. So sind auch viele Sonderkonstruktionen wieder vom Markt verschwunden, andere erleben gerade ihr Revival.

Für den Optionsschein-Spekulanten ist es besonders wichtig, diese Scheine zu verstehen und über deren Einsatzmöglichkeiten Bescheid zu wissen. Ob Hausse, Baisse oder Seitwärtsbewegung, für jede mögliche Börsenentwicklung gibt es heute den passenden Schein. Und je nach Börsenphase werden auch bereits tot gesagte Konstruktionen das Parkett wieder betreten und um Kunden buhlen. Wer weiß, wie solche Scheine funktionieren, für welche Erwartung sie geeignet sind und wann ihre Preise steigen oder fallen, besitzt einen entscheidenden Vorteil.

Leider hat sich die Kreativität der Emittenten nicht nur auf die Optionsschein-Konstruktionen, sondern auch auf deren Benennung erstreckt. Daher gibt es für im Grundsatz identische Warrants mitunter etliche unterschiedliche Namen. Die wichtigsten Konstruktionen, deren Wirkungsweise und die verschiedenen Einsatzmöglichkeiten werden auf den kommenden Seiten dargestellt. Diese Aufstellung kann wegen der Vielfalt der auch nur denkbaren Möglichkeiten kaum komplett sein. Da fast alle Optionsscheinkonstruktionen jedoch synthetisch aus anderen Positionen zusammengesetzt sind, verhilft das Verständnis über die Wirkung von Volatilität und Wahrscheinlichkeit meist auch dazu, neuere Kreationen zu analysieren und deren Chancen im aktuellen Marktumfeld zu bewerten.

Angehängt an das Kapitel finden Sie noch eine Übersichtstabelle, – sofern eine Übersicht bei den mannigfaltigen Möglichkeiten der Sonderkonstruktionen möglich ist – die Ihnen zeigt, wann welche Scheine sinnvoll sind und mit welchem relativen Risiko sie ausgestattet sind. Dabei sollten Sie nie vergessen, dass fast alle Sonderkonstruktionen, genauso wie Plain-Vanilla-Scheine den Totalverlust als höchste Risikostufe beinhalten.

7.1 Capped Calls, Bull Spreads
– billiger einsteigen

Erwartet der Optionsschein-Käufer eine nur leichte Aufwärtsbewegung eines Basisinstruments (beispielsweise des Deutschen Aktienindex DAX), ist es wenig sinnvoll, einen Plain-Vanilla-Call zu erwerben. Diese „normalen" Warrants unterliegen in aller Regel einem Zeitwertverlust. Das bedeutet, dass sich der Wert des Scheins mit jedem Tag, den die Laufzeit kürzer wird, um einen bestimmten Betrag vermindert (siehe Kapitel 6.4.1. *Zeitwertverlust*). Nur wenn der Schein tief im Geld steht und kein Aufgeld mehr hat, also mit seinem Inneren Wert notiert, spielt die Zeitwertkomponente keine Rolle mehr.

In einer Hausse-Bewegung ist der Zeitwertverlust meist zu verkraften. Lediglich bei Warrants mit einer sehr kurzen Restlaufzeit ist er wichtig. In Erwartung einer nur leichten Aufwärtsbewegung oder gar eines Seitwärtstrends ist daher ein Capped Call, auch Bull-Spread genannt, mit seinem unterschiedlichen Profil und der Chance, sogar Zeitwertgewinne erzielen zu können, die bessere Möglichkeit, an der Börse Geld zu verdienen.

Der Capped Call ist quasi ein Fertigprodukt der Emittenten. Er besteht ursprünglich aus dem Kauf eines Call und dem Verkauf eines Call mit gleicher Laufzeit und identischem Basisobjekt, aber verschiedenen Basispreisen. Diese Position könnte jeder Privatanleger theoretisch auch selbst am Terminmarkt Eurex eingehen (siehe Kapitel 10). Oft ist es aber besser, auch aus Gründen der Handelbarkeit und der Gebühren, gleich auf das fertige Produkt zurückzugreifen. Denn längerlaufende Eurex-Optionen sind meist illiquide.

Nehmen wir als Beispiel einen Capped-Call auf den DAX, dessen Cap (Obergrenze) bei 5200 Punkten liegt. Der Basispreis betrage 4800 Punkte, das Bezugsverhältnis 100 zu 1, der aktuelle DAX-Stand 5000 Punkte. Die maximale Auszahlung dieses Warrants liegt am Ende der Laufzeit bei 4 Euro ((5200-4800) : 100). Entscheidend ist, dass der DAX am Laufzeitende bei mindestens 5200 Punkten oder darüber notiert (Grafik siehe Kapitel 10. 1. Bull Spread).

Die Auszahlung liegt am Ende der Laufzeit zwischen 0 und maximal 4 Euro. Natürlich führt der Schein auch während seiner Laufzeit ein Eigenleben. Je weiter der Kurs des Basisinstruments sinkt, desto mehr wird der Capped-Call an Wert verlieren. Solange noch eine Restlaufzeit übrig bleibt, kann der Schein jedoch niemals völlig wertlos werden, da immer noch eine, wenn auch sehr geringe Chance besteht, dass der DAX zumindest den Basispreis übersteigt und damit einen inneren Wert erhält.

Steigt der DAX während der Restlaufzeit auf den Cap-Wert von 5200 Punkten oder noch höher, notiert der Schein aber nicht automatisch bei 4 Euro. Da Capped Calls europäische Optionen sind, also nicht während der Laufzeit, sondern nur am Laufzeitende ausübbar sind, nähert sich der maximale Warrant-Kurs der höchstmöglichen Auszahlung von vier Euro.

Als Faustregel kann gelten, dass der Schein um so teurer wird, je kürzer die Restlaufzeit wird und je weiter das Basisinstrument über dem Cap notiert. Damit sind wir bei einer Sondersituation, die bei einem Capped-Call auftreten kann, aber nicht muss. Während normale Warrants wie bereits erwähnt einem Zeitwertverfall unterliegen, kann ein Capped-Call sogar einen Zeitwertgewinn erwirtschaften.

Das ist immer dann der Fall, wenn der Basispreis oberhalb der Gewinnbegrenzung (Cap) notiert. Mit jedem Tag, der vergeht, verdient der Käufer, da sich das Laufzeitende nähert und die Wahrscheinlichkeit geringer wird, dass der Kurs des Basisinstruments wieder unter den Cap fällt.

Neben der Möglichkeit, einen Zeitwertgewinn zu erwirtschaften besitzt diese Optionsschein-Konstruktion noch den Vorteil, dass der Zeitwertverfall (wenn das Basisinstrument unter dem Cap notiert) kleiner ausfällt als bei Plain Vanilla-Scheinen. Ein zusätzliches Plus liegt darin, dass ein Capped-Call immer billiger ist als ein Plain Vanilla-Schein mit gleichem Basispreis und identischer Laufzeit. Hier macht sich die ursprüngliche Konstruktion aus dem Kauf eines Call und dem Verkauf eines Call mit höherem Basispreis bemerkbar. Der Erlös aus dem verkauften Call verbilligt den Warrant. Im Gegenzug verzichtet der Käufer aber auch darauf, unbegrenzt gewinnen zu können, was bei einem Plain Vanilla-Call prinzipiell möglich ist.

Was nach oben möglich ist, geht natürlich auch nach unten. Ein Bear-Spread funktioniert analog dem Bull-Spread nur in die entgegengesetzte Richtung. Theoretisch besteht die Position aus einem gekauften Put und dem Verkauf eines anderen Put mit gleicher Laufzeit und tieferem Basispreis. Auch hier setzt der Cap die Begrenzung für die maximale Ausschüttung. Ein Bear-Spread lohnt sich also für Anleger, die leicht fallende oder gleichbleibende Kurse erwarten. Letzteres gilt aber ausdrücklich nur dann, wenn das Basisinstrument bereits unterhalb des Cap notiert und der Bear-Spread somit einen Zeitwertgewinn generieren kann Grafik siehe Kapitel 10.1).

Fazit: Bull oder Bear Spreads eignen sich besonders dann, wenn mit keiner heftigen Bewegung am Markt gerechnet wird. Auf Grund ihrer Konstruktion sind sie billiger als entsprechende Plain-Vanilla-Warrants. Unter bestimmten Voraussetzungen kann mit diesen Optionsscheinen ein Zeitwertgewinn erzielt werden

7.2 Power-Warrants
– Dr. Jeckyll und Mr. Hyde

Eingeführt wurde dieses Optionsscheinprodukt am deutschen Markt erstmals im Mai 1995 von Trinkaus & Burkhardt und wird mittlerweile von mehreren Emittenten angeboten. Die Wirkungsweise von Power-Warrants wird allein aufgrund des Namens oft missverstanden. Aussagen wie „um Gotteswillen, mir ist ein einfacher Warrant schon riskant genug" oder „wer viel gewinnen kann, kann auch viel verlieren", zieren diese Sonderkonstruktion. Dabei sind die Power-Warrants bei richtigem Einsatz ein ausgeprochen vielfältiges Spekulationsinstrument, das sowohl hochriskant als auch eher defensiv eingesetzt werden kann.

Beispiel Power-Call:

Basispreis:	1,02 Euro pro Dollar
Cap:	1,06 Euro pro Dollar
Bezugsverhältnis:	1 zu 100

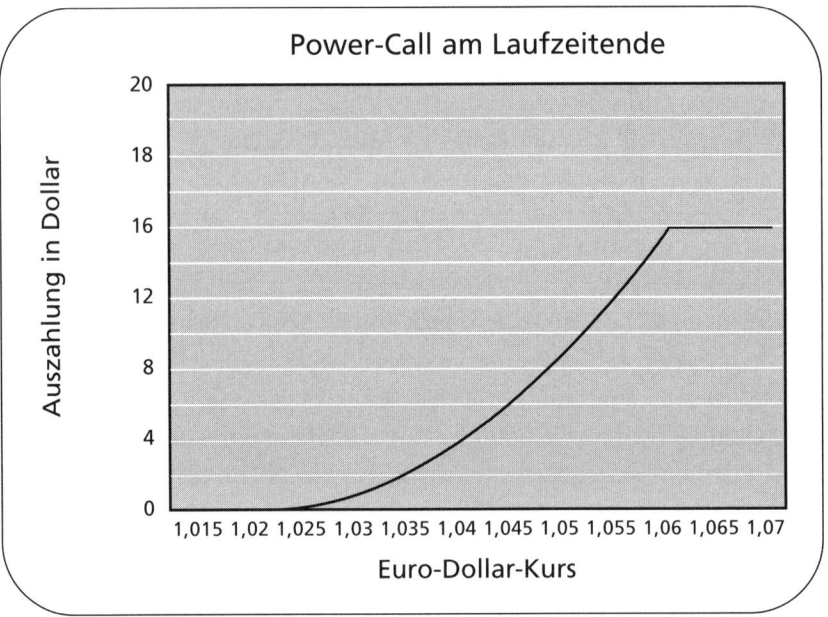

Die maximale Ausschüttung errechnet sich fast wie beim Bull-Spread. Der Clou der Power-Warrants liegt allerdings darin, dass die Differenz zwischen Cap und Basispreis quadriert wird. Der höchste zu erreichende Wert eines Power Call mit obiger Spezifikation liegt damit nicht bei 4 Dollar, sondern bei 16 Dollar. Die maximale Auszahlung eines Power-Warrants ergibt sich am Ende der Laufzeit also durch die Quadrierung des „inneren Wertes" (siehe 6.4.1).

Durch die Umstellung auf den Euro im Januar 1999 ergibt sich allerdings im Gegensatz zu früheren Scheinen, als die Auszahlung in Mark erfolgte, ein Problem, das beachtet werden sollte. Steigt das Euro/Dollar-Verhältnis zu stark an (nehmen wir an auf 1,30 Euro/Dollar), schmälert das den in Euro erzielten Gewinn (die 16 Dollar maximale Ausschüttung werden immer weniger Euro wert).

Power-Warrants können ein Profil entwickeln, das normalen Optionsscheinen teilweise überlegen ist. Nehmen wir an, wir haben zwei Warrants mit gleicher Laufzeit und identischem Basispreis von 1,02 Euro-Dollar. Der Cap des Power Warrants soll bei 1,06 Euro-Dollar liegen, der zweite Schein ist ein Plain-Vanilla-Call-Warrant.

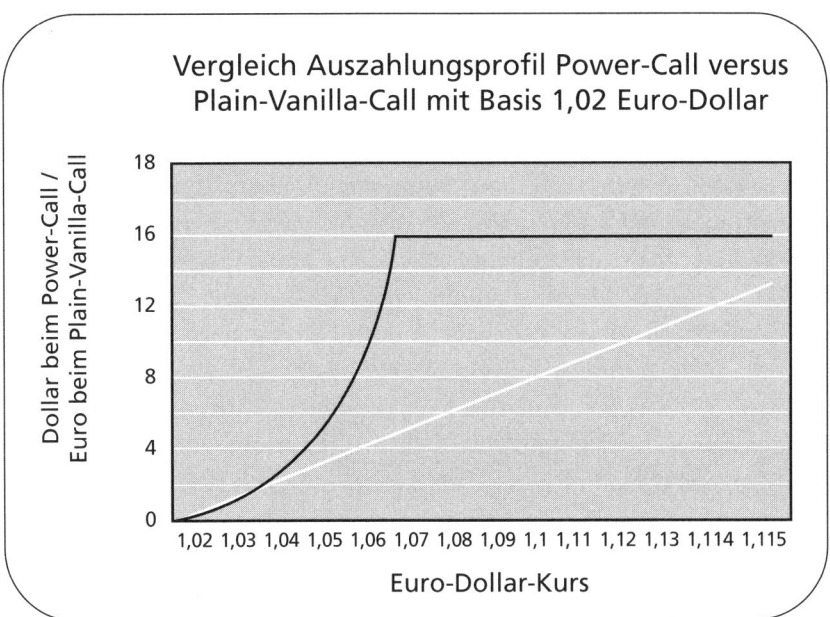

Vergleich Auszahlungsprofil Power-Call versus Plain-Vanilla-Call mit Basis 1,02 Euro-Dollar

Wie die Grafik zeigt, erreicht die Auszahlung am Laufzeitende beim Power-Call bereits bei geringeren Anstiegen des Euro-Dollar-Kurses erheblich höhere Werte.

Auch bei den Power Calls handelt es sich um Scheine mit einem europäischen Optionsrecht. Selbst wenn die Obergrenze bereits überschritten ist, notieren die Warrants während der Laufzeit immer nur knapp unter dem Wert der maximalen Ausschüttung.

Das Risikoprofil eines Power-Warrants verändert sich aber während seiner Laufzeit dramatisch. Für viele Spekulanten dürfte es eine echte Überraschung sein, dass der Hebel eines Power Call tendenziell unter dem eines normalen Optionsscheins liegt. Mit abnehmender Restlaufzeit wird dann aus Dr. Jeckyll Mr. Hyde. Das Delta und damit auch der theoretische Hebel (siehe 6.4.4) nehmen mit abnehmender Restlaufzeit dramatisch zu, so dass ein Power-Warrant mit nur noch kurzer Restlaufzeit ein aggressives Spekulationsinstrument ist, bei dem schon kleine Kursbewegungen des Basisobjekts extreme Kursausschläge des Optionsscheins verursachen. Während das Delta bei normalen Calls immer zwischen 0 und 100 Prozent notiert, erreicht es bei Power Calls weitaus höhere Werte! Zudem ist das Gamma, das anzeigt, wie sich das Optionsschein-Delta bei einer Bewegung des Basisobjekts verändert, extrem groß.

Wichtig für den Käufer ist es, sich immer zu vergegenwärtigen, dass Power Calls (die aus der Kombination einer Vielzahl von Optionen bestehen) europäische Optionen sind. Die Scheine können also während der Laufzeit nicht ausgeübt werden. Selbst wenn der Kurs des Basisobjekts weit über dem Cap notiert, wird sich der Preis des Warrants also nur tendenziell seiner maximalen Ausschüttung nähern. Das gilt umso stärker, je kürzer die verbleibende Laufzeit ist.

Power Calls haben einen anderen Zeitwertverlauf als Plain-Vanilla-Optionsscheine. Für tief im Geld stehende Power Warrants gilt aufgrund des Cap und der europäischen Option (die Scheine notieren daher mit Abgeld), dass sie einen Zeitwertgewinn generieren. Das bedeutet nichts anderes, als dass der Wert des Scheines auch bei gleichbleibendem Kurs des Basisobjekts zulegt.

Das besondere an Power Calls gegenüber Plain-Vanilla-Scheinen ist, dass sie bereits unterhalb des Cap – also in dem Bereich, in dem sich die quadrierten Gewinne ergeben – einen Zeitwertgewinn aufweisen. Aufgrund der europäischen Option wird allerdings bereits bei tieferen Kursen (also unterhalb des Cap) des Basisinstruments ein Zeitwertgewinn resultieren. Der Plain-Vanilla-Schein hätte erst dann keinen Zeitwertverlust zu erleiden, wenn er sehr tief im Geld steht und am Inneren Wert notiert. Vorher gilt: Plain-Vanilla-Optionscheine weisen einen Zeitwertverlust auf.

Power-Warrants lassen sich also durchaus defensiv einsetzen. Bei den extrem hohen theoretischen Hebeln, die Power-Warrants gegen Ende der Laufzeit erreichen, ist aber auch eine sehr riskante Variante möglich. Dabei wird der Power-Warrant tendenziell um so aggresiver, je schneller sich der Preis des Basisinstruments auf den Basispreis zubewegt. Käufer sollten aber darauf achten, dass der Preis des Basisobjekts nicht soweit unter dem Basispreis des Power Calls liegt und die Laufzeit nicht so kurz ist, dass ein Erreichen der Auszahlungszone über 1,02 Euro-Dollar beim besten Willen nicht mehr möglich ist. Nicht vergessen werden darf auch, dass die Quadrierung des Inneren Werts am Laufzeitende erst bei Werten über einem Dollar höhere Auszahlungen bringen. Bei einem Kurs von 1,028 Euro/Dollar etwa, brächte die Quadrierung von 80 Cents nur eine

Ausschüttung von 64 Cents und wirkt damit kontraproduktiv für den Optionsscheinbesitzer.

Wird dagegen bei einer sehr kurzen Restlaufzeit und einem Kurs des Basisinstruments von etwa 1,02 oder 1,03 Euro/Dollar auf den Power-Call gesetzt, führen sehr kleine Bewegungen beim Basisobjekt zu sehr hohen Gewinnen. Hier sind Kursvervielfachungen in wenigen Tagen durchaus möglich. Aber Vorsicht! Bei einer Fehleinschätzung über die Entwicklung des Basisobjekts sind hohe Verluste genauso schnell möglich. Denn der extrem hohe theoretische Hebel wirkt natürlich in beide Richtungen. Und in letzter Konsequenz kann der Warrant-Käufer wie bei jedem Optionsschein immer seinen kompletten Einsatz verlieren.

Fazit: Power-Warrants bieten vielfache Spekulationsmöglichkeiten. Ihr Einsatz ist immer dann sinnvoll, wenn nur ein mäßiger Anstieg des Kurses des Basisinstruments erwartet wird. Der Zeitwertverlust ist in der Regel geringer als bei Plain-Vanilla-Warrants. In bestimmten Situationen weisen Power Calls einen Zeitwertgewinn aus. Power Calls mit kurzer Restlaufzeit sind hochspekulativ, ermöglichen aber schon bei kleinen Veränderungen des Basisobjektpreises hohe Gewinne.

7.3 Range-Optionsscheine
– *vielfältige Chancen*

Die Bandbreiten-Warrants gibt es von den unterschiedlichen Emittenten mit den abenteurlichsten Namensgebungen. Ob E.A.R.N., Korridor, Range-day-Count oder Hamster, hinter allen Phantasienamen steht im Grunde das gleiche Produkt. Die vielschichtigen Anlagemöglichkeiten, die sich mit diesen Scheinen ergeben, werden aber weitgehend übersehen. Grundsätzlich verbrieft ein Range-Warrant das Recht, für jeden Börsentag während der Laufzeit einen bestimmten Betrag auf dem Papier gutgeschrieben zu bekommen, wenn sich das Basisinstrument in der vorher festgelegten Bandbreite (Range) bewegt.

7.3.1 Einseitige Bandbreiten-Optionsscheine

Einseitig (auch one-sided Range genannt) bedeutet, dass der Käufer eine Gutschrift erhält, wenn der (auch als Single-Range-Warrant bezeichnete) Schein während der Laufzeit innerhalb der vorgegebenen Bandbreite notiert. Ein Verlassen der Bandbreite hat weder einen Gutschriftabzug (zweiseitig oder two-sided) noch den wertlosen Verfall des Warrants (knock-out) zur Folge.

Nehmen wir als Beispiel einen Bandbreiten-Optionsschein auf den DAX (Laufzeit 200 Tage), der zu einer täglichen Zahlung berechtigt, wenn der Index bis zum Verfallstag innerhalb der Korridorgrenzen verharrt. In der Regel sind die Scheine so konstruiert, dass es eine maximale Auszahlung, beispielsweise 10 Euro gibt. Die tägliche Gutschrift – diese findet nur beim Warrant statt, der Anleger erhält nicht etwa einen Geldbetrag – errechnet sich durch Division der maximalen Ausschüttung mit der Anzahl der Börsentage, die der Schein läuft.

Liegt die höchstmögliche Ausschüttung bei 10 Euro und läuft der Range-Warrant 100 Tage, läge die Gutschrift bei 10 Cents pro Börsentag. Hier ist der Freiheit der Emittenten aber keine Grenze gesetzt, daher sollten die Emissionsbedingungen immer genau gelesen werden und besonders sichergestellt sein, dass es sich wirklich um einen one-sided Warrant handelt. Doch wie verhält sich unser Bandbreitenschein während der Laufzeit? Die wichtigsten Einflussfaktoren sind die Volatilität (Schwankungsbreite), der Terminkurs (siehe Kapitel 5.3.3) und der Kassapreis.

Die nachfolgende Grafik soll zeigen, dass die Kurse am wahrscheinlichsten sind, die direkt auf der Linie zwischen Kassakurs und Terminkurs liegen. Je weiter wir zu den Rändern der als Schwankungsbreite gekennzeichneten Fläche kommen, desto unwahrscheinlicher sind diese Kurse. Was bedeutet das nun für den Warrant? Es kommt bei diesen Scheinen ganz wesentlich darauf an, ob der aktuelle Kurs des Basisinstruments innerhalb, unterhalb oder oberhalb der Range notiert!

Ein Warrant, bei dem der Kurs des Basisinstruments innerhalb der Bandbreite steht, zeigt hinsichtlich der Volatilität ein völlig anderes Verhalten als ein Schein, bei dem das Basisinstrument außerhalb der Range notiert!

Warum das so ist, zeigen wahrscheinlichkeitstheoretische Überlegun-

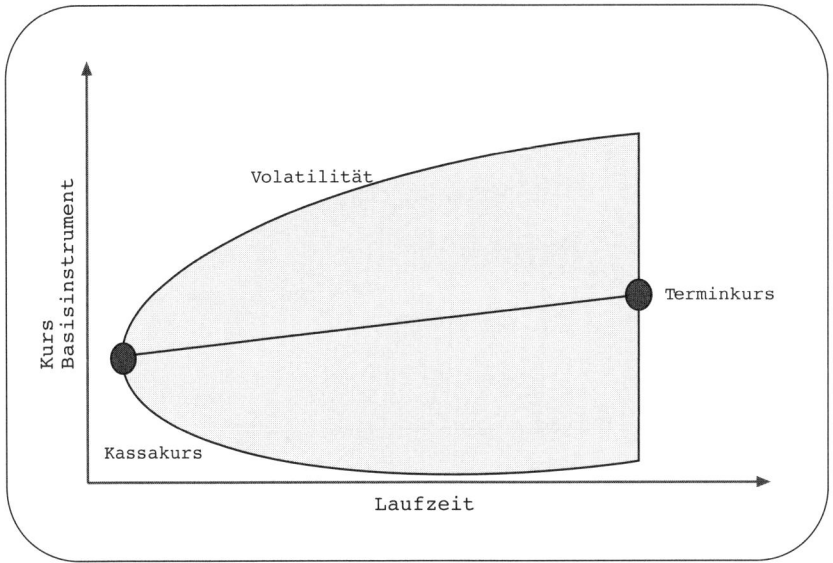

gen. Wenn der Kurs des Basisinstruments innerhalb des Korridors steht, erhält der Besitzer des Warrants für jeden abgelaufenen Tag eine rechnerische Gutschrift. Der Preis des Scheins wird folglich umso höher sein, je wahrscheinlicher es ist, dass der Kurs des Basisinstruments den Korridor nicht verlässt. Das ist aber genau dann der Fall, wenn die Volatilität möglichst gering ist oder sinkt und der Basiswert in der Mitte der Range notiert. Im Gegensatz zu einfachen Calls oder Puts kann der Anleger also unter gewissen Voraussetzungen mit dieser Sonderkonstruktion auf ein Sinken der Schwankungsbreite spekulieren.

Bei diesen Überlegungen liegt es auf der Hand, dass sich ein Schein, bei dem der Kurs des Basisinstruments außerhalb der Range liegt, völlig anders verhalten wird als innerhalb der Bandbreite. Hier ist eine geringe Volatilität negativ für die Kursentwicklung. Denn eine geringe Volatilität bedeutet gleichzeitig ein Sinken der Wahrscheinlichkeit, dass der Kurs des Basisinstruments zurück in die Bandbreite kehrt und somit die Gutschriften wieder aufgenommen werden.

Nähert sich der Kurs des Basisinstruments von unten oder von oben dem Korridor, verschiebt sich quasi die Wahrscheinlichkeitswolke (s. Grafik nächste Seite), die sich um die Linie aus aktuellem Kurs und Terminkurs durch die Volatilität bildet, in die Range. Es wird wahr-

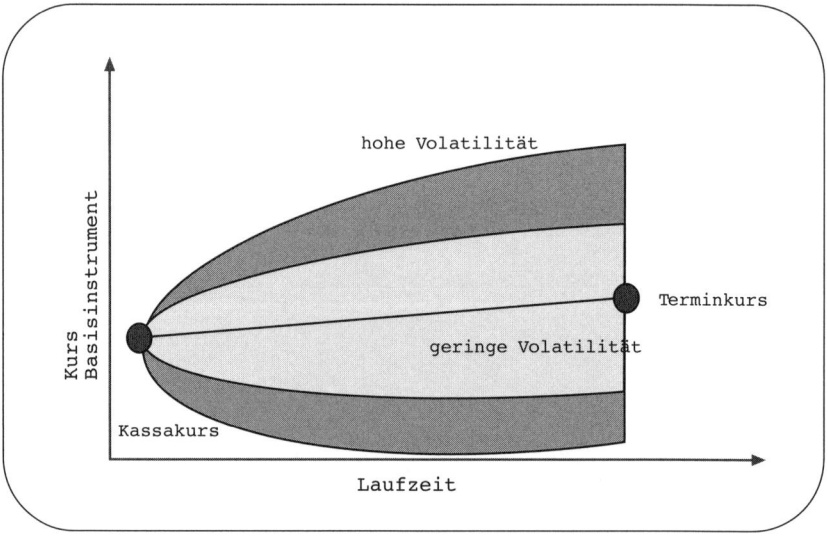

scheinlicher, dass künftig Kurse innerhalb der Bandbreite erreicht werden, der Kurs des Scheins steigt.

Direkt an der oberen oder unteren Korridorgrenze zeigen die Range-Warrants eine erstaunliche Eigenschaft. Der theoretische Hebel (das Lambda) nimmt enorm große Werte an, die weit höher sind als bei normalen Optionsscheinen, da das Delta an den Korridorgrenzen am höchsten ist

Doch Vorsicht! Wie oben bereits beschrieben, ändert sich das Verhalten des Scheins dramatisch, je weiter der Kurs in die Mitte der Range wandert (das ist stark vereinfacht, da es sich in Wirklichkeit um das Hereinwandern der Wahrscheinlichkeitswolke in die Bandbreite handelt). Hier gilt wieder: Geringe Volatilitäten verteuern den Schein, da sie die Ausdehnung der Wahrscheinlichkeitswolke verkleinern. Darum wird ein Schein bei sonst gleichen Bedingungen auch in der Regel teurer sein, wenn der Kurs von unten nach oben in den Korridor wandert, als wenn er von oben nach unten in den Korridor rutscht! Der Grund liegt darin, dass bei rückläufigen Kursen die Volatilität höher ist als bei steigenden Notierungen).

Durch diese Verhaltensweise können Scheine, deren Basiswert sich vorzugsweise von unten der Range nähert für kurzfristige Trades genutzt werden. Die extrem hohen Hebel führen in einer solchen Situation zu raschen Kursveränderungen des Warrants.

Fazit: Einseitige Range-Optionsscheine bieten vielfältige Spekulationsmöglichkeiten. An den Korridorgrenzen ist der Warrant ein Instrument mit hohem theoretischem Hebel und kann für kurzfristige (!)
Trades genutzt werden. Innerhalb der Range bietet er im Gegensatz zu Plain-Vanilla-Scheinen die Möglichkeit, auf ein Sinken der
Volatiliät zu spekulieren. Der Einsatz dieser Scheine ist also sowohl
berechtigt, wenn mit schnellen Kursbewegungen gerechnet wird
(kurzfristig und nur, wenn der Kurs des Basisinstruments an den
Korridorgrenzen notiert) als auch in Erwartung einer Seitwärtsbewegung, sofern die Notierung des Basisinstruments innerhalb
des Korridors liegt.

7.3.2 Zweiseitige Bandbreiten-Optionsscheine
– *Gute Zeiten, schlechte Zeiten*

Wie oben bereits angedeutet, gibt es bei Range-Warrants Konstruktionen, die für den Käufer weitaus gefährlicher werden können als einseitige Range-Warrants. One-Sided-Scheine sammeln während ihrer Laufzeit einen inneren Wert an, der unter keinen Umständen mehr verloren
gehen kann. Bei zweiseitigen Warrants (two sided) wird dem aufgelaufe-
nen Wert des Scheins allerdings ein Betrag abgezogen (in der Regel die
gleiche Summe, die addiert wird, wenn er sich in der Bandbreite befindet), wenn er die markierten Barrieren verlässt. Im schlimmsten Fall wird
ein so ausgestatteter Schein völlig wertlos. Diese Scheine sind aufgrund
des höheren Risikos für den Käufer bei Emission zwar mit einem höheren Gewinnpotenzial ausgestattet, aber auch erheblich riskanter als die
Single-Range-Variante.

7.3.3 Flex-Range-Warrants
– *die Grenzen lassen sich verschieben*

Ohne Steigerung geht es nicht. Die Bandbreite kann natürlich auch variabel gestaltet werden. Beispielsweise bei langen Laufzeiten ist es möglich,
dass der Emittent zu einem festgelegten Zeitpunkt nach klar definierten

Regeln die Range anpasst. In diesem Fall wird zu festgesetzten Terminen eine neue Bandbreite definiert, die für einen bestimmten Zeitraum, beispielsweise drei oder sechs Monate gilt. Dabei wird der Korridor dann jeweils an den aktuellen Kurs angepasst. Der Vorteil liegt auf der Hand: Für den Anleger erhöht sich die Wahrscheinlichkeit, dass sich das Basisinstrument während der Laufzeit möglichst an vielen Tagen innerhalb der Range bewegt. Kritisch ist das allerdings bei kurzfristigen kräftigen Kursausschlägen – für die sind Range-Scheine allerdings auch nicht gemacht. Die Möglichkeit, die Bandbreite zu variieren, hat aber natürlich auch ihren Preis. Denn im Gegensatz zu den einfachen Range-Scheinen sind diese deutlich teurer. Je häufiger die Anpassung erfolgt, desto mehr muss der Investor berappen.

7.3.4 Andere Warrants mit Barrieren
– gefährliche Vielfalt

Während Range-Warrants zwei Barrieren haben, innerhalb derer sich das Basisinstrument bewegen sollte, gibt es auch Scheine, bei denen das Erreichen einer Barriere entscheidend ist. Mögliche Konstruktionen sind:

Knock-Out-Barrier-Warrants
–Down-and-out-Call
–Up-and-out-Call
–Down-and-out-Put
–Up-and-out-Put

Knock-in-Barrier-Warrants
–Down-and-in-Call
–Up-and-in-Call
–Down-and-in-Put
–Up-and-in-Put

Knock-out-Warrants

Die extremste Konstruktion sind die Knock-Out-Warrants. Sie bieten bei der Emission zweifelsohne das höchste Gewinnpotenzial. Viele dieser Engagements enden allerdings mit Totalverlust. Bei diesen Warrant-Konstruktionen ist der Betrag, den der Anleger am Ende der Laufzeit erhält, von vornherein festgelegt. Während der Laufzeit erreichen die Knock-Out's zwar auch in der Mitte der Range und mit sinkender Volatilität ihren höchsten Wert, je weiter sich der Kurs des Underlying aber den Grenzen nähert, desto stärker ist der Kursverfall. Werden die Grenzen auch nur einmal während der Laufzeit berührt oder unterschritten (das kommt ganz auf die Emissionsbedingungen an), ist die Spekulation vorbei, das eingesetzte Kapital schlicht weg.

Knock-Out-Warrants besitzen noch eine weitere Besonderheit. Je länger die Laufzeit des Scheins ausfällt, desto billiger sind diese Scheine! Dieses im Vergleich zu Plain-Vanilla-Warrants völlig gegensätzliche Verhalten erklärt sich aus der Konstruktion des Scheins. Die lange Laufzeit bedeutet für einen Knock-Out-Schein einen Nachteil, da die Wahrscheinlichkeit, dass die Schwelle gebrochen wird, dadurch vergrößert wird. Beim Erreichen der Schwelle wird der Schein sofort wertlos und der Einsatz ist weg. Selbst große Bandbreiten gaukeln hier nur eine Sicherheit vor, die es nicht gibt. Ein Käufer muss schon sehr überzeugt sein, dass eine Seitwärtsbewegung anhält und die Volatilität sinkt, wenn er einen solchen Schein wählt.

Eine Weiterentwicklung der Knock Out's sind Quattros. Hier spekuliert der Käufer gleich auf vier verschiedene Bandbreiten in vier verschiedenen Basiswerten. Quattros verbessern die Situation des Käufers allerdings nicht nachhaltig, obwohl der Totalverlust erst einsetzt, wenn alle Barrieren berührt oder durchbrochen wurden. Zwar gibt es durchaus Quattros, die mit erheblichem Gewinn ausgelaufen sind, häufig waren aber bereits Wochen nach der Emission mehrere Bandbreiten durchbrochen, und letztendlich liefen die Scheine wertlos aus. Zusätzlich gibt es noch die Möglichkeit, derartige Optionsscheine mit einer Rückzahlungskomponente auszustatten.

Fazit: Aus unserer Sicht lohnt es sich für den Investor langfristig eher, die Erwartung sinkender Volatilität mit One-Sided-Range-Warrants auszunutzen. Knock Out's oder Quattros sind dagegen nur für ausgesprochene Zockernaturen geeignet, die auch mal den Totalverlust verkraften können.

Knock-In-Warrants

Weitere Spezialsituationen finden wir bei sogenannten Knock-In-Warrants. Diese Scheine haben die Voraussetzung, dass eine bestimmte Barriere erreicht werden muss, um den „schlafenden" Optionsschein überhaupt zu aktivieren. Anschließend verhält sich der Warrant wie ein Plain-Vanilla-Optionsschein. Wie Sie bereits vermuten, reduziert der Wahrscheinlichkeitsanteil, dass der Schein niemals aktiviert wird und folglich wertlos verfällt, den Emissionskurs erheblich.

Solche Scheine sind also billiger als normale Optionsscheine. Die Barriere liegt in der Regel bei diesen Scheinen unterhalb des Basispreises und unterhalb des Terminkurses des Underlying. Diese Scheine eignen sich damit besonders, wenn der Käufer zuerst mit einer Konsolidierung und anschließend mit einer Aufwärtsbewegung rechnet. Ein Beispiel: Der „Down-and-In-Call" hat bei einem DAX-Stand von 5000 Punkten einen Basispreis von 5200 Punkten und eine „Aktivierungbarriere" von 4800 Punkten.

Hat der Anleger mit seiner Markteinschätzung recht und kommt es zu einer Konsolidierung, die bis auf oder unter 4800 Punkte reicht, wird der Warrant zum Leben erweckt.

Bei sonst identischen Bedingungen wird der **Down-and-In-Call** beim Stand von 5000 DAX-Punkten deutlich billiger als ein Plain-Vanilla-Call sein. Je stärker sich der Index der Aktivierungsbarriere nähert und je höher die Volatilität wird, desto mehr werden sich die Preise der beiden Scheine angleichen, um nach Berührung der Grenze letztlich identisch zu sein. Unser Down-and-In-Call hat sich dann zu einem ordinären Plain-Vanilla-Warrant verwandelt.

Bleibt die Konsolidierung allerdings aus und steigt das Basisinstrument sofort kräftig an, wird der Schein einen Totalverlust generieren. Das pas-

siert natürlich auch, wenn sich die Konsolidierung als Trendwende ent-
puppt und der DAX bis zum Laufzeitende des Scheins unterhalb des
Basispreises bleibt!

Identisch funktionieren **Up-and-In-Puts**. Hier liegt der Barrierekurs
oberhalb des Basispreises des Put und über dem Terminkurs des
Underlying. Hier rechnet der Käufer mit einem zuerst erfolgenden Kursanstieg des Basiswertes und einem anschließenden Absturz. Ansonsten
funktionieren die Scheine wie die Down-and-In-Calls – nur eben in
umgekehrter Richtung.

Sie ahnen wahrscheinlich bereits, dass die Phantasie der Emissions-
häuser auch andere Konstruktionen ermöglichen. Es gibt natürlich auch
Up-and-In-Calls sowie **Down-and-In-Puts**. Hier liegt die Aktivierungsbarriere oberhalb (Call) oder unterhalb (Put) des Basispreises. Diese
Scheine eignen sich dann für ein Investment, wenn steigende (fallende),
besser noch stark steigende (stark fallende) Kurse erwartet werden.

Beispiel: Ein Up-and-In-Call könnte derart augestattet sein: DAX-
Kurs: 5000 Punkte, Strike 5000 Punkte, Barriere 5400 Punkte. Natürlich
ist auch diese Sonderkonstruktion billiger als ein entsprechender Plain-
Vanilla-Schein. Kurz vor Erreichen der Barriere werden bei diesen Scheinen der theoretische Hebel und der Einfluss der Volatilität sehr groß. Die
Scheine sind also besonders dann hochriskant und unterliegen starken
Kurschwankungen. Wird die Barriere touchiert oder überschritten, wan-
deln sich die Warrants in einen Plain-Vanilla-Call. Wird sie hingegen
nicht erreicht und fällt der Kurs des Basisinstruments wieder zurück, sind
hohe Kurverluste zu erwarten.

Während bei den Knock-Out-Scheinen eine kurze Laufzeit von Vorteil ist, verteuern sich Knock-In-Warrants mit längerer Laufzeit, da die
Chance, dass die Scheine aktiviert werden, steigt. Zusätzlich kann jede
der oben genannten Konstruktionen noch mit einem Money-Back-Ele-
ment ausgestattet sein. Der Emittent garantiert dann, dass bei Durch-
brechen der Schwelle (Knock-Out) oder Nichterreichen der Barriere
(Knock-In) ein bestimmter Geldbetrag zurückbezahlt wird.

Warrants mit mehreren Barrieren

Weitere Sonderkonstruktionen, die zu den Optionsscheinen mit Barriere zu zählen sind, sind Warrants mit zumindest zwei Bandbreiten. Diese Scheine sind als Onion-, Trinity-Double-Lock-Out- oder ICE-Optionsscheine bekannt.

Onion Warrants bestehen aus zwei verschiedenen Bandbreiten für ein Basisinstrument. Für jede einzelne Range besteht eine Knock-Out-Option. Bleibt das Basisinstrument eines derartigen Scheins während der gesamten Laufzeit innerhalb beider Bandbreiten, erhält der Käufer die volle Ausschüttung. Wird die erste Bandbreite verlassen, gilt eine weitere, breiter gefasste Range. Verharrt der Schein innerhalb dieses Bereichs, erhält er am Laufzeitende einen geringeren Betrag ausbezahlt. Erst wenn auch die zweite Bandbreite verlassen wird, verfallen die Onion-Warrants wertlos.

Der Trinity-Double-Lock-Out hat nach der zweiten Bandbreite noch eine dritte Range, so dass drei Barrieren durchbrochen werden müssen, damit der Schein wertlos ausläuft.

Ein ICE-Optionsschein ist ebenfalls ein Warrant mit mehreren Barrieren, wobei je nach Emission offen ist, wie viele Grenzen die Sonderkonstruktion aufweist. Ansonsten sind sie von der prinzipiellen Funktionsweise völlig identisch mit den oben besprochenen Scheinen.

Ein Beispiel für einen Schein mit mehreren Bandbreiten sähe auf den Euro-US-Dollar wie folgt aus: Es wäre ein Warrant denkbar, der eine erste Bandbreite zwischen 1,03 und 1,06 Euro pro Dollar besitzt. Die zweite Range könnte bei 1,01 und 1,08 Euro pro Dollar liegen. Bleibt der Währungskurs während der gesamten Laufzeit zwischen 1,03 und 1,06 Euro pro Dollar, hat der Besitzer dieses Onion- oder ICE-Warrants ein Anrecht auf die vorher festgelegte vollständige Auszahlung. Einen geringeren Betrag erhält er, wenn die Währung nicht unter 1,01 Euro pro Dollar fällt, beziehungsweise über 1,08 Euro pro Dollar steigt. Werden auch diese Grenzen nur einmal während der Laufzeit verletzt, ist das Engagement beendet. Der Schein verfällt sofort wertlos.

Diese Warrant-Konstruktionen sind wie einfache Knock-Out-Optionsscheine um so preisgünstiger, je höher die Volatilität des Basisinstruments ist und je länger die Laufzeit ausfällt. Preisgünstig bezieht sich hier auf die prozentuale Gewinnchance, die dem potenziellen Käufer geboten wird. Auf der anderen Seite steht natürlich das durch die hohe Volatilität und die längere Laufzeit extrem erhöhte Risiko, dass die Bandbreiten durchbrochen werden.

Eine Sonderkonstruktion mit Money-Back-Garantie ist als **Komet-Warrant** (Knock-Out mit Emissionspreis-Teilrückerstattung) bekannt. Ursprünglich ist der Komet-Warrant eine Kombination aus einem Up-and-Out-Call und einer Digital-Option (siehe unter Kapitel 6). Wird die Schwelle bei einem Komet-Call nie überschritten, erhält der Anleger am Laufzeitende die Differenz zwischen dem Kurs des Basiswerts und dem Basispreis ausgeschüttet. Kommt es zum Knock-Out, wird automatisch die digitale Option aktiviert, die dem Käufer dann zumindest eine Teilrückzahlung des Emissionspreises garantiert. Diese Konstruktion zeichnet sich durch extrem hohe Hebel aus, wenn der Warrant gegen Laufzeitende am Geld notiert. Der Chance eines hohen Gewinns steht dann aber genauso das Risiko eines entsprechenden Verlusts gegenüber.

Fazit: Da Barrieren-Optionsscheine derart vielfältig konstruiert werden können, ist eine pauschale Bewertung schwer. So können Knock-In-Warrants eine interessante Alternative zu Plain-Vanilla-Warrants sein. Allerdings verlangt ein derartiges Engagement eine erheblich treffsicherere Vorhersage des Marktgeschehens. Ansonsten erleiden die Knock-In-Scheine das gleiche Schicksal wie viele Knock-Out-Warrants. Die Aktivierungsbarriere wird nie erreicht und die Scheine verfallen wertlos. Bei den Knock-In-Scheinen sollte auf eine möglichst lange Laufzeit geachtet werden, während bei Knock-Outs eine möglichst kurze Laufzeit günstig wirkt. Bei der Volatilität verhält es sich ebenfalls gegenläufig. Hohe Volatilität führt zu Kursrückgängen bei Knock-Out-Scheinen und zu Kursanstiegen bei Knock-In-Warrants.

Scheine mit mehreren Bandbreiten sollten genau untersucht werden. Oft gaukeln die verschiedenen Ranges eine vermeintliche Sicherheit vor, die nicht vorhanden ist. Hilfreich bei der Analyse dieser Sonderkonstruktionen ist die Charttechnik. Liegen Barrieren jenseits starker Unterstützungen oder Widerstände, dann verbessern sich die Aussichten, dass diese auch nicht gebrochen werden. Dabei spielt aber der Zeithorizont (Laufzeit) eine entscheidende Rolle.

7.4 Digitale Optionsscheine
– *Alles oder Nichts*

Auch bei den digitalen Optionsscheinen haben sich die Emittenten bisher nicht auf eine einheitliche Benennung einigen können. Zwar wäre eine Regelung wünschenswert, da es dem Optionsscheininteressenten die Übersicht erheblich erleichtern würde, werbetechnische Aspekte und die vermeintliche Unterscheidbarkeit der Emittenten spielen aber derzeit die größere Rolle.

Im Gegensatz zu Power-Warrants oder Range-Warrants sind die unterschiedlichen digitalen Optionsscheine verhältnismäßig einfach gestrickt. Grundsätzlich unterscheidet man europäische-Digital-Warrants, die auch unter den Namen Binäre-Optionsscheine oder Simplex-Optionsscheine ausgegeben werden, und amerikanische Digital-Warrants, die auch als HIT-Warants bezeichnet werden.

Bei den HIT-Optionsscheinen ist vereinbart, dass eine feste Auszahlung erfolgt, wenn der Kurs des Basisinstruments während der Laufzeit des Scheins zu einem beliebigen Zeitpunkt die festgelegte Kursmarke erreicht oder durchschreitet. Ein Beispiel wäre ein HIT-Optionsschein auf den Euro/Dollar-Kurs. Nehmen wir an, der Kurs läge bei 1,05 Euro/Dollar. Dann wird beispielsweise vereinbart, dass bei Überschreiten der Grenze von 1,10 Euro/Dollar ein fester Betrag von 10 Euro ausgeschüttet wird. Wird diese Kurshöhe während der Laufzeit nie erreicht, verfällt der HIT-Schein wertlos.

Wegen dieser zwei Möglichkeiten, nämlich 10 Euro zu erhalten oder einen Totalverlust zu verbuchen, heißen diese Scheine digital. Man könnte sie genauso gut Alles-oder-Nichts-Warrants nennen, was aber für Werbezwecke weit schlechter wäre als der schöne Name HIT-Optionsscheine.

Die europäischen Digital-Optionsscheine unterscheiden sich von den amerikanischen dadurch, dass es für den Auszahlungsbetrag völlig unwesentlich ist (nicht etwa für die Kursentwicklung) ob der Basiswert die festgelegte Grenze während der Laufzeit erreicht. Eine Auszahlung erfolgt nur, wenn das Underlying die Barriere am Ende der Laufzeit berührt oder überschritten (auf Emissionsbedingungen achten) hat.

Wer die zuvor besprochenen Optionsschein-Konstruktionen verstanden hat, wird bereits ahnen, was hier tatsächlich gehandelt wird und wovon die Kursbildung während der Laufzeit abhängt. Natürlich geht es auch hier wieder um Wahrscheinlichkeiten! Je wahrscheinlicher es ist, dass die Barriere erreicht oder durchbrochen wird, desto teurer wird der Warrant sein. Wie wir bereits bei den Range-Warrants gesehen haben erhöht eine steigende Volatilität die Wahrscheinlichkeit, dass auch weiter entfernte Kursziele erreicht werden können. Amerikanische Digital-Optionsscheine sind daher umso teurer, je höher die Volatilität ist, je länger die Laufzeit und je näher sich der Basiskurs der Barriere nähert. Vernünftigerweise sind sie auch erheblich teurer als die europäische Variante. Denn bei den amerikanischen Warrants kann die Grenze an jedem Handelstag während der Laufzeit erreicht werden, was zu einer sofortigen Auszahlung des festgelegten Betrags führt. Nur am Rande sei erwähnt, dass es auch Konstruktionen gibt, die in diesem Fall zwar zu einer Auszahlung berechtigen, das Geld aber erst am Ende der Laufzeit tatsächlich fließt. Die Warrants, bei denen erst am Ende ausbezahlt wird, sind etwas billiger, da der Zinsvorteil (der Emittent behält das Geld bis zum Laufzeitende) auf Seiten des emittierenden Instituts bleibt.

Die europäischen Digital-Optionsscheine sind erheblich billiger als die amerikanischen, da der Kurs des Basisinstruments zu einem festgelegten Zeitpunkt – dem Laufzeitende – an oder über der Barriere liegen muss. Diese verringerte Wahrscheinlichkeit einer „Punktlandung" verbilligt diese Scheine. Auch ihre Reaktionsweise während der Laufzeit unterscheidet sich von der der amerikanischen Option. Eine hohe Volatilität ist für die europäischen Digital-Scheine immer dann günstig, wenn der Basiswert unter der Barriere notiert, da die hohe Volatilität ein Erreichen oder Überschreiten der Barriere wahrscheinlicher macht. Genau an der Grenze wird die Volatilitätsposition, die der Käufer eines solchen Scheins hat, neutral, um ins Negative zu drehen, wenn der Kurs des Basisinstruments die Barriere durchschreitet.

Je weiter die Auszahlungsgrenze durchschritten wird, desto mehr wirkt sich eine sinkende Volatilität positiv auf den Optionsscheinkurs aus. Ob dieser Einfluss aber noch merklich ist, hängt in erster Linie von der verbleibenden Restlaufzeit ab. Je länger diese noch ist, desto größer der Einfluss der sinkenden Volatilität. Damit kann der Anleger in dieser Sondersituation wiederum einen Zeitwertgewinn erwirtschaften, was bei einfachen Optionsscheinen stets unmöglich ist. Die Warrants sind um so aggressiver, je kürzer die Restlaufzeit ist und je weiter der Kurs des Underlying von der alles entscheidenden Barriere entfernt ist.

Fazit: Digitale Optionscheine sind einfache Warrantkonstruktionen, die nach der Alles-oder-Nichts-Regel funktionieren. Häufig sind große Kurssprünge nötig, um die Barriere zu erreichen. Dann sind zwar Gewinne von 100 Prozent und mehr möglich, doch es darf nicht vergessen werden: Läuft das Investment schief, verlieren sie ganz sicher ihren kompletten Einsatz.

7.5 Cliquet-(Ratchet-)Warrants und Karabiner-(Ladder-)Warrants
– Sicher ist Sicher

Dieser Optionsscheintyp hat wie normale Plain-Vanilla-Scheine einen anfänglich fixierten Basispreis. Der große Unterschied liegt darin, dass zu vorher festgelegten Terminen (Cliquet(Ratchet)-Warrant) dieser Basispreis an das aktuelle Kursnivau des Underlying angepasst wird. Der Vorteil für den Käufer liegt darin, dass ein möglicher innerer Wert eines solchen Scheins zu diesen Zeitpunkten festgeschrieben wird und auch nicht mehr verloren gehen kann.

Hat sich der Optionsscheinbesitzer in der Richtung seiner Spekulation geirrt, hat der **Cliquet-Warrant** also keinen inneren Wert, bietet diese Konstruktion einen weiteren Vorteil. Zum Stichtag wird der Basispreis des Underlying auf das aktuelle Niveau angepasst, so dass aus einem Schein, der weit aus dem Geld notiert, wieder ein Warrant am Geld wird. Beim Call kann so der Basispreis herabgesetzt, beim Put heraufgesetzt werden. Der Warrant besteht damit ursprünglich, je nach Richtung aus einer Vielzahl von Calls oder Puts, die immer am Anfang der Laufzeit am Geld notieren und jeweils bis zum nächsten Anpassungstermin laufen.

Ein Beispiel wäre ein Schein mit einem ursprünglichen Basispreis von 5000 Punkten und vier Anpassungszeitpunkten im Abstand von drei Monaten. Ist der Schein ein Call und steigt der Index zum Stichtag auf 5400

Punkte, werden 400 Punkte gesichert und der Basispreis bei 5400 Punkten neu festgesetzt. Fällt der DAX zum nächsten Anpassungstermin auf 4500 Punkte zurück, ist das kein Problem. Der neue Basispreis lautet 4500 Punkte, die 400 Punkte der ersten Periode bleiben aber erhalten.

Der Vorteil, dass der innere Wert gesichert wird, beziehungsweise wieder ein Schein entsteht, der am Geld notiert, muss allerdings teuer bezahlt werden. Im Vergleich zu sonst identischen Plain-Vanilla-Warrants sind die Cliquets erheblich teurer. Je nachdem, ob es sich um einen Call oder einen Put handelt, kauft der Anleger eine Absicherung dagegen, dass er sich in der Marktrichtung völlig täuscht. Zudem sichert er sich bei einer anfänglich richtigen Markteinschätzung dagegen ab, dass der Markt während der Laufzeit dreht, da ein einmal gesicherter innerer Wert immer erhalten bleibt.

Fazit: Was auf den ersten Blick sehr interessant aussieht, erweist sich oft als teure Investition, da es meist mehrer Stichtage bedarf, um zumindest den Emissionspreis abzusichern. Nur in sehr volatilen Seitwärtsbewegungen und bei zwischenzeitlichen extremen Ausschlägen während einer Periode schlagen Cliquet-Scheine Plain-Vanilla-Warrants.

Eine Sonderform der Cliquet-Warrants sind **die Karabiner- oder Ladder-Warrants.** Hier erfolgt die Basispreisanpassung nicht nach festgelegten Terminen, sondern dann, wenn bestimmte Kursbarrieren genommen worden sind. Beim Call sind diese Kursbarrieren nach oben, beim Put jene nach unten. Wie das Sinnbild Karabiner bereits veranschaulicht, wird der innere Wert des Scheins bei vorher fixierten Kursen des Underlying „eingehakt" und kann nicht mehr verloren gehen. Gleichzeitig wird der Basispreis auf das neue Kursniveau angepasst. Meist haben diese Warants jedoch auch eine Ober- oder Untergrenze, ein Cap (Deckel) oder einen Floor (Boden). An diesem Punkt findet die letzte Sicherung der schon erzielten Erträge statt und auch die Basispreisanpassung erfolgt letztmalig.

Ein Beispiel zeigt die Vorgehensweise. Setzen wir einen Karabiner-Warrant voraus, der einen Basispreis von 5000 Punkten und „Karabinerabstände" von 250 Punkten hat. Es ist festgelegt, dass vier Anpassungen des Basispreises vorgenommen werden können. Klettert der Kurs des Basisinstruments während der Laufzeit über 6000 Punkte, sind für den Besitzer des Scheins viermal 250 Punkte gesichert worden.

Bei einem Bezugsverhältnis von 100 zu 1 entspricht das einem Betrag von 10 Euro (1000 Punkte Differenz zum Basispreis dividiert durch 100). Steigt der Kurs des Basisinstruments bis Laufzeitende auf 6500 Punkte, läge der innere Wert des Karabiner-Calls bei 15 Euro. Fällt der DAX-Kurs nach dem Erreichen der 6000er-Marke hingegen auf 4900 Punkte zurück, ist auch das kein Beinbruch. Die 10 Euro sind gesichert und bleiben auch erhalten.

Ladder-Warrants sind auf der Call-Seite identisch wie die Karabiner-Scheine konstruiert. Sie bestehen praktisch aus einer Reihe von Knock-In-Optionen. Die Ladder Puts sichern wie die Calls einen erzielten Betrag ab. Steht also der DAX bei 5000 Punkten und die Stufen der Leiter (Ladder) sind jeweils in 250 Punkteabschnitte unterteilt, reicht ein einmaliges Unterschreiten von 4750 Punkten zur Sicherung von 250 Punkten, ein Durchbruch bei 4500 Punkten zur Garantie von 500 Punkten, und so weiter.

Fazit: Der Karabiner-Call eignet sich besonders für den Anleger, der zwar längerfristig von steigenden Kursen überzeugt ist, zwischenzeitlich jedoch Angst vor einem Kursrückgang hat und seine Gewinne sichern möchte. Allerdings darf nicht verschwiegen werden, dass die Ausstattung mit Karabinerschwellen seinen Preis hat. Diese Calls sind deutlich teurer als entsprechende Plain-Vanilla-Calls! Im Vergleich zu einseitigen Range-Warrants haben die Karabiner aber den Vorteil, dass es per saldo nach oben keine Gewinn-Grenze gibt. Lediglich beim abgesicherten Betrag stellt die oberste Karabiner-schwelle den Maximalbetrag dar. Ladder Puts eignen sich für Investoren, die mit einem Kursrückgang rechnen, aber verhindern möchten, dass eine massive Erholung gegen Laufzeitende die erzielten Gewinne vernichtet.

7.6 Look-Back-Optionsscheine
– mit Vergnügen zurückschauen

Diese Warrants haben die Besonderheit, dass – je nach Emissionsbedingungen – der Basispreis während eines bestimmten Teils der Laufzeit oder gar bis zum Laufzeitende variabel ist. Bei Calls wird damit der niedrigste, bei Puts der höchste Preis des Underlying während der Look-Back-Periode zum Basispreis.

Ein Kursrückgang während der Look-Back-Periode beeinflusst den Wert des Optionsscheins kaum. Während ein Plain-Vanilla-Call bei einem Kursrutsch massiv an Wert verliert, ist das bei einem Look-Back-Schein erst nach Ablauf der Look-Back-Zeit der Fall. Nehmen wir als Beispiel einen DAX-Call, der am 1.2. 2000 begeben wird, eine Laufzeit von einem Jahr und eine Look-Back-Periode von drei Monaten hat. Der Basispreis dieses Warrants ist dann der tiefste in der Zeit vom 1.2. bis zum 1.5. festgestellte DAX-Kurs.

Bis zum 1.5. hat der Warrant also immer ein Delta von mindestens 50 Prozent. Das gilt nämlich genau dann, wenn der letzte festgestellte Kurs des Underlying der Tiefste im beobachteten Zeitraum ist. Liegen die Tiefstkurse bereits weiter zurück, beträgt das Delta über 50 Prozent. Es liegt auf der Hand, dass sich die Optionshäuser auch diese Sonderausstattung bezahlen lassen. Look-Back-Warrants sind daher deutlich teurer als Plain-Vanilla-Warrants.

Fazit: Scheine mit einer Look-Back-Periode eignen sich besonders für Anleger, die mit einer Trendwende rechnen, sich aber nicht sicher sind, wann diese erfolgen wird. Wichtig ist nur, dass der Trendwechsel innerhalb der Look-Back-Periode, möglichst sogar an seinem Ende erwartet wird. Ist sich ein Spekulant dagegen sicher, dass die Trendwende unmittelbar bevorsteht, bieten andere Konstruktionen, je nach Ausmaß des erwarteten neuen Trends, bessere Anlagemöglichkeiten.

7.7 Cool-Optionsscheine
– wem die Stunde schlägt

Diese Spezialsituation (auch X-tra-Chance-Warrants genannt) erfreute sich einige Zeit großer Beliebtheit. Die Sonderkonstruktion besteht im Prinzip aus einer Digital-Option und einem Plain-Vanilla-Warrant mit europäischem Optionsrecht. Aufgrund ihrer Ausstattung bieten die Warrants jedoch Manipulationsmöglichkeiten seitens der Emittenten und sind wegen zweier solcher, allerdings nur vermuteter Vorfälle, auch derzeit in der Versenkung verschwunden.

Nach Beschreibung der Funktionsweise der Cool-Warrants werden Sie sehen, dass der Emittent schon sehr cool bleiben muss, um nicht der Versuchung der Manipulation zu erliegen. Denn hier geht es um ganz erhebliche Geldbeträge, die abhängig von nur wenigen Cents Kursbewegung seitens des Basisinstruments sind.

Der Clou der Cools besteht darin, dass es zusätzlich zum Basispreis eine Barriere gibt. Unterschreitet (Call) oder überschreitet (Put) der Kurs des Underlying diese Grenze während der Laufzeit zu keinem Zeitpunkt, erhält der Anleger eine Sonderzahlung, die bei früheren Scheinen oft bei 10 Mark lag. Wegen dieses Bonus, den der Cool-Besitzer bekommen kann, sind die Scheine bei Emission auch deutlich teurer als Plain-Vanilla-Calls. Oft lagen ihre Emissionspreise allerdings noch unter den 10 Mark, die als Rückvergütungsschwelle festgesetzt waren.

Als Beispiel nehmen wir einen Cool-Call-Warrant auf die Deutsche Bank. Der Aktienkurs läge bei 60 Euro, dann könnte der Schein wie folgt konstruiert sein. Basispreis 65 Euro, Laufzeit ein Jahr und Barriere für die Sonderzahlung bei 55 Euro. Nehmen wir einmal an, es wären zwei Millionen Scheine emittiert und die Sonderzahlung betrüge 5 Euro.

Worin liegt dann die Versuchung für den Emittenten? Fällt die Deutsche-Bank-Aktie in einer Korrektur auf etwa 55,20 Euro, beginnt der Markt aber bei dünnen Umsätzen zu drehen, liegt es nahe, eigene Bestände an Deutsche-Bank-Aktien unlimitiert zu verkaufen, so dass die Sonderausschüttungsgrenze durchschritten wird. Damit spart der Emittent auf einen Schlag 10 Millionen Euro (5 Euro multipliziert mit der ausgegebenen Zahl an Warrants, wobei wir der Einfachheit halber davon ausgehen, dass die Emission vollständig verkauft ist).

Fazit: Cools sind erheblich teurer als Plain-Vanilla-Warrants. Da sich die Cools bei Durchbruch der Barriere in ordinäre Plain-Vanillas verwandeln, die dann zudem noch weit aus dem Geld notieren, ist Vorsicht angebracht. Cools eignen sich besonders dann, wenn der Anleger zuerst eine Seitwärtsbewegung, in der Plain-Vanillas an Zeitwert verlieren, und anschließend eine Aufwärtsbewegung erwartet.

7.8 Compound-Warrants
– Hotter than hell

Diese früher auch Turbos genannten Optionsscheine sind nichts anders als Warrants auf eine Option. Theoretisch sind vier Möglichkeiten denkbar. Ein Call auf einen Call, ein Call auf einen Put, ein Put auf einen Call und ein Put auf einen Put. Compound-Optionsscheine haben in der Regel sehr kurze Laufzeiten und reagieren ganz extrem auf Volatilitätsänderungen. Sie können daher hervorragend zur Spekulation auf ein Ansteigen oder einen Rückgang der Volatilität verwendet werden.

Die Compound Calls (Call auf einen Call) eignen sich zur Spekulation auf eine höhere Volatilität, da der Wert des Basisinstruments (die Option) mit steigender Schwankungsbreite zunimmt. Umgekehrt spekuliert der Käufer mit einem Compound-Put auf eine fallende Vola, die zu sinkenden Preisen des Basisobjekts führen.

Fazit: Compound-Warrants sind hochspekulative Optionsscheinkonstruktionen, die wegen der geringen Laufzeit einem hohen Zeitwertverlust unterliegen und auf Volatilitätsänderungen mit extremen Kursausschlägen reagieren. Ein nur geringer Irrtum im Timing des Optionsscheinkaufs, eine falsche Volatilitätsentwicklung oder gar eine unkorrekte Markteinschätzung führen bei diesen Scheinen rasch zum Totalverlust.

7.9 Chooser-Optionsscheine
– für Unentschlossene

Wie der Name bereits besagt, hat der Käufer hier „die Wahl", was aus seinem Optionsschein an einem bestimmten Stichtag wird. Festgelegt wird am Emissionstermin lediglich die Laufzeit, der Basispreis und der Stichtag, an dem entschieden wird, ob ein Call oder ein Put entsteht. Liegt der Kurs des Basisinstruments am Entscheidungstermin über dem Basispreis, mutiert der Schein zu einem Call, liegt er unter dem Strike, hat der Besitzer einen Put im Depot.

Von der Konstruktion entspricht ein **Chooser Warrant** dem Kauf zweier Compound-Scheine mit einer Laufzeit bis zum „Wahltermin". Denn der Anleger hat sowohl einen Call auf einen Kaufoptionschein (wenn der Preis des Basisinstruments am Stichtag über dem Basispreis liegt) als auch einen Call auf einen Put (wenn der Basisinstrumentkurs unter dem Strike notiert). Compound-Scheine unterliegen einem hohen Zeitwertverlust und reagieren mit deutlich anziehenden Kursen, wenn die Volatilität zunimmt.

Fazit: Käufer von Chooser-Scheinen müssen eine steigende Volatilität erwarten. Ist die Volatilität hingegen bereits hoch, drohen rasche Kursverluste, wenn sie sich normalisiert. In Zeiten einer im historischen Vergleich hohen Volatilität sind Chooser-Warrants mit Vorsicht zu betrachten. Denn niemand weiß, ob und wann sich die Volatilität wieder einem Niveau wie vor wenigen Jahren (zwischen zehn und 15) angleicht. Damit ist von einem relativen Standpunkt aus auch schwer zu sagen, ob eine Volatilität von 30 derzeit als hoch oder als niedrig angesehen werden muss. Das Eintreten einer Seitwärtsbewegung mit einem entsprechend kontinuierlichen Volatilitätsrückgang ist für solche Warrant-Konstruktionen Gift.

7.10 Outperformance oder Preis-Spread-Optionsscheine
– auf die Differenz kommt es an

Preis-Spread-Optionsscheine sind Instrumente, mit denen auf die Kursdifferenz zweier verschiedener Basisinstrumente gesetzt werden kann. Basisinstrumente können grundätzlich eine Vielzahl verschiedener Produkte sein. Begeben wurden derartige Scheine aber hauptsächlich, um auf die Differenz zwischen zwei Indizes zu spekulieren (beispielsweise den Abstand zwischen DAX und MDAX oder der Renditedifferenz zehnjähriger Anleihen vom 6-Monats-Libor).

Fazit: Die Besonderheit dieser Scheine ist, dass es nicht darauf ankommt, in welche Richtung sich der Markt entwickelt. Der Abstand zwischen dem DAX- und dem MDAX-Kurs kann sowohl bei steigendem als auch bei fallendem Gesamtmarkt entweder zusammen oder auseinandergehen. Im Prinzip handelt es sich bei diesen Scheinen um einfache Plain-Vanilla-Warrants, bei dem sich der Preis des Basisinstruments aus zwei verschiedenen Komponenten zusammensetzt.

7.11 Quanto-Warrants – sicher ist sicher

Beim Kauf von Optionsscheinen auf Basisinstrumente, die in einer anderen Währung als dem Euro notieren, gibt es neben dem Kursrisiko im Basisinstrument noch einen weiteren Faktor, der die Entwicklung des Optionsscheinkurses beeinflusst. Währungsveränderungen, beispielsweise im Euro/Dollar-Verhältnis, können die Performance maßgeblich verändern.

Quanto-Scheine eliminiern das Währungsrisiko für den Optionsscheinkäufer. Eine Differenz von 100 Punkten im amerikanischen S&P-500-Index entspricht dann nicht mehr 100 Dollar (bei einem Bezugs-

167

verhältnis von 1 zu 1) sondern 100 Euro. Unabhängig davon, wie sich die Währungen entwickeln, ist für den Anleger nur noch die absolute Kursentwicklung maßgeblich. Ansonsten sind Quanto-Scheine einfache Plain-Vanilla-Warrants.

Fazit: Ob sich die zusätzliche Währungsabsicherung lohnt oder nicht, kommt sehr auf die künftig erwartete Devisenentwicklung an. Wer beispielsweise auf einen steigenden Dollar setzt, wird kaum bereit sein, eine Extraprämie – selbstverständlich kostet die Währungsabsicherung Emittenten und Anleger Geld – für einen Warrant auf einen US-Index oder eine US-Aktie zu bezahlen. Befürchtet der Optionsscheinkäufer hingegen einen Dollarkursverfall, kann eine Währungsabsicherung je nach Kosten auszahlen. Hier lohnt sich ein Vergleich mit nicht gesicherten Warrants mit gleichem Basispreis und gleicher oder zumindest ähnlicher Laufzeit.

7.12 Best of und Rainbow-Warrants
– auf den Besten setzen

Best-Of-Optionsscheine beziehen sich auf zwei verschiedene Basisinstrumente. Erst im September 1999 sind eine Reihe solcher Warrants am Markt platziert worden. Die Kombination der Basiswerte lautete beispielsweise DaimlerChrysler und VW oder Siemens und SAP. Beide Basiswerte sind bei der Emission mit einem Basispreis ausgestattet. Der Anleger erhält nun nach Auslaufen des Optionsscheins diejenige Differenz ausgeschüttet, die für ihn günstiger ist. Als Basiswert dient dann folglich der Wert, der sich besser entwickelt hat (Best-Of).

Rainbow-Scheine unterscheiden sich von den Best-Of-Warrants lediglich dadurch, dass die Anzahl der Basiswerte größer als zwei ist. Ansonsten verhalten sich die Optionsscheine identisch. Der Emissionspreis dieser Scheine ist um so höher, je niedriger die Korrelation der Basiswerte zueinander ist.

Fazit: Diese Warrants eignen sich besonders für Anleger, die auf eine geringe Korrelation zwischen zwei Werten einer Branche setzen. Die „Auswahlmöglichkeit", beziehungsweise die Chance auf mehrere Basiswerte gleichzeitig zu spekulieren, verteuert diese Warrants gegenüber Plain-Vanilla-Scheinen allerdings erheblich. Die Scheine können als Call oder Put begeben sein.

7.13 Bermuda-Warrants – *von Zeit zu Zeit*

Diese Kreation ist eine Mischung aus einer amerikanischen und einer europäischen Option. Während Optionsscheine mit amerikanischem Optionsrecht innerhalb der Laufzeit jederzeit ausübbar sind (einzelne Ausnahmen um den Hauptversammlungstermin sind jedoch vorhanden und variieren von Emittent zu Emittent), können europäische Warrants nur am Ende der Laufzeit ausgeübt werden. Bermuda-Scheine bieten während der Laufzeit verschiedene Stichtage, an denen eine Ausübung möglich ist.

Fazit: Letzlich bestehen Bermuda-Optionsscheine aus einer Serie von Warrants mit europäischem Optionsrecht und einer Laufzeit bis zum jeweiligen nächsten Stichtag. Durch diese Konstruktion sind sie billiger als Scheine mit amerikanischem Optionsrecht.

7.14 Average-Optionsscheine – *der Durchschnitt macht's*

Diese auch „asiatische Warrants" genannte Konstruktion gibt es grundsätzlich in zwei verschiedenen Varianten. Bei den **Average-Rate-Warrants** setzt der Emittent einen Basispreis fest. Zu Laufzeitende dient dann allerdings nicht der aktuelle Kurs des Basiswertes, sondern ein Kursdurchschnitt eines festgelegten Zeitraums als Referenzkurs für die

Auszahlung (sofern die Differenz zwischen diesem Kurs und dem Basispreis positiv ist).

Beim **Average-Strike-Schein** verhält es sich genau umgekehrt. Der Basispreis kristallisiert sich erst am Ende der Laufzeit aus den Durchschnittskursen einer bestimmten Periode heraus. Der Referenzkurs für die Ermittlung des inneren Werts ist aber, wie bei normalen Optionsscheinen, der Kurs am Verfallstermin.

Bei der Festlegung, wie die Durchschnitte ermittelt werden, ist der Phantasie keine Grenze gesetzt. Sie kann anhand von Wochenschluss- oder Tageskursen über einen Teilzeitraum oder die ganze Laufzeit, quasi beliebig, erfolgen.

Fazit: Da Durchschnitte eine deutlich geringere Volatilität als Einzelkurse aufweisen, sind Average-Rate-Warrants billiger als entsprechende Plain-Vanilla-Scheine. Zudem verringert sich das Risiko eines Totalverlusts. Ein heftiger Kursrutsch bei einem Call oder ein kräftiger Kursanstieg bei einem Put führen bei einem Plain-Vanilla-Schein zu erheblichen Preisrückgängen. Bei den Durchschnittsscheinen wirkt sich ein derartiges Geschehen aber naturgemäß weit geringer aus. Der entsprechende Nachteil für den Besitzer dieser Scheine ist natürlich, dass sich auch ein rascher Kursanstieg etwa zu Laufzeitende nur noch mäßig auf die Entwicklung des Scheines auswirkt. Diese Warrants sind eher etwas für risikoscheue Optionsschein-Käufer. Der Einstandspreis ist geringer als bei Plain-Vanilla-Scheinen, das Kurspotenzial aber auch begrenzt.

Fragen zum Thema
(Lösung siehe Seite 243):

1) Ein Bull-Spread ist
a) ein Call mit Cap
b) Die beste Anlagealternative, wenn eine Hausse erwartet wird
c) ursprünglich eine Kombination eine gekauften und eines verkauften
   Call
d) mit einem American-Hit-Schein identisch

2) Bei einem Bull-Spread wird
a) der maximale Preis schon weit vor Laufzeitende erreicht
b) eine Rückzahlung garantiert
c) in manchen Fällen ein Zeitwertgewinn ermöglicht
d) der Emissionspreis niedriger sein, als bei einem Plain-Vanilla-Warrant
   mit sonst identischen Bedingungen

3) Ein Power-Warrant
a) ist eine europäische Option
b) jederzeit ausübbar
c) immer hochriskant
d) notiert immer über seinem inneren Wert

4) Ein Power-Warrant
a) kann ein Delta von mehr als 100 Prozent erreichen
b) hat bei langer Laufzeit einen kleinerern Hebel als ein entsprechender
   Plain-Vanilla-Schein
c) verändert sein Risikoprofil während der Laufzeit
d) hat eine maximale Ausschüttung

5) Ein Power-Warrant
a) hat einen höheren Zeitwertverlust als ein Plain-Vanilla-Schein mit
   gleicher Ausstattung
b) bringt nur in einer Hausse-Phase Gewinn
c) ist mit einem Compound-Warrant identisch
d) ist nur als Call erhältlich

6) Range-Optionsscheine
a) sind in vielen Konstruktionen denkbar
b) sind die Scheine der Wahl in einer Baisse
c) dürfen nicht mit einem Stoppkurs versehen werden
d) gibt es nur auf Aktien

7) One-Sided-Range-Warrants
a) generieren täglich einen festen Betrag, wenn das Basisobjekt in der Range bleibt
b) werden wertlos, wenn die Range verlassen wird
c) haben in der Range ihren höchsten Preis bei niedriger Volatilität
d) sind unabhängig von der Volatilitätsentwicklung

8) One-sided-Range-Warrants
a) sind asiatische Optionen
b) sind außerhalb der Range um so teurer, je höher die Volatilität ist
c) sind kurzfristig zum Tradeing geeignet
d) haben keinen theoretischen Hebel

9) Two-sided-Range-Warrants
a) verlieren außerhalb der Range einen festen Betrag
b) können wertlos werden
c) sind bei der Emission teurer als One-Sidede-Scheine
d) haben ein höheres Risiko als One-Sided-Range-Warrants

10) Knock-Out-Scheine
a) sind eine defensive Anlageform
b) werden wertlos, wenn die Barrieren verletzt oder durchbrochen werden
c) haben ihren höchsten Preis bei einer sehr hohen Volatilität
d) sind bei der Emission teurer als Plain-Vanillas

11) Quattros
a) sind Calls auf die VW-Tochter Audi
b) sind Range-Warrants mit Knock-Out-Charakter
c) beziehen sich auf fünf Basisinstrumente
d) können nicht wertlos auslaufen

12) Knock-In-Warrants
a) müssen erst aktiviert werden
b) sind billiger als sonst identische Plain-Vanilla´s
c) sind nach Berührung der Barriere ein Plain-Vanilla-Warrant
d) haben gar keine Barriere

13) Digitale Warrants
a) haben immer eine amerikanische Option
b) haben immer eine europäische Option
c) können amerikanisch oder europäisch sein
d) spielt der Optiopnstyp wegen des hohen Thetas nkeine Rolle

14) HIT-Optionsscheine
a) sind amerikanische, digitale Warrants
b) ist der Kurs des Basisinstruments am Laufzeitende maßgeblich
c) verfällt der Schein wertlos, wenn die HIT-Schwelle erreicht wird
d) sind Alles-oder-Nichts-Optionen

15) Europäische Digital-Warrants
a) sind bei der Emission und gleichen Bedingungen billiger als amerikanische
b) haben eine höhere Wahrscheinlichkeit, dass die Auszahlungsschwelle
erreicht wird als amerikanische
c) führen zu sofortiger Auszahlung, wenn die Schwelle touchiert wird
d) sind mit Power-Warrants identisch

16) Bei europäischen Digital-Warrants
a) ist eine niedrige Volatilität gut, wenn der Basispreis über der Schwelle
liegt
b) ist der Zeitwertverfall bedeutungslos
c) ist das Delta immer kleiner als 20 Prozent
d) ist ein Zeitwertgewinn möglich

17) Karabiner-Call-Scheine
a) sind billiger als ansonsten identische Plain-Vanilla´s
b) bieten automatisch die Möglichkeit, Gewinne zu sichern
c) haben keine Basispreisanpassung
d) sind immer steuerfrei

18) Bei Cliquet oder Rachet-Scheinen
a) wird der Basispreis zu bestimmten Zeitpunkten angepasst
b) kann ein innerer Wert gesichert werden
c) wird immer ein innerer Wert gesichert
d) ist das Aufgeld viel höher als bei Plain-Vanilla-Warrants mit anfänglich identischem Basispreis

19) Cliquet oder Rachet-Scheine
a) bieten nach jeder Anpassung einen Schein am Geld
b) haben den Vorteil, dass man sich während eines Anpassungszeitraums in der Kursentwicklung des Basisinstruments täuschen kann, ohne hohe Verluste zu erleiden
c) sind unbhängig von Kursbarrieren
d) sind ideal zum absichern eines Depots geeignet

20) Look-Back-Optionsscheine
a) Sind ein Synonym für hohe Verluste in der Vergangenheit
b) sind nur als Call erhältlich
c) haben in einem festgelegten Zeitraum einen variablen Basispreis
d) ein Look-Back-Schein garantiert bei Festlegung des Basispreises immer ein Delta von rund 50 Prozent

21) Look-Back-Scheine
a) haben keinen „Fairen Wert"
b) garantieren in der Look-Back-Periode bei einem Call den niedrigsten festgestellten Preis des Undelyings als Basispreis
c) sind billiger als Plain-Vanilla-Scheine
d) sind nach der Look-Back-Periode einfache Plain-Vanilla´s

22) Cool-Warrants

a) bieten eine Sonderzahlung, wenn eine Preisschwelle nicht unter (Call) oder überschritten wird (Put)

b) bieten eine Sonderzahlung, wenn eine Preisschwelle nicht unter (Put) oder überschritten wird (Call)

c) werden bei Durchbruch durch die Cool-Schwelle zu einem Plain-Vanilla

d) sind bei der Emission billiger als Plain-Vanillas mit identischem Basispreis und Laufzeit

23) Compound-Warrants

a) gibt es nur auf Werte des Neuen Marktes

b) haben zumeist sehr kurze Laufzeiten

c) sind eine Option auf eine Option

d) sind als risikoarme Beimischung für jedes Depot empfehlenswert

24) Chooser-Warrants

a) geben dem Optionsschein-Käufer in der Choose-Periode das Wahlrecht, auf welches Basisobjekt sich sein Schein beziehen soll

b) bieten die Chance zur Auswahl des Basispreises

c) bestehen aus zwei Compound-Warrants

d) sind nur aussichtsreich, wenn eine steigende Volatilität erwartet wird

25) Outperformance oder Preis-Spread-Scheine

a) profitieren von hohen Dividendenzahlungen

b) beziehen auf die Kursdifferenz verschiedener Basisobjekte

c) geben nach, wenn die Volatilität sinkt

d) können in der Hausse und in der Baisse steigen

26) Quanto-Scheine

a) dienen der Währungsspekulation

b) bieten die Wahl zwischen verschiedenen Währungen

c) sind währungsgesicherte Warrants

d) sind zinsgesicherte Optionsscheine

VIII

Terminmarkt EUREX

Anfang der neunziger Jahre war Schluss mit der stiefmütterlichen Behandlung der Termingeschäfte in Deutschland. Im Januar 1990 startete die Deutsche Terminbörse, kurz DTB, mit dem Handel von Optionen und Futures – und das vollelektronisch. Dies bedeutet, jeder Marktteilnehmer stellt seine Aufträge in das System ein. Wenn ein Kauf und ein Verkauf aufgrund des Limits zusammenpassen, wird die Order automatisch ausgeführt. Heute existiert die DTB jedoch nicht mehr in ihrer ursprünglichen Form. Seit der Fusion mit der schweizerischen Soffex firmiert sie als Eurex. Sie hat sich inzwischen zur weltgrößten Terminbörse gemausert, und nicht nur die Briten, sondern auch die Amerikaner in den Schatten gestellt.

Schlüssel zum Erfolg ist der vollelektronische Handel. Mit Hilfe der Technik können täglich viel mehr Aufträge verarbeitet werden als auf dem altmodischen Börsenparkett. Hinzu kommt, dass die Marktteilnehmer flexibel sind und von jedem beliebigen Ort aus Zugriff auf die Handelsplattform haben können.

8.1 Eurex-Optionen kontra Optionsscheine

Die Eurex ist ein Markt für Jedermann und keineswegs nur für Profis. Spätestens seit sich in Deutschland mehrere Discount-Broker etabliert haben, wurde auch der Zugang an die Eurex preisgünstig. Die Liquidität ist vor allem in kurzlaufenden Optionen groß und die Preisunterschiede zum Optionsschein sind oft erheblich.

Meist sind die Preise an der Eurex aber erheblich günstiger als am Warrant-Markt. Daher agieren viele kurzfristig orientierte Trader, aber auch Fans von professionellen Strategien an der Eurex. Langfristanleger bevorzugen hingegen den Warrant-Markt. Bei langen Laufzeiten ist an der Eurex nämlich Vorsicht geboten. Zwar werden eine Reihe Einzel-aktienoptionen mit einer Laufzeit von zwölf, 18 beziehungsweise 24 Monaten angeboten, doch hier kommen nur selten Umsätze zustande. Auch die Kurse für diese Optionen sind teilweise unrealistisch. Da an der Eurex der Geschäftspartner unbekannt ist, passiert es immer wieder, dass unlimitierte Orders zu überhöhten Kursen abgerechnet werden. Im Optionsscheingeschäft ist das nicht so einfach möglich, da dies dem Ruf des Emittenten schaden würde. An der Eurex müssen daher alle Aufträge streng limitiert werden!

Ebenso wie bei Geschäften mit Optionsscheinen müssen Privatanleger, die an der Eurex Abschlüsse tätigen wollen, über die Börsentermingeschäftsfähigkeit verfügen. Denn zweifellos bergen Geschäfte an der Eurex ebenso hohe beziehungsweise noch höhere Risiken (Futures) als Warrant-Geschäfte.

Bei Stillhaltergeschäften, also dem Verkauf von Optionen, oder bei Future-Geschäften werden Marginkonten eingerichtet, auf die Sicherheitsleistungen eingezahlt werden müssen. Gewinne und Verluste werden täglich verbucht. Über das Guthaben auf dem Marginkonto kann nicht verfügt werden, solange die Option läuft.

8.2 Eurex-Angebot

Über die Hausbank hat jeder Anleger Zugang zur Eurex. Der Investor kann nicht nur Käufer eines Terminkontrakts, eines Call oder Put sein, sondern auch Verkäufer. Das Angebot reicht von Geld- und Kapitalmarktprodukten bis hin zu Optionen auf Aktien und Futures sowie Indizes. Da das Angebot laufend den Marktanforderungen angepasst wird und sich immer wieder Veränderungen ergeben, ist die nachfolgende Übersicht nur eine Momentaufnahme. Interessenten finden alle Konditionen im Detail im Internet unter: http://www.eurex.ch

8.2.1 Futures

Im Gegensatz zur Option, bei der der Käufer das Recht hat auszuüben und der Verkäufer nur im Falle der Ausübung annehmen muss, ist der Future eine vertraglich verpflichtende Vereinbarung zwischen zwei Geschäftsparteien. Der Käufer des Future erhält am Ende der Laufzeit entweder das Gut geliefert oder den Gegenwert in bar ausgezahlt, was beispielsweise bei Indizes der Fall ist. Der Verkäufer ist verpflichtet, das Gut wie vereinbart zu liefern oder den entsprechenden Betrag in bar zu bezahlen. Sind die Basisinstrumente wie im Falle von Indizes nicht lieferbar, erfolgt ein Barausgleich. Wann und was am Ende abgerechnet wird, ist durch die Eurex bis ins kleinste Detail klar definiert.

Offeriert werden derzeit im Bereich der kurzfristigen Geldmarktanlagen ein Future auf den Einmonats- sowie den Dreimonats-Euribor, den Geldmarktsatz unter Banken in Euroland. Auf den Dreimonats-Euribor-Future werden auch Optionen gehandelt. Marktteilnehmer im Bereich der Zinsprodukte sind in erster Linie professionelle Investoren. Sie agieren ebenso mit den Futures und Optionen auf europäische Schatzanweisungen, Bundesobligationen, Bundesanleihen und langlaufenden Staatsanleihen.

Da fallende Anleihenkurse steigende Zinsen bedeuten, setzt der Verkäufer eines Zins-Call oder eines Zins-Future auf höhere Zinsen. Hinter dem Euro-Bund-Future, dem Kontrakt mit den höchsten Umsätzen, verbergen sich sechsprozentige Schuldverschreibungen der Bundesrepublik Deutschland mit 8,5- bis 10,5-jähriger Laufzeit. Der Wert eines Kontrakts entspricht 100.000 Euro. Die minimalste Änderung des Bund-Future, der jeweils am zehnten Kalendertag der Monate März, Juni, September und Dezember ausläuft, beträgt einen Cent und entspricht zehn Euro.

Futures auf Indizes werden auf den DAX, den MDAX, den Dow Jones Stoxx 50 und den Dow Jones Euro Stoxx 50 angeboten. Kontraktwert beim DAX sind 25 Euro pro Indexpunkt. Bei einem DAX-Stand von 6000 Punkten entspricht der Gegenwert eines DAX-Future stattliche 150.000 Euro. Steigt oder fällt der DAX um einen Punkt, ändert sich der Wert des Future um 25 Euro. Einfacher zu rechnen ist dies bei den Stoxx-Futures. Hier beträgt der Kontraktwert 10 Euro pro Indexpunkt.

Da Futures hohe Risiken bergen, erlauben die Banken dies oft nur vermögenden Anlegern. Fällt der DAX-Future beispielsweise um 100 Punkte, so muss der Käufer des DAX-Futures 2500 Euro (100 x 25 Euro) zahlen. Diese Beträge werden täglich abgerechnet und auf einem separaten Konto, dem Margin-Konto, verbucht. Ebenso wie die Zins-Futures laufen auch die Aktien-Futures jeweils am dritten Freitag der Monate März, Juni, September und Dezember aus.

DAX®-Future (FDAX)

Basiswert
Deutscher Aktienindex (DAX®).

Kontraktwert
EUR 25 pro Indexpunkt des DAX®.

Erfüllung
Erfüllung durch Barausgleich basierend auf dem Schlussabrechnungspreis, fällig am ersten Börsentag nach dem letzten Handelstag.

Preisermittlung
In Punkten; auf eine Dezimalstelle.

Minimale Preisveränderung
0,5 Punkte; dies entspricht einem Wert von EUR 12,50.

Verfallmonate

Die jeweils nächsten drei Quartalsmonate des Zyklus März, Juni, September und Dezember.

Letzter Handelstag

Der dritte Freitag des Verfallmonats, sofern dies ein Börsentag ist, andernfalls der davor liegende Börsentag. Handelsschluss ist der Beginn der Aufrufphase der untertägigen Auktion im elektronischen Handelssystem der Frankfurter Wertpapierbörse (Xetra) um 13.00 Uhr MEZ.

Täglicher Abrechnungspreis

Letztbezahlter Kontraktpreis; falls er älter als 15 Minuten ist oder nicht den aktuellen Marktverhältnissen entspricht, wird er von der Eurex festgelegt.

Schlussabrechnungspreis

Wert des DAX®; ermittelt auf der Grundlage der am letzten Handelstag in der untertägigen Auktion im elektronischen Handelssystem an der Frankfurter Wertpapierbörse (Xetra) um 13.00 Uhr MEZ zustande gekommenen Preise für die im DAX® enthaltenen Werte.

Handelszeit

8.25 bis 17.00 Uhr MEZ

Euro-BUND-Future
(FGBL)

Basiswert

Fiktive langfristige Schuldverschreibung der Bundesrepublik Deutschland mit 8½- bis 10½-jähriger Laufzeit und einem Kupon von 6 Prozent.

Kontraktwert

EUR 100 000

Erfüllung

Eine Lieferverpflichtung aus einer Short-Position in einem Euro-BUND-Future-Kontrakt kann nur durch bestimmte Schuldverschreibungen – nämlich Bundesanleihen – mit einer Laufzeit von 8½ bis 10½ Jahren erfüllt werden. Die Schuldverschreibungen müssen ein Mindestemissionsvolumen von DEM 4 Mrd. oder bei Neuemissionen seit dem 1.1.1999 von EUR 2 Mrd. aufweisen.

Preisermittlung

In Prozent vom Nominalwert; auf zwei Dezimalstellen.

Minimale Preisveränderung
0,01 Prozent; dies entspricht einem Wert von EUR 10.

Liefertag
Der Liefertag ist der zehnte Kalendertag des jeweiligen
Quartalsmonats, sofern dieser Tag ein Börsentag ist,
andernfalls der darauf folgende Börsentag.

Liefermonate
Die jeweils nächsten drei Quartalsmonate des Zyklus März,
Juni, September und Dezember.

Lieferanzeige
Clearing-Mitglieder mit offenen Short-Positionen müssen
der Eurex am letzten Handelstag des fälligen Liefermonats
bis zum Ende der Post-Trading-Periode anzeigen, welche
Schuldverschreibungen sie liefern werden.

Letzter Handelstag
Zwei Börsentage vor dem Liefertag des jeweiligen
Quartalsmonats. Handelsschluss für den fälligen Liefer-
monat ist 12.30 Uhr MEZ.

Täglicher Abrechnungspreis
Volumengewichteter Durchschnitt der Preise der letzten
fünf zustande gekommenen Geschäfte, sofern sie nicht
älter als 15 Minuten sind, oder der volumengewichtete
Durchschnitt der Preise aller während der letzten Handelsminute zustande gekommenen Geschäfte, sofern in dieser
letzten Handelsminute mehr als fünf Geschäfte zustande
gekommen sind. Ist eine derartige Preisermittlung nicht
möglich oder entspricht der so ermittelte Preis nicht den
tatsächlichen Marktverhältnissen, legt die Eurex den
Abrechnungspreis fest.

Schlussabrechnungspreis
Volumengewichteter Durchschnitt der Preise der letzten
zehn zustande gekommenen Geschäfte, sofern sie nicht
älter als 30 Minuten sind, oder der volumengewichtete
Durchschnitt der Preise aller während der letzten Handelsminute abgeschlossenen Geschäfte, sofern in dieser letzten
Handelsminute mehr als zehn Geschäfte zusammengeführt
wurden. Der Zeitpunkt der Festlegung des Schlussabrech-
nungspreises ist 12.30 Uhr MEZ des letzten Handelstages.

Handelszeit
8.00 bis 19.00 Uhr MEZ

Quelle: Eurex, Stand September 1999

8.2.2 Optionen

Optionen an der Eurex sind standardisiert. Doch was bedeutet dies im Detail und im Vergleich zum Optionsschein, der sich ebenfalls häufig auf eine Aktie oder einen Index wie den DAX oder den Euro Stoxx bezieht? An der Eurex sind die Abrechnungsmodalitäten wie Verfallmonat, Basispreis und Abrechnungskurs bei Ausübung einheitlich geregelt. Optionsschein-Emittenten hingegen wählen die Konditionen nach ihrem Gutdünken. So kann ein Optionsschein eine Laufzeit von beispielsweise drei Jahren aufweisen, eine Eurex-Option läuft hingegen maximal 24 Monate. Eurex-Verfallstag ist immer der dritte Freitag im Monat. Ist dieser kein Börsentag, ist der vorangehende Handelstag der Abrechnungstermin.

Aktienoptionen an der Eurex können ebenso wie Warrants mit amerikanischem Optionsrecht an jedem Börsentag ausgeübt werden. Bis 18.30 Uhr muss am Terminmarkt eine entsprechende Order vorliegen. Eingeschränkt ist dieses Recht nur am Tag des Dividendenbeschlusses. Optionsscheinemittenten verfahren hier unterschiedlich und schränken die Ausübung um teilweise bis zu zwei Wochen ein. Optionen auf Indizes an der Eurex sind hingegen europäischer Natur und können nur am letzten Tag ausgeübt werden. Ebenso sind Dividendenabschläge, Sonderausschüttungen von Unternehmen oder die Berechnung bei Kapitalveränderungen an der Eurex einheitlich geregelt. Am Warrant-Markt hingegen sind unterschiedliche Handhabungen bekannt (siehe auch Kapitel 4).

8.2.3 Kontraktgröße

Der Kontrakt bezieht sich in der Regel auf 100 Aktien des zugrunde liegenden Basiswertes. Für im Nennwert von DM 50 oder entsprechendem Wert in Euro notierte Aktien bezieht sich die Kontraktgröße auf 10 Aktien. Die Basiswerte Münchener Rückversicherung und Allianz haben eine Kontraktgröße von 50 Aktien. Ein komplette Übersicht liefert die Eurex selbst via Internet. Nachfolgend ein Auszug mit den wichtigsten Konditionen zu Aktienoptionen.

Aktienoptionen auf
deutsche Basistitel
(OSTK)

Kontraktgröße
Der Kontrakt bezieht sich in der Regel auf 100 Aktien des zugrunde liegenden Basiswertes. Für im Nennwert von DEM 50 oder entsprechendem Wert in Euro notierte Aktien bezieht sich die Kontraktgröße auf 10 Aktien. Die Basiswerte Münchener Rückversicherung und Allianz haben eine Kontraktgröße von 50 Aktien.

Minimale Preisveränderung
Optionspreise haben Preisabstufungen von EUR 0,01. Bei Optionen auf Aktien mit einem Nennwert von DEM 50 oder entsprechendem Wert in Euro sind Preisabstufungen von EUR 0,1 möglich.

Erfüllung
Physische Lieferung von 10, 50 bzw. 100 Aktien des zugrunde liegenden Basiswertes.

Erfüllungstag
Zwei Börsentage nach der Ausübung.

Letzter Handelstag
Der dritte Freitag eines Verfallmonats, sofern dieser ein Börsentag ist, andernfalls der davor liegende Börsentag.

Täglicher Abrechnungspreis
Letztbezahlter Kontraktpreis; falls er älter als 15 Minuten ist oder nicht den aktuellen Marktverhältnissen entspricht, wird er von der Eurex festgelegt.

Ausübungszeit
Ausübungen sind an jedem Börsentag während der Laufzeit bis 18.30 Uhr möglich (amerikanische Art), mit Ausnahme des Tages eines Dividendenbeschlusses.

Verfallmonate
Basistitel in Gruppe A: Die drei nächsten aufeinander folgenden Monate und die beiden darauf folgenden Monate aus dem Zyklus März, Juni, September und Dezember, d.h. Laufzeiten bis zu 9 Monaten.

Basistitel in Gruppe B: Die drei nächsten aufeinander folgenden Monate und die drei darauf folgenden Monate aus dem Zyklus März, Juni, September und Dezember, d.h. Laufzeiten bis zu 12 Monaten.

Basistitel in Gruppe C: Die drei nächsten aufeinander folgenden Monate, die drei darauf folgenden Monate aus dem Zyklus März, Juni, September und Dezember sowie die beiden darauf folgenden Monate des Zyklus Juni und Dezember, d.h. Laufzeiten bis zu 24 Monaten.

Ausübungspreise

Optionskontrakte können folgende Ausübungspreise haben:

Bei Aktien mit Nennwert von DEM 50 oder entsprechendem Wert in Euro

Ausübungspreise	Ausübungspreisabstände	
EUR 1 bis EUR 20	EUR 1	
EUR 22 bis EUR 50	EUR 2	
EUR 52,50 bis EUR 100	EUR 2,50	nur für den ersten und zweiten Verfallmonat
EUR 55 bis EUR 100	EUR 5	
EUR 110 bis EUR 200	EUR 10	
EUR 220 bis EUR 500	EUR 20	
EUR 525 bis EUR 1 000	EUR 25	nur für den ersten und zweiten Verfallmonat
EUR 550 bis EUR 2 000	EUR 50	
EUR 2 100 und höher	EUR 100	

Bei Aktien mit einem (rechnerischen) Nennwert von DEM 5 oder dem entsprechenden Wert in Euro

Ausübungspreise	Ausübungspreisabstände	
EUR 1 bis EUR 20	EUR 1	
EUR 22 bis EUR 50	EUR 2	
EUR 52,50 bis EUR 100	EUR 2,50	nur für den ersten und zweiten Verfallmonat
EUR 55 bis EUR 200	EUR 5	
EUR 210 und höher	EUR 10	

Für jeden Call und Put stehen für jeden Verfallmonat mindestens drei Serien zur Verfügung mit je einem Ausübungspreis in-the-money, at-the-money und out-of-the-money.

Bei Optionskontrakten mit 18 und 24 Monaten Laufzeit (XXL-Optionen) verdoppeln sich die Ausübungspreisabstände.

Basistitel

Eurex-Aktienoptionen auf deutsche Basistitel werden gemäß ihren Verfallmonaten in folgenden Kategorien gehandelt:

Gruppe A	Gruppe B	Gruppe C
1, 2, 3, 6 und 9 Monate	1, 2, 3, 6, 9 und 12 Monate	1, 2, 3, 6, 9, 12, 18 und 24 Monate

Aktien mit einem Nennwert oder rechnerischen Wert von DEM 5 oder entsprechendem Wert in Euro

Adidas (ADS)	Bay. Hypo- und Vereinsbank (HVM)	Allianz-Holding (ALV)
Degussa Hüls (DHA)	Dresdner Bank (DRB)	BASF (BAS)
Henkel Vz. (HEN3)	Lufthansa (LHA)	Bayer (BAY)
Metro (MEO)	RWE (RWE)	Commerzbank (CBK)
Münchener Rück-verischerung (MUV2)	Mannesmann (MMN)	Daimler Chrysler (DCX)
SAP Vz. (SAP3)	Thyssen Krupp (TKA)	Deutsche Bank (DBK)
Schering (SCH)		Deutsche Telekom (DTE)
		Hoechst (HOE)
		Siemens (SIE)
		VEBA (VEB)
		VW (VOW)

Aktien mit einem Nennwert von DEM 50 oder entsprechendem Wert in Euro**

Karstadt (KAR)	BMW (BMW)
Linde (LIN)	Preussag (PRS)
MAN (MAN)	VIAG (VIA)

Handelszeit

9.00 bis 17.00 Uhr MEZ

Alle Aktienoptionen werden mit verpflichtendem Market Making gehandelt.

Optionsprämie

Zahlungen an dem Börsentag, der dem Kauftag folgt (in voller Höhe).

Quelle: Eurex, Stand September 1999

8.2.4 Wichtige Begriffe für den Handel mit Optionen und Futures an der Eurex

Market Maker	– Händler der Bank, der sich verpflichtet, handelbare An- und Verkaufskurse zu stellen
Quote Request	– Anfrage eines Eurex-Mitglieds nach einem handelbaren Kurs
Good-till-canceled	– die Order ist gültig bis zur Löschung
Good-till-date	– die Order ist gültig bis zum angegebenen Tag
Fill-or-kill	– wenn die Order nicht sofort komplett ausgeführt werden kann, wird sie gestrichen
Immediate-or-cancel	– sofortige Ausführung des Teils, der möglich ist; wird nicht alles ausgeführt, wird der Rest gestrichen

Fragen zum Thema
(Lösung siehe Seite 243):

1) Ein Future
a) das Geschäft der Zukunft
b) ein Termingeschäft mit Wahlrecht
c) ein verpflichtendes Termingeschäft
d) Futures werden an der Aktienbörse gehandelt

2) Der Kontraktwert des DAX-Future sind 25 Euro pro. Wieviel entspricht eine Veränderung des DAX um 100 Punkte?
a) 2500 Euro
b) 1250 Euro
c) 25000 Euro
d) keine

3) Margin
a) ist ein anderes Wort für Merger
b) ist eine Sichheitsleistung am Terminmarkt
c) wird üblicherweise nicht verlangt
d) ist das Depot an der Eurex

4) Aktienoptionen an der Eurex
a) kann jeder Anleger handeln, der termingeschäftsfähig ist
b) sind spekulativer als Futures
c) sind oft günstiger als Optionsscheine
d) sollten immer limitiert werden

5) Welche Aussage(n) ist (sind) richtig?
a) Optionen sind spekulativer als Aktien
b) Aktien bergen kein Risiko
c) Anleihen und Zins-Futures sind risikolos
d) Futures sind spekulativer als Optionen

IX

Einfache Optionsstrategien an der Eurex

Optionen bieten in ihrer einfachen Form als Call oder Put hohe Chancen und Risiken. Kombiniert sie der Investor aber mit anderen Optionen, egal ob der gleichen Struktur oder anderer Art oder auch mit Aktien, kann das Risiko deutlich minimiert werden. Dann steht der Ertragsaspekt im Vordergrund. Hier öffnet sich für den Investor ein weites Feld an Möglichkeiten. Und clevere Strategien mit geringen Verlustwahrscheinlichkeiten sind nicht nur professionellen oder sehr vermögenden Investoren vorbehalten. Viele Varianten, insbesondere die einfachen Strategien, lassen sich auch mit sehr geringen Kapitaleinsätzen verwirklichen.

Mit Optionen lässt sich in jeder Markterwartung Geld verdienen. Erfüllt sich aber die anfängliche Prognose nicht, rächt sich das und der Ertrag minimiert sich. Das Gewinn-Verlust-Profil jedes Engagements lässt sich von vornherein bestimmen. Spielerfreudigen Naturen mit hoher Risikoneigung mag der mögliche Ertrag oft gering erscheinen. Doch ausgefeilte Strategien haben sich bewährt und bringen per Saldo Gewinn, während die „Wagemutigen" oft herbe Verluste einstecken müssen. Doch Vorsicht: Fahren Sie nicht immer ein und dieselbe Strategie. Märkte verändern sich und erfordern permanent ein Überdenken dieser Strategien.

9.1 Long Call / Kauf einer Kaufoption

Am Anfang steht für jeden Börsianer die Aktie. Der Erwerb bedeutet gleich am Markt Long zu sein, also einen Bestand zu haben. So bedeutet ein long Call den Erwerb einer Kaufoption. Ziel ist einzig und allein ein steigender Kurs des Basisinstruments bis zum Verfallstag der Option. Da für den Call ein geringerer Kapitaleinsatz als beim direkten Erwerb der Aktie erforderlich ist, kann mit dem selben Kapitaleinsatz ein größerer Gewinn erzielt werden, da der Anleger bei der Option lediglich das Recht erwirbt, die Aktie zum vereinbarten Kurs zu kaufen. Diese kann entweder nur an einem bestimmten Stichtag (europäisches Optionsrecht wie bei Indizes) oder jederzeit während der Laufzeit (amerikanisches Optionsrecht wie bei Aktien) sein. Macht der Inhaber von seinem Recht keinen Gebrauch, verfällt dieses wertlos. Nur wenn die Option ausgeübt wird, ist der vereinbarte Basispreis fällig und der Call-Inhaber erhält die Aktien. Das Recht aus dem Call ist mit der Ausübung hinfällig geworden. Eine Ausübung macht für den Call-Inhaber aber nur dann Sinn, wenn der Kurs des Basisinstruments über dem Basispreis, auch Bezugspreis genannt, liegt.

Das Gewinnpotenzial für den Call-Käufer ist unbegrenzt, das Verlustpotenzial beschränkt sich auf den Kapitaleinsatz, sprich die Optionsprämie (siehe auch Grafik Kapitel 3.1.1).

9.2 Short Call / Verkauf einer Kaufoption

Jedem Käufer einer Kaufoption muss ein Verkäufer gegenüberstehen. Ohne ihn kommt kein Geschäft zustande. Er kassiert die Prämie und ist bereit, dem Käufer die Aktie zu liefern, wenn dieser sein Optionsrecht ausübt. Da er die Aktien besitzt (beziehungsweise besitzen sollte – siehe ungedeckter Short Call), wird er auch als „Stillhalter in Wertpapieren" bezeichnet. Im Fachterminus wird der Short Call auch „Schreiben von Calls" genannt. Die Markterwartung ist eine Seitwärtstendenz oder leicht fallende Kurse (siehe auch Grafik Kapitel 3.1.2).

9.2.1 Ungedeckter Short Call / Naked Call

Erfolgt der Verkauf, ohne das Basisinstrument zu besitzen, spricht man von einem „ungedeckten" Call oder auch „naked" Call. Ein sehr riskantes Unterfangen, das unbegrenzte Verluste bedeuten kann. Schnellt das Basisinstrument unerwartet nach oben, was beispielsweise bei einem Übernahmeangebot oder einer sehr positiven Nachricht schnell passiert, muss der Verkäufer des Call im Falle einer Ausübung liefern. Da er aber die Aktie oder das betreffende Underlying nicht besitzt, muss er dieses zum erhöhten Preis an der Börse erstehen und erleidet so hohe Verluste. Selbst wenn die Lieferung nicht eingefordert wird, sollte er die Aktien eindecken, um noch höhere Verluste auszuschließen. Banken oder Discount-Broker verlangen daher in der Regel hohe Sicherheiten und erlauben ungedeckte Shortpositionen am Terminmarkt teilweise nur vermögenden Depotkunden.

9.2.2 Gedeckter Short Call / Verkauf einer Kaufoption

Eine der beliebtesten Strategien der professionellen Investoren ist das so genannte Covered Call Writing, der Verkauf eines Call, bei dem der Aktienbestand im Portfolio vorhanden ist. Denn diese Strategie ist weit weniger riskant als der Kauf eines Call oder Put, oder andere in diesem Kapitel erläuterte Strategien. Phasenweise kann mit dieser Art der Anlage sogar mehr Gewinn erzielt werden als mit dem Erwerb eines Call oder Put. Denn solange die Option nicht ausgeübt wird, kann die Strategie wiederholt werden und der Anleger laufend Optionsprämien einstreichen.

Will der „Schreiber eines Call" seine Aktie im Zweifelsfall nicht liefern (was aus steuerlichen Gründen sinnvoll sein kann), sollte er von vornherein eine Option mit einem hohen Basispreis wählen. Kommt die Aktie in die Nähe dieses Basispreises, wird nach der Rolling-Up-Strategie verfahren: Der Call, der verkauft wurde, wird zurückgekauft und ein Call mit einer höheren Basis verkauft. Steigt die Aktie weiter, wird das Spiel wiederholt. Das bedeutet zwar einen Verlust beziehungsweise einen reduzierten Ertrag, die Aktie bleibt jedoch im Portefeuille.

Die Höhe der Prämie und die Attraktivität dieser Strategie hängt auch stark von der impliziten Volatilität ab. An der Höhe der Optionsprämie lässt sich oft auch die Erwartung der Marktteilnehmer ablesen. Erhält ein Anleger für eine einjährige Option „am Geld" 30 oder 40 Prozent Prämie, handelt es sich entweder um einen sehr volatilten Titel oder um knappes Angebot an Short Calls. Werden nämlich hohe Schwankungsbreiten erwartet, ist kaum jemand bereit, eine Option zu verkaufen.

Im Falle einer Ausübung liefert der Call-Verkäufer die Aktie aus seinem Portefeuille-Bestand. Die Anzahl der verkauften Calls und der Aktienbestand ist in diesem Fall gleich groß. Im Gegensatz zur ungedeckten Option läuft der Call-Verkäufer nicht das Risiko, dass er zu höheren Preisen am Markt eindecken muss. Das Risiko ist also begrenzt. Beim Verkäufer des Call verbleibt die vereinnahmte Prämie und die bis zur Ausübung ausgeschütteten Dividenden. Der Käufer des Call erhält bei Ausübung alle Anrechte auf Dividenden und sonstige Zahlungen von seiten der Gesellschaft, er wird so der neue Aktionär – mit allen Rechten und Pflichten.

Aktionäre, die Kaufoptionen schreiben und so Prämien einstreichen, können ihre Rendite kräftig erhöhen. Solange die Aktie unterhalb des vereinbarten Basispreises verharrt, besteht keine Gefahr, dass die Aktie geliefert werden muss. Wiederholt der Investor diese Strategie bei stagnierenden oder leicht fallenden Kursen mehrfach, kassiert er neben der Dividende stattliche Zusatzerträge.

Exkurs

In Deutschland wird der Short Call auch als Fertigprodukt offeriert, und zwar in Form von Discount-Zertifikaten. Hier erwirbt der Investor die Aktie mit einem Kursabschlag, was der vereinnahmten Optionsprämie entspricht. Dafür nimmt er eine Gewinnbegrenzung in Kauf. Diese Obergrenze, auch Cap genannt, entspricht dem Basispreis der verkauften Call-Option. Am Ende der Laufzeit wird entschieden, was der Anleger erhält: Hat die Aktie die Obergrenze überschritten, erhält der Anleger den Cap in bar ausgezahlt. Notiert die Aktie hingegen darunter, erhält der Inhaber des Discount-Zertifikats die Aktie.

9.3 Long Put / Kauf einer Verkaufsoption

Zu Unrecht meiden viele Anleger Puts. Zwar ist die Wahrscheinlichkeit, dass die Kurse steigen, genauso hoch, wie die, dass sie fallen. Dennoch sind Calls die Renner, Puts bleiben links liegen. Das mag daran liegen, dass das Gros der Börsianer Optimisten sind. Vor fallenden Kursen oder vor Gefahren an den Märkten sollte aber kein Investor die Augen verschließen. Denn ein „Long Put", der Erwerb einer Verkaufsoption bringt hohe Gewinne, wenn die Kurse purzeln. Viele Aktien, die ein Anleger meidet, da er mit fallenden Notierungen rechnet, eignen sich für den Erwerb eines Put. Häufig würden Investoren auch gerne leer verkaufen, also Aktien veräußern, die sie nicht besitzen (Leerverkäufe) – was in Deutschland nicht möglich ist – einen Put ziehen sie aber selten in Erwägung. Neben der Spekulation auf fallende Kurse können Puts aber auch zur Absicherung für Bestände eingesetzt werden (siehe Kapitel 11). Für viele fortgeschrittene Strategien sind sie ein wesentlicher Bestandteil (siehe Kapitel 10).

Insbesondere in Bear-Märkten, also bei fallenden Kursen, sind Puts das passende Investment. Für den Käufer des Put beschränkt sich das Risiko auf den Kapitaleinsatz, die Optionsprämie. Wird der Basispreis unterschritten, ist das Gewinnpotenzial enorm. Letztendlich ist der Gewinn aber doch begrenzt. Eine Aktie kann nicht tiefer als auf Null fallen. In der Regel reichen dem Putinhaber aber schon moderate Kursrückgänge, um den Kapitaleinsatz zu vervielfachen.

Der Put-Inhaber profitiert meist nicht nur von fallenden Kursen, sondern hat durch den Anstieg der erwarteten Schwankungsbreite, der impliziten Volatilität, einen Zusatzgewinn. Historisch betrachtet steigt nämlich die implizite Volatilität, die den Optionspreis neben der Kursentwicklung des Basisinstruments wesentlich beeinflusst, stark an, wenn die Kurspfeile nach unten zeigen (siehe auch Grafik Kapitel 3.1.3). In der Praxis empfiehlt es sich meist, Puts nach rasanten Kurseinbrüchen zu verkaufen, um neben dem Kursgewinn aus dem Put auch den Volatilitätsgewinn zu realisieren.

9.4 Short Put / Verkauf einer Verkaufsoption

Das Pendant des Long Put ist der Short Put, der Verkauf der Verkaufs-option. Der Verkäufer eines Put ist „Stillhalter in Geld". Er muss die Aktie kaufen, wenn der Inhaber des Put von seinem Optionsrecht Gebrauch macht und ausübt. In diesem Fall ist der Verkäufer verpflichtet, die Aktien abzunehmen und den vereinbarten Basispreis an den Put-Inhaber zu bezahlen. Geht die Erwartung des Put-Verkäufers in Erfüllung, kassiert der Verkäufer des Put die Prämie. Die Banken erlauben den Short Put meist nur vermögenden Privatkunden, da das Risiko hier sehr hoch ist. Bei heftigen Korrekturen an den Börsen müssen nämlich die Wertpapiere zum vereinbarten Basispreis abgenommen werden – und der kann deut-lich über dem aktuellen Niveau liegen. Da die Märkte immer wieder mit stärkeren Kursrückgängen aufwarten, zeigt sich gerade hier, dass der Verkauf von Puts nicht immer eine Erfolgsstrategie und mit hohen Risiken behaftet ist (siehe auch Grafik Kapitel 3.1.4).

Exkurs: Ein Short Put ist auch, was hinter den in Deutschland Ende der neunziger Jahre sehr beliebten Reverse-Convertibles, den hochver-zinslichen Aktienanleihen steht. Für einen hohen Zinssatz nimmt der Anleger das Risiko in Kauf, dass er eine bestimmte Anzahl Aktien erhält, wenn diese unter einen bestimmten Kurs fallen. Ansonsten wird ihm die Anleihe zum Nennwert zurückgezahlt. Die hohen Zinsen, die so verlo-ckend sind, werden auf jeden Fall bezahlt – egal ob bei Fälligkeit die Aktien geliefert werden oder die Anleihe zum Nennwert eingelöst wird. Für Privatanleger, die ihren Sparerfreibetrag ausgeschöpft haben, sind diese Papiere nicht sehr interessant. Denn die hohen Zinserträge müssen versteuert werden, der Anleger trägt jedoch ein hohes Risiko, für das er dadurch nicht entsprechend entlohnt wird. Das größte Problem ist aller-dings, dass diese Papiere meist an unwissende Anleger veräußert wurden, denen Optionsgeschäfte und deren Risiken unbekannt sind – und genau für diese Klientel ist das Produkt aber nicht geeignet.

9.5 Long Put und Aktienbestand / Protective Put/Hedge

Droht uns im Leben Gefahr, wägen wir ab, ob wir eine Versicherung abschließen oder nicht. Ähnliches ist auch an der Börse möglich. Investoren mit hohen Aktienbeständen, die diese in kritischen Börsenphasen nicht unbedingt veräußern wollen, da dies auch hohe Transaktionskosten verursacht, erwerben Puts zum Schutz des Vermögens. Gerne wird diese Strategie auch als ein Art Brandschutzversicherung gesehen. Hausbesitzer sind im Falle eines Brandes versichert, Börsianer schützen sich dagegen gar nicht oder nur selten vor Verlusten.

Zum einen schreckt oft die Prämie, zum anderen wirft ein Portefeuille, das immer abgesichert ist, kaum oder nur äußerst geringe Erträge ab. Steigen die Kurse beispielsweise stark an, kann ein Anleger mit hohen Aktienbeständen, die er über Puts absichert, weiter von steigenden Kursen profitieren, der Put hingegen verliert an Wert. Ist die Gefahr fallender Kurse gebannt, lohnt es, den Put zu veräußern, um den Verlust in Grenzen zu halten.

Purzeln die Kurse hingegen, kompensiert bei ausreichender Absicherung der Put den Wertverlust des Portfolios. Generell gilt es bei der Absicherung zwischen einem statischen und einem dynamischen Hedge zu unterscheiden. Beim statischen Hedge wird einmal errechnet, wieviele Puts zur Absicherung des Bestands notwendig sind, beim dynamischen Hedge muss laufend die Put-Position angepasst werden. Die einfachste und sicherste Variante, die erforderliche Anzahl Puts zur Absicherung auszuwählen, ist über das Delta (Sensitivität einer Option gegenüber Kursveränderung des Basisinstruments). Weist eine Put-Option beispielsweise ein Delta von minus 50 auf, müssen zur Absicherung der Aktie zwei Puts erworben werden, da ein Put die Kursbewegung der Aktie nur zur Hälfte nachvollzieht. Sollen beispielsweise Siemens-Aktien im Wert von 100.000 Euro abgesichert werden, muss dieser Betrag durch den aktuellen Stand der Aktie dividiert werden. Das Ergebnis wiederum wird durch das Delta (Berechnung siehe Optionsrechner) des ausgewählten Puts dividiert.

Die Formel lautet:

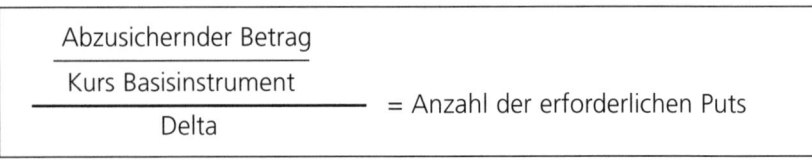

$$\frac{\dfrac{\text{Abzusichernder Betrag}}{\text{Kurs Basisinstrument}}}{\text{Delta}} = \text{Anzahl der erforderlichen Puts}$$

Sofern das Delta als eine Zahl kleiner eins angegeben ist und sich ein Put auf eine Aktie bezieht, muss die entsprechende Anzahl Aktien erworben werden. Ist hingegen das Delta als Ziffer zwischen eins und 100 ausgedrückt, wird das Ergebnis mit dem Faktor 100 multipliziert.

Da das Delta eine dynamische Kennziffer ist und sich laufend verändert, müssten während der Laufzeit theoretisch immer wieder Anpassungen vorgenommen werden. Für professionelle Anleger lohnt sich das, da sie große Bestände haben. Bei kleineren Positionen ist dies aufgrund der Gebühren meist nicht ratsam. Dadurch kommt es allerdings zu einer Unter- oder Übersicherung der Position.

Dieser Hedge funktioniert gut bei der Absicherung von Einzelwerten. Sollen so allerdings ganze Portfolios mit unterschiedlichen Aktien, die teilweise auch aus verschiedenen Ländern stammen, vor Verlusten geschützt werden, gibt es keinen speziellen Put, der alles abdeckt. Jede Aktie reagiert anders und muss daher einzeln gesichert werden. Um Kosten zu sparen kann bei Portfolios mit hohem DAX-Anteil auch ein DAX-Put gewählt werden. Dieser bietet aber keinen 100-prozentigen Schutz.

Fragen zum Thema
(Lösung siehe Seite 244):

1) Unter dem Schreiben eines Call versteht man
a) den Kauf einer Kaufoption
b) den Verkauf einer Verkaufsoption
c) den Kauf eines Verkaufsoption
d) den Verkauf einer Kaufoption

2) Bei heftigen Kurseinbrüchen verdienen
a) die Inhaber von Puts
b) die Käufer von Calls
c) Aktienanleger
d) nur die Stillhalter von Puts

3) Zusatzgewinne bei Kurseinbrüchen kommen zustande durch
a) einen Volatilitätsverfall
b) einen Volatilitätsanstieg
c) einen Zeitwertgewinn
d) einen Zeitwertverlust

4) Hedge ist
a) das Veräußern eines Put ohne Bestand
b) die Absicherung von Depotbeständen
c) der Kauf von Calls
d) der Verkauf von Puts

5) Beim Short Put
a) verlangen die Banken keine Sicherheiten
b) verkauft der Anleger Wertpapiere ohne Bestand
c) spekuliert der Verkäufer auf fallende Kurse
d) setzt der Verkäufer auf steigende Kurse

6) Käufer von Calls
a) haben unbegrenzte Verlustrisiken
b) kassieren die Optionsprämie

c) verdienen bei fallenden Kursen

d) verdienen bei steigenden Kursen

7) Ungedeckte Short Calls

a) bergen kaum Risiken

b) bergen hohe Risiken

c) bringen überproportional hohe Gewinne

d) sind Stillhalterpositionen

8) Ein Stillhalter

a) kauft Optionen von den Market-Makern

b) ist jemand, der an der Börse nichts zu sagen hat

c) verkauft Calls

d) verkauft Puts

X

Weiterentwickelte Strategien für Optionsgeschäfte an der EUREX

„Advanced" Stratgegien sind die Kür für jeden Anleger, der sein Wissen im Derivatebereich stark vertiefen will. Viele professionelle Investoren kombinieren nämlich Calls und Puts. Denn durch den gleichzeitigen Kauf von Calls und Puts lässt sich das Risiko minimieren. Das reduziert zwar oft auch die Ertragschancen, doch jeder Investor sollte vor einem Engagement seine Markterwartung prüfen. Wenn die Kurse nicht unbedingt steil nach oben oder unten schießen, bringen kombinierte Strategien oft mehr Gewinn ein als eine Position in Calls oder Puts.

Private Anleger können hier genauso mitmischen. Sie müssen jedoch die Transaktionskosten bedenken, wenn sie gleich mehrere Calls oder Puts mit unterschiedlichen Laufzeiten oder Basispreisen erwerben oder verkaufen. Denn einige Banken verlangen für diese Geschäfte an den Terminbörsen prohibitive Gebühren. Und die schlagen extrem zu Buche, wenn gleich mehrere Abschlüsse getätigt werden. Discounter oder Spezialbroker für Terminbörsen sind für Trader und Strategen die beste Wahl, wenn die Mindestprovision und die Auftragsgebühr der Hausbank für eine Order 50 bis 100 Euro oder gar noch mehr beträgt.

In den Beispielen werden die Konstuktionen anhand von Calls nachgebildet. Da es Calls ermöglichen, sowohl auf steigende wie auf fallende Kurse zu spekulieren, scheinen Puts in den Beispielen kaum von Bedeutung. Doch Strategien funktionieren prinzipiell auch mit Puts.

10.1 Spread-Optionen

Spread bedeutet übersetzt Spanne. Werden Calls und Puts kombiniert, kann eine Spanne in der Laufzeit der Optionen oder im Basispreis liegen. Sind beim Kauf und Verkauf von Optionen die Basispreise unterschiedlich, handelt es sich um einen Vertical Spread, auch **Basis-**, oder **Money Spread** genannt. Sind dagegen die Fälligkeiten verschieden, spricht man von einem **Horizontal Spread**, auch als **Zeit-** (Time) oder **Kalender-Spread** bekannt.

10.1.1 Vertical-Spread

Je nach Markterwartung wird der Vertical-Spread als **Bull** oder **Bear-Spread** eingesetzt. Bull- und Bear-Spread können wiederum kombiniert werden, was wiederum den **Butterfly** ergibt. Da hier eine Option ge- und eine andere verkauft wird, sind diese Strategien volatilitätsneutral.

10.1.2 Bull-Spread

Bei steigenden Kursen lohnt der Erwerb eines Bull-Spread. Es wird ein Call zu einem niederen Basispreis erworben und einer mit einem höheren Basispreis verkauft. Steigt der Basiswert, gewinnen zwar beide Calls an Wert. Der Gewinn aus dem Call mit dem niederen Bezugspreis übersteigt jedoch den Wert des Call mit dem höheren Basispreis. Wird der Call mit dem höheren Basispreis ausgeübt und der Anleger muss die Aktien liefern, kann er auf die Aktien aus dem Call mit dem niederen Basispreis zurückgreifen.

Brechen die Kurse hingegen ein, verfallen beide Optionen wertlos. Die vereinnahmte Prämie aus dem Verkauf des Call ist jedoch geringer als die, die für den Kauf des Call aufgewendet wurde, da dieser einen niedereren Basispreis hat. Daher muss der Investor bei fallenden Kursen einen Verlust hinnehmen.

Beispiel:
Europäische Optionen, berechnet bei einem DAX von 5000 Punkten

Position	Basiswert	Basispreis	Laufzeit	Kurs
Kauf	DAX-Call	Basis 5000	2 Monate	217 Euro
Verkauf	DAX-Call	Basis 5300	2 Monate	101 Euro

Fall A: DAX am Fälligkeitstag: 5300 Punkte
Die vereinnahmte Prämie von 101 Euro kassiert der Investor, da dieser verkaufte Call nicht ausgeübt wird. Der erworbene DAX-Call mit Basis 5000 Punkten wird ausgeübt und bringt 300 Euro (ein Index-Punkt entspricht einem Euro). Wird der Kapitaleinsatz von 217 Euro abgezogen, verbleibt ein Gewinn von 184 Euro.

Fall B: DAX am Fälligkeitstag: 5500 Punkte
Der Kauf des Call bringt unter dem Strich 283 Euro (500 Euro abzüglich dem Kapitaleinsatz von 217 Euro), der verkaufte Call wird ausgeübt und bringt einen Verlust von 99 Euro (5500 − 5300 = 200 Euro abzüglich 101 Euro = Ertrag aus dem Verkauf des Call). Der Gesamtertrag ist auch hier wieder 184 Euro.

Fall C: DAX am Fällgikeitstag: 4800 Punkte
Beide Calls werden wertlos ausgebucht. Der Verlust aus dem Kauf des 5000er-Call zu 217 reduziert sich um den Ertrag aus dem Verkauf des 5200-erCall. Das Minus aus der Gesamtposition beträgt 116 Euro (217 − 101).

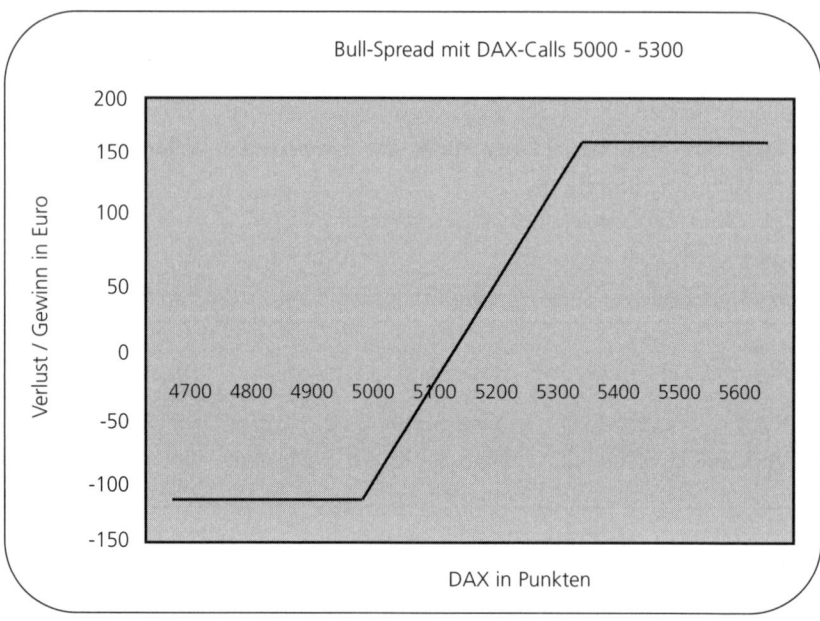

Bull-Spread mit DAX-Calls 5000 - 5300

Wird der Bull-Spread mit Puts nachgebildet, wird ein Put mit niedriger Basis gekauft und einer mit höherer verkauft. Steigen die Kurse, verfallen beide Puts wertlos. Die Prämie aus dem verkauften Put mit höherem Basispreis verbleibt beim Anleger. Die Einnahme daraus ist höher als der Aufwand für den Kauf des Put mit niedrigerer Basis.

10.1.3 Bear-Spread

Erwartet der Anleger jedoch rückläufige Kurse, eignet sich ein Bear-Spread, das Gegenstück des Bull-Spread. Hier wird ein Call mit einem hohen Basispreis gekauft und einer mit einem niedereren Basispreis verkauft. Da der Call mit dem hohen Basispreis günstiger ist als der mit dem niedereren, hat der Anleger zunächst einen Gewinn. Dieser verbleibt ihm ganz oder teilweise (je nach Wahl des Basispreises), wenn die Märkte nicht nach oben marschieren.

Beispiel:
Europäische Optionen, berechnet bei einem DAX von 5000 Punkten

Position	Basiswert	Basispreis	Laufzeit	Kurs
Kauf	DAX–Call	Basis 5000	2 Monate	217 Euro
Verkauf	DAX–Call	Basis 4800	2 Monate	332 Euro

Fall A: DAX notiert am Fälligkeitstag 4800 Punkte oder tiefer
Beide Calls verfallen wertlos. Dem Investor verbleibt die Prämie von 332
Euro, abzüglich der investierten 217 Euro, also 115 Euro.

Fall B: DAX notiert am Fälligkeitstag 5000 Punkte
Der Call mit Basis 5000 verfällt wertlos, während jener mit Basis 4800
ausgeübt wird und den Erlös aus dieser Stillhalterposition um 200 Euro
minimiert. Die Gesamtposition bringt einen Verlust von 85 Euro (332 –
200 - 217).

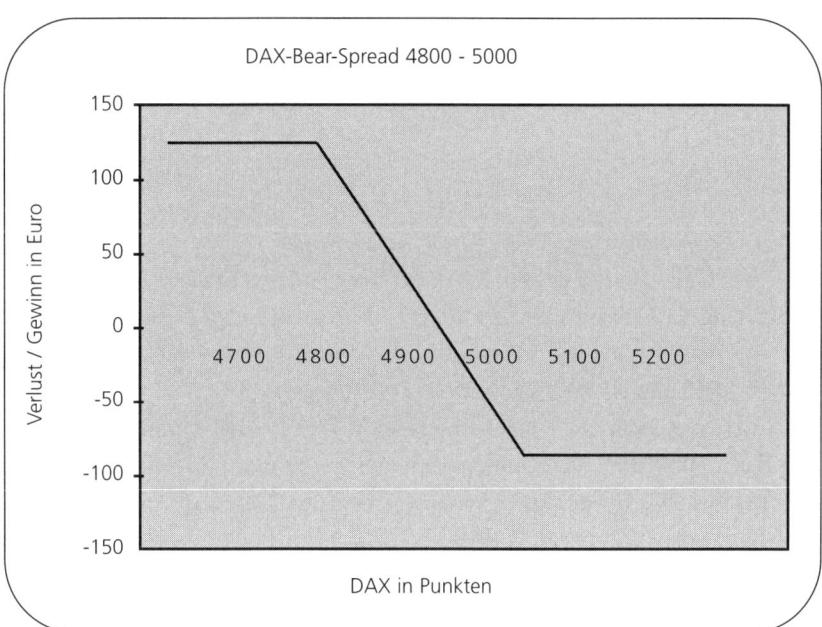

203

10.1.4 Butterfly

Der Butterfly ist eine Variante des Vertical Spread und ist im Fachjargon auch als Sandwich-Spread bekannt. Er entsteht durch die Kombination des Bull- und Bear-Spread und hat somit drei Basispreise.

Mit dem Bull-Spread wird ein Call mit einem niederen Basispreis gekauft und einer mit einem höheren verkauft. Der Basispreis dieser Option ist auch der Basispreis der verkauften Option aus dem Bear-Spread. Die zweite Komponente aus dem Bear-Spread ist der Kauf eines Call mit einem noch höheren Basispreis. Alles klar? Am Ende sind wir zwei Calls long, einmal mit einem hohen und einmal mit einem niederen Basispreis, die beiden Calls mit Basispreisen zwischen diesen beiden werden verkauft.

Beispiel:
Europäische Optionen, gerechnet bei einem DAX von 5000 Punkten

Position	Basiswert	Basispreis	Laufzeit	Kurs
Kauf	DAX-Call	Basis 4800	2 Monate	332 Euro
Verkauf	DAX-Call	Basis 5000	2 Monate	217 Euro
Kauf	DAX-Call	Basis 5200	2 Monate	132 Euro
Verkauf	DAX-Call	Basis 5000	2 Monate	217 Euro

Fall A: DAX notiert am Fälligkeitstag 4800 Punkte
Alle vier Calls weisen keinen Wert auf. Der Anleger saldiert Aufwand gegen Ertrag, es verbleibt ein minus von 30 Euro (332−217+132−217).

Fall B: DAX notiert am Fälligkeitstag 5000 Punkte
Dies ist der Optimalfall für den Investor. Die beiden veräußerten Calls mit Basis 5000 sind wertlos, dem Anleger verbleiben die beiden Prämien von jeweils 217 Euro, also insgesamt 434 Euro. Der Call mit Basis 5200 verfällt ebenso, was einen Verlust von 132 Euro bedeutet. Beim Call mit Basis 4800 Punkten entsteht ein Verlust von 132 Euro. Am Ende bleibt ein Gewinn von 170 Euro.

Fall C: DAX notiert am Fälligkeitstag 5200 Punkte
Der Call mit Basis 4800 weist einen inneren Wert von 400 Euro auf,
abzüglich dem Einstandskurs von 332 Euro, verbleiben 68 Euro Gewinn.
Die beiden veräußerten Calls mit Basis 5000 werden ausgeübt und bringen ein Minus von jeweils 200 Euro. Abzüglich dem Erlös von 217 Euro
verbleibt per saldo aber ein Gewinn von 34 Euro. Der Call mit Basis 5200
ist hingegen wertlos, was einen Verlust von 132 Euro ausmacht. Am Ende
steht ein Minus von 30 Euro (68 Euro + 34 Euro − 132).

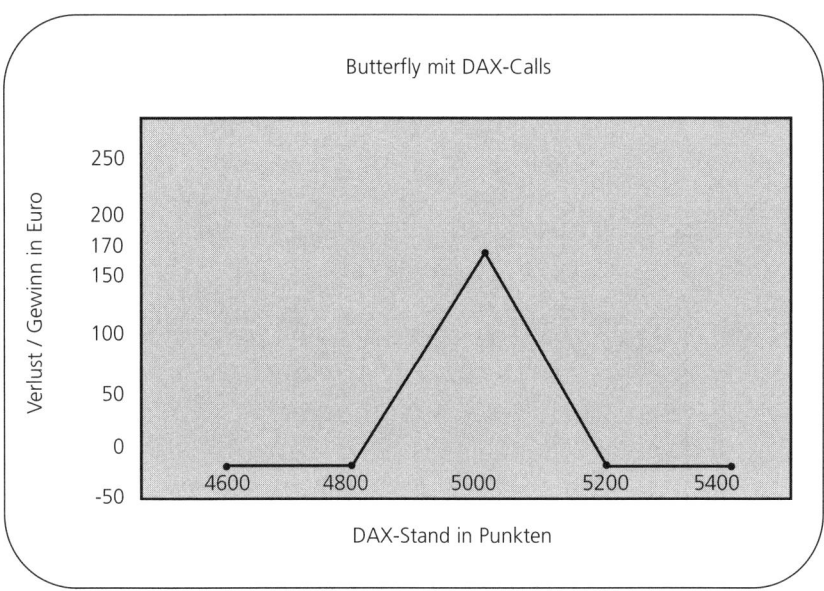

10.1.5 Condor

Der Condor ist eine weiterentwickelte Variante des Butterfly. Die Konstruktion ist gleich, mit Ausnahme, dass die beiden verkauften Optionen
nicht den gleichen Basispreis haben, sondern einen unterschiedlichen.
Auf diese Art wird der Bereich breiter, in dem Gewinne erzielt werden
können.

Erwartet der Anleger steigende Kurse, wird er die mittleren Basispreise über dem aktuellen Niveau ansetzen. Rechnet er hingegen mit fallenden Kursen, wird er die in der Mitte liegenden Basispreise unter dem aktuellen Kursniveau des Basisinstruments wählen.

Beispiel:
Europäische Optionen, berechnet bei einem DAX von 5000 Punkten

Position	Basiswert	Basispreis	Laufzeit	Kurs
Kauf	DAX-Call	Basis 5000	2 Monate	217 Euro
Verkauf	DAX-Call	Basis 5100	2 Monate	171 Euro
Kauf	DAX-Call	Basis 5300	2 Monate	101 Euro
Verkauf	DAX-Call	Basis 5200	2 Monate	132 Euro

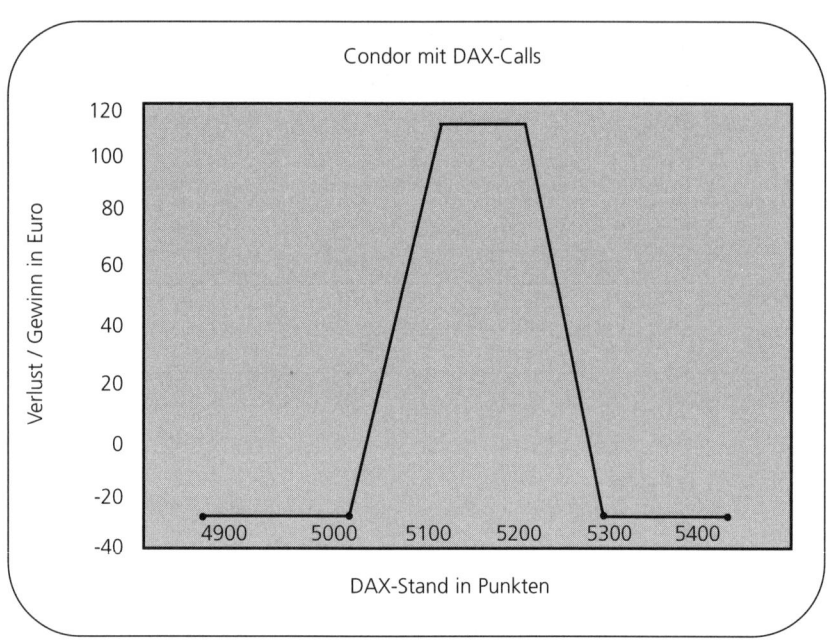

10.1.6 Horinzontal Spread (Kalender-/Time-Spread)

Im Gegensatz zu den Vertical Spreads werden hier nicht die Basispreise variiert, sondern die Fälligkeiten. Es existieren zwar keine Bull- oder Bear-Varianten wie beim Vertical-Spread, doch auch mit Horizontal Spreads kann auf steigende sowie fallende Kurse gesetzt werden. Da die Fälligkeiten der beiden Optionen unterschiedlich sind, ist die maximale Haltedauer für die Gesamtstrategie die zuerst liegende Fälligkeit. Wird eine Option über diesen Termin hinaus gehalten, handelt es sich um eine offene Risikoposition, die nicht durch eine andere gedeckt ist. Daher wird spätestens am Fälligkeitstag der ersten Option die Gesamtposition aufgelöst.

Gebildet wird der Kalender-Spread mit Calls aus dem Kauf eines lang laufenden und dem Verkauf eines kurz laufenden Calls. Der Gewinn des Investors liegt im Zeitwert. Denn ein Kurzläufer verliert in der Regel mehr Aufgeld als ein Langläufer. Bei steigenden Kursen liegt der Basispreis über dem aktuellen Kursniveau, stagnieren die Kurse, entspricht der Basispreis dem derzeitigen Stand. Bei fallenden Kursen wird der Kalender-Spread mit Puts gewählt, und zwar mit dem Kauf eines lang laufenden Put und dem Verkauf eines Kurzläufers. Die Basispreise der beiden Puts liegen unter dem momentanen Niveau.

Beispiel:
Europäische Optionen, berechnet bei einem DAX von 5000 Punkten

Position	Basiswert	Basispreis	Laufzeit	Kurs
Verkauf	DAX-Call	Basis 5300	1 Monat	48 Euro
Kauf	DAX-Call	Basis 5300	3 Monate	148 Euro

Zunächst muss der Investor hier netto 100 Euro aufbringen. Er generiert aus dem Verkauf der Option 48 Euro, muss aber 148 Euro auf den Tisch legen. Steigt der Dax nun bis zur Fälligkeit auf 5280 Punkte an, verfällt der erste Call wertlos. Die Prämie von 48 Euro sind dem Investor sicher und er hat aus dieser Option keine weiteren Verpflichtungen. Der

Call steigt nach einem Monat auf rund 219 Euro und kann zu diesem Kurs veräußert werden, was dem Anleger einen Gesamtgewinn von 119 Euro (48 − 148 + 219) bringt.

Kommt der DAX hingegen nicht vom Fleck und verharrt bei 5000 Punkten, wäre der Call nach einem Monat lediglich 101 Euro wert. Hier bleibt am Ende nur noch ein Euro übrig (Rechnung: 48 − 148 + 101).

Horizontal Spreads mit DAX-Calls

Markterwartung: steigende Kurse

DAX im August 5000 Punkte
DAX im September 5280 Punkte

August   September   Oktober   November

August: Verkauf des September-Call mit Basis 5300 zu 48 Euro
+ Kauf des November-Call mit Basis 5300 zu 148 Euro = Einsatz: 100 Euro

September: DAX notiert bei 5280 Punkten, der verkaufte 5300er-Call verfällt wertlos.
Der Wert des November-Call steigt auf 219 Euro.
Ergebnis: 219 abzüglich dem Kapitaleinsatz von 100 Euro = 119 Euro

Markterwartung: stagnierende Kurse

DAX im August 5000 Punkte
DAX im September 5000 Punkte

August   September   Oktober   November

August: Verkauf des September-Call mit Basis 5000 zu 152 Euro
+ Kauf des November-Call mit Basis 5000 zu 270 Euro = Einsatz: 118 Euro

September: DAX notiert bei 5000 Punkten, der verkaufte 5000er-Call verfällt wertlos.
Der Wert des November-Call fällt auf 217 Euro.
Ergebnis: 217 abzüglich dem Kapitaleinsatz von 118 Euro = 99 Euro

Da bei steigenden Volatilitäten der Wert beider Optionen ansteigt, wird diese Strategie auch als volatilitätsneutral bezeichnet. Handelt es sich um europäische Optionen, die nur am Ende der Laufzeit ausgübt werden können, kann ein Volatilitätsanstieg von Vorteil sein. Denn dann legt in der Regel auch der länger laufende Call zu und gewinnt zusätzlich an Wert durch den Vola-Anstieg, während der verkaufte Call nicht ausgeübt wird, solange er unter dem Basispreis notiert.

10.2 Straddle

Auch mit Calls und Puts mit identischen Laufzeiten und gleichen Basispreisen lässt sich Geld verdienen. Sowohl als Käufer als auch als Verkäufer. Ihre Spekulation richtet sich dabei auf die Ausschläge des Basisinstruments sowie die Volatilität von Optionen „am Geld", bei denen der Basispreis in etwa dem aktuellen Kurs des Basisinstruments entspricht.

10.2.1 Long Straddle

In unsicheren Zeiten erscheint der gleichzeitige Kauf eines Call und eines Put mit identischen Konditionen (Basispreis und Laufzeit) sinnvoll. Nach einer langen Aufwärtsbewegung kommt es an den Börsen immer wieder zu Störfaktoren. Besonders im Spätsommer und Herbst scheint die Börse anfällig für Korrekturen. Bei heftigen Ausschlägen steigt die Volatilität stark an und erreicht Spitzenwerte. Und das verteuert den Preis von Optionen. Der VDAX, der die implizite Volatilität von Optionen am Terminmarkt Eurex widerspiegelt, schnellte in der Herbstkorrektur 1998 von 37 Prozent auf 57 Prozent hoch.

Position	Basiswert	Basispreis	Laufzeit	Kurs
Kauf	DAX-Call	Basis 5000	3 Monate	267 Euro
Kauf	DAX-Put	Basis 5000	3 Monate	227 Euro

Auf den ersten Blick erscheint ein Straddle unlogisch. Wenn die Kurse purzeln, gewinnt der Put, der Call verliert. Ziehen die Notierungen hingegen an, legt der Call zu und der Put fällt. Die Rechnung stimmt nur soweit, solange die Volatilität außen vor bleibt. Sie ist jedoch ein wesentlicher Bestandteil jeder Option. Bei heftigen Ausschlägen schnellt die „Vola" hoch und verteuert die Optionen.

Die Besitzer von Calls und Puts haben in diesem Fall gut lachen. Legt die Volatilität der DAX-Optionen beispielsweise von 25 Prozent auf 35 Prozent zu, verteuert sich ein DAX-Call „am Geld" mit Basis 5000 Punkte und einer Restlaufzeit von drei Monaten von 267 Euro auf 365 Euro. Ein Anstieg auf 50 Prozent, was kurzfristig durchaus realistisch ist, erhöht den Preis sogar auf 512 Euro.

Beispiel:
Europäische Optionen, berechnet bei einem DAX von 5000 Punkten, implizite Volatilität: 25 Prozent
Der DAX bricht um 20 Prozent ein und notiert eine Woche nach dem Erwerb der Option bei 4000 Punkten. Gleichzeitig legt die implizite Volatilität von 25 Prozent auf 55 Prozent zu. Ein Put mit einer Laufzeit von drei Monaten legt in diesem Fall von 227 Euro auf 1098 Euro zu, der Call, der durch den Kurseinbruch bei unveränderter Volatilität nur noch 7 Euro wert wäre, steigt aufgrund des Volatilitätsanstiegs auf 134 Euro. Damit profitiert der Anleger stark von höheren Volatilitäten.

Empfehlenswert ist es, einen Straddle nur kurzfristig einzusetzen. Investoren, die vorzeitig eine der beiden Positionen auflösen, gehen ein erhöhtes Risiko ein. Sinn macht dies nur, wenn sich die Unsicherheit legt und der Markt wieder in eine Richtung tendiert, beispielsweise nach oben. Dann wird der Put verkauft, der Anleger setzt damit aber nicht mehr primär auf einen Volatilitätsanstieg, sondern auf weiter steigende Kurse.

⎿ *Tipp* *Warten sie nach einem starken Volatilitätsanstieg nicht zulange mit dem Verkauf ihrer Optionen. Denn der steile Anstieg normalisiert sich oft innerhalb von wenigen Tagen, Spitzenvolatilitäten werden oft sogar nur wenige Stunden gehandelt.*

10.2.2 Short Straddle

Der Short Straddle ist genau das Gegenteil des Long Straddle, nämlich der Verkauf von Call und Put mit identischen Konditionen. Die Position des Verkäufers ist nach der detaillierten Beschreibung des Long Straddle offensichtlich. Hier setzt der Verkäufer auf eine ruhige Börsenphase. Erfüllt sich seine Erwartung, kann er die Prämien aus dem Call und dem Put einstreichen. Doch wehe, wenn das nicht geschieht.

Überraschende und schnelle Marktausschläge können dem Verkäufer der Optionen das letzte Hemd kosten. Denn bei einem Rückschlag müssen die Aktien aus dem Verkauf des Put abgenommen werden, bei einem Anstieg, müssen die Aktien aus dem Call zum Basispreis geliefert werden. Die Prämien aus dem Verkauf der Optionen reichen in turbulenten Zeiten nicht aus, um die Verluste aus dem Optionsgeschäft zu decken.

Pendeln die Märkte jedoch ruhig und in einer engen Bandbreite vor sich hin, erfreut das den Verkäufer, der mit den erzielten Prämien die Portfoliorendite optimiert.

10.2.3 Straps and Strips

Tendiert ein Investor beim Straddle mehr zu einer optimistischen Einstellung, wird er mehr Calls kaufen als Puts und hat somit keinen Straddle mehr im Portofolio, sondern eine Strap. Bei eher negativer Markterwartung sind dagegen die Puts in der Überzahl, was einen Strip bedeutet. In der Regel werden beim Strap zwei Anteile Calls und ein Anteil Puts erstanden, beim Strip sind es zwei Drittel Puts und ein Drittel Calls.

10.3 Strangle

Beim Strangle werden wie beim Straddle ein Call und ein Put eingesetzt. Im Gegensatz zum Straddle sind hier die Basispreise der beiden Optionen unterschiedlich.

10.3.1 Long Strangle

Ein Long Strangle ist der Kauf eines Call und eines Put auf ein und dasselbe Basisinstrument mit gleicher Laufzeit. Die Basispreise sind jedoch unterschiedlich. So wird die Höhe des Totalverlusts, den der Investor beim Straddle riskiert, minimiert. Gekauft wird ein Put mit einem niederen Basispreis als der aktuelle Stand des Basiswerts und ein Call mit einem höheren. Ziel sind auch hier ein Anstieg der impliziten Volatilität und heftige Marktausschläge. Beim Strangle müssen sie aber noch heftiger sein als beim Straddle. Denn im Vergleich zum Straddle ist der Kapitaleinsatz beim Strangle geringer, da sich beide Optionen „aus dem Geld" befinden und diese billiger sind als Optionen „am Geld", wie sie beim Straddle verwandt werden.

10.3.2 Short Strangle

Das Spiegelbild des Long Strangle ist der Short Strangle, bei dem Call und Put mit unterschiedlichen Basen nicht ge-, sondern verkauft werden. Wer mit nahezu unveränderten Kursen oder mit geringen Ausschlägen rechnet, kann an der Börse aber schnell eines besseren belehrt werden. Beim Short Strangle vereinnahmt der Verkäufer des Call und Put zwar die Prämien, doch die Verlustrisiken sind immens.

10.4 Arbitragestrategien

Ist die Marktmeinung eines Investors neutral und er sieht eine Option, die zu günstig angeboten wird oder eine andere, deren Preis überhöht ist, muss er nicht tatenlos zusehen. Diese Chance sollte er nutzen, die zu günstige Option kaufen oder eine andere, deren Preis zu hoch ist, verkaufen, und eine sogenannte Box nachbilden. Für den Anleger ist die Strategie risikolos und volatilitätsneutral. Unabhängig wohin sich der DAX bewegt, ist das Gewinn-/Verlustprofil bei einer Box immer vorherbestimmt. Eins darf aber nicht außen vor bleiben: die Transaktionskosten. Da es sich bei einer Box um vier Geschäfte handelt, übersteigen häufig die Spesen den Gewinn.

Daher lohnt diese Strategie nur für Investoren, die wenig Gebühren bezahlen oder wenn die Optionskonditionen so zum Vorteil des Anlegers sind, dass alle Gebühren gedeckt sind. Vorsicht ist geboten bei lang laufenden oder illiquiden Optionen an der Eurex. Hier werden zwar teilweise Preise gestellt, doch meist kann der Anleger zu diesen Konditionen kein Geschäft abschließen.

Tipp *Tätigen Sie vorher bei der Bank oder dem Broker ein Quote-Request (Anfrage an die Market Maker – siehe auch Terminmarkt Eurex). Damit wird geprüft, ob die Option wirklich handelbar ist.*

10.4.1 Box

Die Box besteht aus der Kombination eines Bull-Spread, der mit Calls nachgebildet wird und eines Bear-Spread mit Puts. Es wird also ein Call mit niederem Basispreis gekauft und einer mit hohem Basispreis verkauft. Dazu der Kauf eines Put mit hohem Basispreis und der Verkauf eines Put mit niederem Basispreis.

Beispiel (die Prämie für den DAX-Put mit Basis 5000 ist überhöht)
Europäische Optionen, berechnet bei einem DAX von 5000 Punkten

Position	Basiswert	Basispreis	Laufzeit	Kurs
Kauf	DAX-Call	Basis 5000	2 Monate	217 Euro
Verkauf	DAX-Call	Basis 5200	2 Monate	132 Euro
Kauf	DAX-Put	Basis 5200	2 Monate	395 Euro
Verkauf	DAX-Put	Basis 5000	2 Monate	300 Euro

Die Aufwendungen für die Käufe betragen 612 Euro, an Erträgen fließen dem Investor zunächst nur 432 Euro zu.

Fall A: DAX notiert am Fälligkeitstag 5000 Punkte

Call Basis 5000	217 Euro Verlust
Call Basis 5200	132 Euro Gewinn
Put Basis 5200	195 Euro Verlust (200 Gewinn – 395 Einsatz)
Put Basis 5000	300 Euro Gewinn
	20 Euro Gewinn

Fall B: DAX notiert am Fälligkeitstag 5200 Punkte

Call Basis 5000	17 Euro Verlust (200 Gewinn – 217 Einsatz)
Call Basis 5200	132 Euro Gewinn
Put Basis 5200	395 Euro Verlust
Put Basis 5000	300 Euro Gewinn
	20 Euro Gewinn

Fall C: DAX notiert am Fälligkeitstag 6000 Punkte

Call Basis 5000	783 Euro Gewinn (1000 Gewinn – 217 Einsatz)
Call Basis 5200	668 Euro Gewinn (800 Verlust – 132 Prämie)
Put Basis 5200	395 Euro Verlust
Put Basis 5000	300 Euro Gewinn
	20 Euro Gewinn

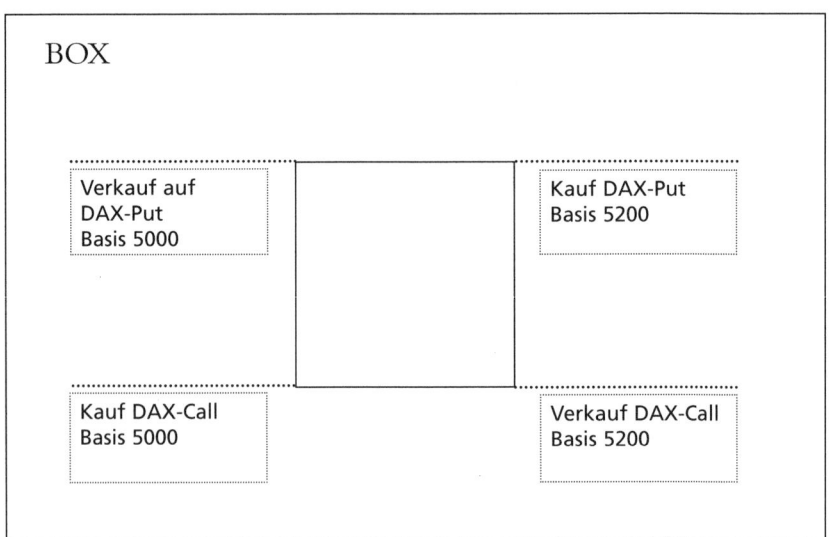

Die Strategie, der Kauf einer Box kann auch spiegelbildlich dargestellt werden. Dann spricht man vom Verkauf einer Box. Weitere Strategien, die zu Arbitragezwecken eingesetzt werden sind Conversion und Reversal.

10.4.2 Conversion und Reversal

Ebenso wie bei einer Box sind auch bei einer Conversion unter- oder überbewertete Optionen die Grundlage. Conversion bedeutet den Verkauf eines Call und den Kauf eines Put mit identischen Konditionen sowie den Erwerb des Basisinstruments.

Notiert der Basiswert am Verfall höher als der Bezugspreis, wird der Call ausgeübt werden und dem Investor ein Verlust entstehen. Dieser wird durch den Put ausgeglichen. Wenn entweder der Put sehr günstig erworben wurde oder der Call gut veräußert wurde, verbleibt dem Anleger ein Gewinn.

Beispiel (die Prämie für den DAX-Put mit Basis 5000 ist zu niedrig)
Europäische Optionen, berechnet bei einem DAX von 5000 Punkten

Position	Basiswert	Basispreis	Laufzeit	Kurs
Verkauf	DAX–Call	Basis 5000	2 Monate	217 Euro
Kauf	DAX–Put	Basis 5000	2 Monate	130 Euro
Kauf	DAX–Zertifikat			5000 Euro

Fall A: DAX notiert am Fälligkeitstag 5000 Punkte

DAX–Zertifikat	neutral
Call Basis 5000	217 Euro Gewinn
Put Basis 5000	130 Euro Verlust
	87 Euro Gewinn

Fall B: DAX notiert am Fälligkeitstag 6000 Punkte

DAX-Zertifikat	1000 Euro Gewinn_
Call Basis 5000	783 Euro Verlust (1000 Verlust – 217 Ertrag)
Put Basis 5000	130 Euro Verlust
	87 Euro Gewinn

Fall C: DAX notiert am Fälligkeitstag 4000 Punkte

DAX-Zertifikat	1000 Euro Verlust_
Call Basis 5000	217 Euro Gewinn
Put Basis 5000	870 Euro Gewinn (1000 Ertrag – 130 Einsatz)
	87 Euro Gewinn

Dieses Spiel funktioniert in der Praxis aber nur, wenn ein Teil der Optionen ein Schnäppchen war. In der Theorie ist auch die Umkehrformation des Conversion als Reversal bekannt. Da in Deutschland aber keine Leerverkäufe zugelassen sind, ist diese Strategie hierzulande nicht einsetzbar.

Fragen zum Thema
(Lösung siehe Seite 244):

1) Ein Bull-Spread
a) ist die Kombination von zwei Calls mit unterschiedlicher Laufzeit
b) bietet dem Anleger unbegrenzte Gewinnchancen
c) ist die Kombination von zwei Calls mit identischer Laufzeit
d) ist die Kombination von einem Put und einem Call mit identischer Laufzeit

2) Ein Straddle
a) wird eingegangen, wenn erwartet wird, dass die Volatilität steigt
b) wird eingegangen, wenn erwartet wird, dass die Volatilität fällt
c) ist der Kauf von zwei Puts
d) ist der Verkauf von zwei Puts

3) Der Bear-Spread
a) lohnt nur bei steigenden Börsen
b) wird am Optionsscheinmarkt als Fertigprodukt angeboten. Er kann aber auch vom Anleger mit Optionen selbst konstruiert werden
c) bietet unbegrenzte Gewinnchancen
d) birgt so gut wie keine Risiken

4) Ein Strangle
a) ist der Kauf von zwei Calls
b) ist der Verkauf von zwei Calls
c) ist der Kauf oder Verkauf von einem Call und einem Put mit identischen Basispreisen
d) ist der Kauf oder Verkauf von einem Call und einem Put mit unterschiedlichen Basispreisen

5) Anleger, die auf steigende Volatilitäten spekulieren, wählen...

a) einen Bull-Spread

b) eine Box

c) einen Straddle

d) eine Conversion

XI

Absicherung von Risiken

Wieviele Versicherungen haben Sie? Haftpflicht, Lebensversicherung, KFZ-Versicherung, Brandschutz...

Kapitalanlagen an der Börse können ebenfalls versichert werden. Es kann durchaus sinnvoll sein, seine Positionen abzusichern. Diese Geschäfte werden auch als Hedge (übersetzt: einzäunen, sich nicht festlegen, ausweichen, sich decken) bezeichnet und zur Absicherung von Risiken getätigt. Und Risiken an der Börse sind heftige Kurskorrekturen. Ein Anleger mit hohem Aktienanteil muss aber nicht unbedingt sofort sein gesamtes Portfolio liquidieren, wenn am Börsenhimmel die ersten Wolken aufziehen. Dies ist zum einen gerade dann nicht sinnvoll, wenn stattliche Kursgewinne im Buche stehen. Werden sie nämlich innerhalb der einjährigen Spekulationsfrist veräußert, sind sie steuerpflichtig, sofern diese Einkünfte im Gesamtjahr die Freigrenze von 1000 Mark übersteigen (siehe hierzu auch Spekulationssteuer Kapitel 13).

Zum anderen kostet der Verkauf Geld. Will ein Investor längerfristig in den jeweiligen Positionen engagiert bleiben, ist es auch im Hinblick auf die Gebühren oft nicht ratsam, die Bestände zu veräußern und später wieder zurückzukaufen. Eine Versicherung des Portofolios ist zwar teurer als die Gebühren für den Verkauf des Aktienbestands. Doch in dem Moment, in dem Gefahr droht, ist oft auch unklar, zu welchem Kurs ein Wiedereinstieg möglich ist. Denn ziehen die Gewitterwolken vorüber und die Korrektur bleibt aus, kann es durchaus passieren, dass der Investor seine veräußerten Stücke später zu einem höheren Preis zurückkauft. Vorteilhafter ist in diesem Fall aber eine Absicherung mit Puts. Dabei ist der Kapitaleinsatz für die Puts wie eine Versicherungsprämie zu betrachten. Tritt der Schadensfall nicht ein, wäre der Aufwand nicht notwendig gewesen. Dann diente er lediglich der Beruhigung der Nerven und ermöglicht einen ruhigen Schlaf.

Um einen möglichst risikolosen Hedge zu gestalten, bedarf es der genauen Analyse des Portfolios. Wird eine Absicherung mit einem DAX-Put durchgeführt, so macht dies nur für ein klassisches DAX-Portfolio Sinn. Hat ein Investor ausschließlich Aktien des Neuen Markts oder nur ein oder zwei DAX-Titel im Portefeuille, so sollte eine Absicherung mit Puts auf die jeweilige Aktie oder Nemax-Puts erfolgen. Es gilt jedoch, je höher die Volatilität einer Aktie, desto teurer ist die Absicherung.

Als eine andere, aber nicht ganz so perfekte Absicherungsmethode, ist die Korrelation der Aktie zum DAX – auch Beta genannt – zu betrachten. Entwickelt sich die abzusichernde Aktie identisch dem DAX, beträgt das Beta eins. Ein Hedge erfolgt wie bei einem DAX-Portfolio. In den meisten Fällen, beträgt das Beta das in der Wirtschaftspresse veröffentlicht wird, jedoch nicht eins, sondern ist höher oder niedriger. Ein Beta von beispielsweise 0,8 besagt, dass die Aktie die Entwicklung des DAX nur zu 80 Prozent nachvollzieht.

Beispiel zur Berechnung des Beta eines Portfolios:

Gewichtung • Beta Einzelposition = Portfolio-Beta
0,331 • 0,97 + 0,273 • 1,0 + 0,141 • 0,78 + 0,254 • 0,82 =
   0,32107 +   0,273 +   0,10998 +   0,23876 = 0,94281

Marktwert • Portfolio-Beta = abzusichernder Betrag

  10.6200 • 0,94281   = 10.0126,42 Euro

Position	Kurs	Anzahl	Marktwert	Gewichtung	Beta
A	44	800	35200 Euro	0,331	0,93
B	145	200	29000 Euro	0,273	1,00
C	100	150	15000 Euro	0,141	0,78
D	135	200	27000 Euro	0,254	0,94
			106.200 Euro		

Das Beta ist eine wertvolle Stütze zur Berechnung der Absicherung. Da es sich aber von Tag zu Tag verändert, müssen die Anzahl der Optionen, die für den Hedge benötigt werden, laufend angepasst werden, was Zusatzkosten verursacht. Ansonsten muss sich der Investor darüber im Klaren sein, dass das Risiko entweder über- oder untergedeckt ist.

Eine hundertprozentige Deckung wird aber ohnehin nur selten angestrebt. Denn die Verluste aus dem Put gleichen unter Umständen die Gewinne aus dem Aktienbestand komplett aus oder stellen per saldo gar einen Verlust dar. Dies ist vor allem bei leicht steigenden Kursen oder in Seitwärtsbewegungen der Fall. Hier verliert der Put an Zeitwert und wird am Ende wertlos ausgebucht, während der Wert des Gesamtportfolios gar nicht oder nur wenig zulegt.

Absicherungen werden im aktiven Portfoliomanagement aber meist auch nur in Zeiten hoher Unsicherheit eingesetzt. Oft werden dann nicht die kompletten Bestände gehedgt, sondern nur ein Teil, zum Beispiel ein Viertel oder die Hälfte aller Positionenen.

In der Praxis sind unterschiedliche Absicherungsmethoden bekannt. Die Absicherung kann sowohl über einen Future erfolgen. Am weitesten verbreitet sind aber der statische Hedge (fixed hedge) und der dynamische Hedge (Delta hedge) mit Puts.

11.1 Statischer Hedge

Statisch steht hier für unverändert. Zu Beginn der Absicherung wird die erforderliche Anzahl von Puts errechnet und bis zur Auflösung des Hedge unverändert beibehalten. Diese einfache Form der Absicherung bietet Schutz zum Fälligkeitstag der ausgewählten Option. Der Basispreis entspricht beim Erwerb dem aktuellen Aktienkurs. Während der Laufzeit kann es zu einer Über- oder Untersicherung kommen. Die vollständige Deckung bezieht sich auf den Verfalltermin der Option.

Beispiel für ein reines DAX-Portfolio:

Position	Basiswert	Kurs	Portefeuille-Wert
Depotbestand	20 DAX-Zertifikate	5000 Euro	100000 Euro

Absicherung mit DAX-Puts, Basis 5000 Punkte. Berechnung bei einem DAX von 5000 Punkten und einem Bezugsverhältnis von 100:1

Rechnung:

Erforderliche Anzahl Puts = Menge der Basiswerte • Bezugsverhältnis

20 • 100 = 2000 Puts

Die Menge der Basiswerte kann auch errechnet werden, indem der Wert der abzusichernden Position durch den aktuellen Kurs des Basiswertes dividiert wird.

Fall A: DAX am Fälligkeitstag: 4500 Punkte
Der Wert der DAX-Zertifikate fällt von 100.000 auf 90.000 Euro. Die DAX-Puts mit der Basis 5000 Punkte sind hingegen fünf Euro wert, insgesamt also 10.000 Euro. Damit ist der Verlust ausgeglichen.

Der Investor sollte bei dieser Rechnung auch seinen Kapitaleinsatz berücksichtigen. Es gilt: je länger die Option läuft, desto teurer ist sie. Bei einer Volatilität von 20 Prozent und einer Laufzeit von drei Monaten muss der Investor mit einer Prämie von rund fünf Prozent rechnen, bei sechs Monaten mit 6.5 Prozent. Ist die Volatilität höher, muss auch für die Absicherung mehr bezahlt werden.

Fall B: DAX am Fälligkeitstag: 5000 Punkte
Die DAX-Puts verfallen wertlos. Das Portfolio weist unverändert einen Wert von 100.000 Euro auf.

Fall C: DAX am Fälligkeitstag: 6000 Punkte
Auch in diesem Fall sind die Puts ohne Wert, der Prämieneinsatz ist verloren. Das Investment in den DAX-Zertifikaten hat einen Gesamtwert von 120.000 Euro.

11.2 Dynamischer Hedge

Im Gegensatz zum statischen Hedge zielt ein dynamischer Hedge auf die kontinuierliche Absicherung ab. Diese Variante bezieht sich daher nicht auf die Endfälligkeit einer Option, sondern bietet auch während der Laufzeit eine vollständige Sicherheit vor Verlusten. Gewinne wie Verluste im Basiswert werden durch die Absicherungsposition ausgeglichen. Da es mittels dem Delta der Option (siehe Kapitel 6), das die Veränderung des Optionspreises zum Basisinstrument zeigt, errechnet wird, ist diese Variante auch als Delta-Hedge bekannt.

Beispiel für ein reines DAX-Portfolio:

Position	Basiswert	Kurs	Portefeuille-Wert
Depotbestand	20 DAX-Zertifikate	5000 Euro	100000 Euro

Absicherung mit DAX-Puts, Basis 5000 Punkte. Berechnung bei einem DAX von 5000 Punkten und einem Bezugsverhältnis von 100:1. Der Put „am Geld" weist ein Delta von – 40 Prozent auf.

Rechnung:

$$\text{Erforderl. Anzahl Puts} = \frac{\text{Menge der Basiswerte}}{\text{Delta}} \cdot \text{Bezugsverhältnis}$$

$$\frac{20}{0,40} \cdot 100 \quad = 5000$$

Steigt der DAX auf 6000 Punkte, muss die Hedgeposition angepasst werden. Das Delta, das eine dynamische Kennziffer ist, und sich laufend verändert, fiel von -40 auf -35 Prozent. Die neue Rechnung lautet daher:

$$\frac{20}{0,40} \cdot 100 \quad = 5714$$

Die Rechnung verdeutlicht, dass das Portfolio nicht ausreichend abgesichert ist. Bei einer Deltaänderung von 40 Prozent auf 35 Prozent werden beim dynamischen Hedge nun 714 Puts nachgekauft. Fällt der Markt hingegen, ist das Portfolio übersichert und es können Puts verkauft werden.

Viele Investoren meiden den Aufwand und die erhöhten Kosten einer regelmäßigen Anpassung beim dynamischen Hedge und bevorzugen daher den statischen Hedge.

Beim statischen Hedge wurden zur Absicherung eines Portofolios im Wert von 100.000 Euro 2000 Puts benötigt, beim dynamischen Hedge waren es hingegen 5000 Puts. Wieviele Puts beim dynamischen Hedge mehr als bei statischen Hedge gekauft werden müssen, lässt sich auch durch die Hedge-Ratio ausdrücken.

Rechnung:

$$\text{Hedger-Ratio} = \frac{1}{\text{Put-Delta}}$$

$$2,5 = \frac{1}{0,40}$$

Zu beachten ist zudem, dass typische DAX-Portfolios wie in den vorangehenden Beispielen in der Praxis selten sind. Positionen in Einzelaktien werden am besten mit dem jeweiligen Put abgesichert, zum Beispiel ein Bestand in Allianz-Aktien mit einem Put auf Allianz. Hier wird ebenso ein Put mit der Basis am Geld, also in der Höhe des aktuellen Aktienkurses, ausgewählt.

Fragen zum Thema
(Lösung siehe Seite 244)

1) Das Beta zeigt:
a) die Sensitivität des Optionsscheins auf Veränderungen des Aktienkurses
b) die Korrelation der Aktie zum Put
c) die Korrelation der Aktie zum jeweiligen Index
d) die Volatilität des Basiswertes

2) Berechnen Sie das Portfolio-Beta für nachfolgende Positionen:
a) 100 Aktien à 52,20 Euro   - Beta 0,72
b) 250 Aktien á 31,50 Euro   - Beta 1,22
c) 30 Aktien á 410,20 Euro - Beta 0,94

3) Welcher Betrag ist bei Frage 2) abzusichern

4) Sie haben ein DAX-Portfolio im Wert von 78500 Euro. Wieviele Puts benötigen Sie bei einem Index-Stand von 5000 Punkten für einen statischen Hedge? Das Bezugsverhältnis beträgt 100 zu eins.

5) Wann sind Sie über die Laufzeit hinweg immer zu hundertprozentig abgesichert?
a) beim statischen Hedge
b) bei einem dynamischen Hedge
c) dies ist nur möglich, wenn der statische Hedge laufend angepasst wird
d) eine komplette Absicherung ist bei beiden möglich

XII

Professionelle Auswahl von Optionen

Eine der schwierigsten Frage, die einem Optionsprofi immer wieder gestellt wird, ist die nach der Auswahl des „richtigen" Warrant. Oft ist die Erklärung über einen theoretischen Sachverhalt nicht so schwer, wie die Antwort zur passenden Option. Denn zum einen hat jede Option einen Gegenpart, der genau eine Bewegung in die andere Richtung erwartet. Sie können also nie hundertprozentig sicher sein, dass ein Geschäft funktioniert. Zum anderen gibt es viele Punkte, die es bei der Auswahl eines Warrant zu beachten gibt.

Allen voran steht das Basisinstrument. Wenn Sie überzeugt sind, dass dieses steigt, setzen Sie auf einen Call, erwarten Sie rückläufige Kurs, wählen Sie einen Put. Denn viele Privatanleger vergessen, dass auch mit Puts viel Geld zu verdienen ist. In Seitwärtsmärkten empfehlen sich beispielsweise Range-Warrants (Vergleiche Kapitel 7) oder der Erwerb von Aktien und gleichzeitig der Verkauf von Calls an der Eurex (weitere Strategien siehe Kapitel 9 und 10).

Gleichzeitig mit der Auswahl des passenden Basisinstruments kommt die Frage des Timing auf. Passt der Zeitpunkt für ein Engagement jetzt, oder lohnt es noch abzuwarten. Nur selten hat man nämlich das Glück, zum Tiefstkurs einzusteigen und am Hoch zu verkaufen. Doch ist ein aussichtsreicher Basiswert entdeckt, muss immer geprüft werden, ob das Timing stimmt und jetzt der Zeitpunkt zum Einstieg gekommen ist. Fällt der Basiswert unmittelbar nach dem Erwerb eines Call, bedeutet dies durch den Hebeleffekt herbe Verluste.

Hier bietet die Charttechnik eine wertvolle Unterstützung. Analysiert wird dabei niemals der Optionsschein, sondern immer der Basiswert. Lassen Sie sich bei einer Option niemals von alten Höchst- oder Tiefstkursen blenden! Sie besitzen absolut keine Aussagekraft und sind keineswegs ein Indiz dafür, dass der Warrant jemals wieder das alte Hoch erreichen wird.

Timing

Das Timing ist im Übrigen nicht nur beim Einstieg wichtig, sondern auch beim Auflösen der Position. Auch hier lehrt die Erfahrung, dass mit Unterstützung der Charttechnik höhere Erfolge zu erzielen sind als ohne (siehe hierzu auch Kapitel 1).

Und Timing gilt auch in puncto Laufzeit. Da diese von Natur aus begrenzt ist, sollte sie immer bedacht werden. Bitter ist vor allem, wenn man den richtigen Riecher hatte, doch die Lebenszeit der Option ist abgelaufen. Schlägt nämlich das Basisinstrument erst nach dem Verfalltermin der Option die gewünschte Richtung ein, fühlt sich jeder Investor bestätigt, dass die Tendenz richtig prognostiziert wurde. Umso ärgerlicher ist, wenn sich das auf dem Konto nicht oder gar negativ auswirkt. Vor einem Engagement sollte daher ein Zeitraum definiert werden, in dem die Prognose eintritt. Ratsam ist dann, nicht eine Option mit dieser Laufzeit zu wählen, sondern eine, die etwa um die Hälfte länger oder gar doppelt so lange läuft.

Break Even Berechnung

Um die passende Option auszuwählen, muss sich jeder Investor vor dem Kauf ein klares Bild darüber machen, wieviel Kurspotenzial er dem Basiswert zubilligt. Denn der Erwerb eines Call macht nur dann Sinn, wenn die erwartete Kurssteigerung schnell eintritt oder diese bis zum Laufzeitende das Aufgeld übersteigt. Diese Rechnung ist in der Praxis als Break-even bekannt.

Beispiel: DAX-Call Basis 5000/Laufzeit 2 Monate/Optionspreis 217 Euro

Break-even Call = Basiswert + Optionspreis

= 5000 + 217 = 5217

Der DAX müsste in diesem Fall höher als 5217 Euro notieren, damit der Anleger am Laufzeitende einen Gewinn verbuchen kann. Legt das deutsche Kursbarometer unmittelbar nach dem Erwerb 100 oder 200 Punkte zu, wird die Option deutlich an Wert zulegen. Dann gilt es die Entscheidung zu treffen, ob das Engagement weiter durchgehalten werden soll, oder ob es aufgelöst wird. Die Rechnung verdeutlicht auch, dass das Aufgeld bis zum Laufzeitende vollständig abgebaut wird.

Hier ist zu beachten, dass eine Option deren Basispreis in etwa dem aktuellen Kurs des Basisinstruments entspricht gegen Laufzeitende am stärksten an Wert verliert (siehe Theta). Geringe Aufgelder bieten nur Optionen „tief im Geld", die bereits einen hohen inneren Wert aufweisen. Diese bieten aber meist einen wesentlich niedrigeren theoretischen Hebel als Optionen „am Geld" oder „aus dem Geld".

Das verdeutlicht auch die nachstehende Tabelle:

Warrantvergleich
Angebote – Calls auf die Bayer-Aktie:

Warrant	Basis	Laufzeit	Aktienkurs	OS-Kurs	impl. Volatilität	jährl. Aufgeld	Theta	Delta
Bayer A	25,56	275 Tage	40,70	16,55	57,5	4,1 %	2,4	98,9
Bayer B	33,23	275 Tage	40,70	9,62	42,3	6,2 %	3,2	76,4
Bayer C	38,00	576 Tage	40,70	8,00	37,9	8,1 %	3,1	60,2
Bayer D	38,35	275 Tage	40,70	6,34	38,7	11,5 %	3,9	60,4
Bayer E	46,02	102 Tage	40,70	1,75	38,0	47,3 %	6,4	27,6

Der Call A mit einem theoretischen Hebel von 2,4 ist weit weniger dynamisch als beispielsweise Call E. Dennoch wird der Call A, wie das Delta zeigt, jede Kursbewegung der Aktie zu 98,9 Prozent nachvollziehen. Der Call E hingegen wird eine Bewegung um einen Euro nur mit 27 Cent honorieren. Mit dem theoretischen Hebel sollte gleichzeitig auch das Delta einer Option betrachtet werden. Dieses ist auch ein Indiz für den Risikograd eines Engagements. Da die Risikoneigung von Anleger zu Anleger verschieden ist, fällt jeder Investor eine andere Entscheidung. Zumal das Delta auch als Indikator für die Gewinn- und Verlustwahrscheinlichkeit gilt, lässt sich aber hier sehr gut die Risikobereitschaft analysieren. Ein Delta von 27,6 besagt, dass diese Option am Laufzeitende mit einer Wahrscheinlichkeit zu 27,6 ausgeübt wird. Reziprok beträgt die Verlustwahrscheinlichkeit 72,4 Prozent. Beim Call A hingegen sind die Investoren eher auf der sicheren Seite.

Kennzahlen

Das Delta sowie der theoretische Hebel sind zwei wichtige Kennzahlen mit hoher Aussagekraft. Ebenfalls von entscheidender Bedeutung ist das Aufgeld, das bis zum Ende der Laufzeit vollständig abgebaut werden muss und daher bereits angesprochen wurde. Einem hohen Aufgeld geht auch ein hoher Zeitwertverlust, Theta genannt, einher. Bei Warrants mit kurzer Laufzeit spielt das Theta, das über den Zeitwertverlust eines Scheins Auskunft gibt, eine wichtige Rolle. Besonders bei Scheinen, die am Geld notieren, nimmt das Theta dann hohe Werte an, die hohe tägliche Zeitwertverluste der entsprechenden Optionsscheine zur Folge haben. In der Tabelle ist das tägliche Theta in Prozent angegeben, in der BÖRSE ONLINE-Statistik, die jede Woche veröffentlicht wird, erscheint hingegen das wöchentliche Theta.

Groß in Mode gekommen ist die implizite Volatilität, die immer wieder von vielen Anlegern, die auf sie aufmerksam wurden, als entscheidendes Auswahlkriterium herangezogen wird. Im Vergleich zu den anderen Bewertungskennzahlen sollte jedoch die implizite Volatilität nicht übergewichtet werden. Denn sie wirkt je nach Basispreis und Laufzeit einer Option sehr unterschiedlich. Mit 57,5 Prozent wirkt sie beispielsweise beim Bayer-Call A extrem hoch, während der Call E, der weitaus risikoreicher ist, lediglich eine implizite Volatilität von 38 Prozent aufweist.

Doch wie in Kapitel 5 erläutert, hat die implizite Volatilität auf eine Option, die „im Geld" notiert, weit weniger Einfluss als bei einer Option „aus dem Geld".

Andere Kennzahlen sind zur Auswahl eines Call nicht unbedingt notwendig. Sie werden alle aus den gleichen Komponenten errechnet und liefern keine wesentlichen anderen Erkenntnisse.

Vorsichtige Anleger wählen Call A, der ein hohes Delta aufweist und einen moderaten Hebel bietet. Dieser Call kann auch als Ersatz für die Aktie gewählt werden, da der Schein jede Bewegung der Aktie in hohem Maße nachvollzieht. Call B hingegen eignet sich ebenfalls für vorsichtige Anleger. Bei einem theoretischen Hebel von 3,2 ist die Dynamik jedoch deutlich höher als beim Call A. Die goldene Mitte sind Call C und D, deren Delta jeweils rund 60 Prozent beträgt. Mit 576 Tagen Restlaufzeit bietet der Call C eine sehr lange Laufzeit um Kursgewinne verbuchen zu können. Hier sind das jährliche Aufgeld und auch das Theta geringer, doch auch der theoretische Hebel. Call E ist dagegen ein äußerst riskantes Investment. Hier ist nicht nur der Basispreis extrem hoch, sondern auch die Laufzeit ist mit 102 Tagen sehr kurz. Der Optionspreis wirkt optisch günstig und der theoretische Hebel ist stattlich. Doch Vorsicht: Das Aufgeld ist hoch, das Delta extrem niedrig. Dieser Call eignet sich daher nur für überaus risikobewusste Anleger.

Die Entscheidung für einen Call muss immer nach der persönlichen Risikobereitschaft getroffen werden. Damit das Geld aber so schnell verloren wie verdient wird, dürfen neben den Auswahlkriterien auch die Grundsätze des Money Management nicht vergessen werden (siehe Kapitel 2). Sie sollten nicht nur bekannt, sondern auch befolgt werden. Nur so ist Ihnen der langfristige Erfolg im Derivate-Geschäft sicher.

Fragen zum Thema:
(Lösung siehe Seite 244)

1) Was besagt das Delta?
a) Indikator für den Zeitwertverlust
b) Zeigt die Gewinn- und Verlustwahrscheinlichkeit an
c) Zeigt die Sensitivität der Option im Vergleich zum Zeitwert an
d) Zu diesem Satz erfolgt eine definitive Ausübung

2) Die Risikobereitschaft eines Anlegers, der eine Option „weit aus dem Geld" kauft, ist
a) hoch
b) gering
c) sehr gering
d) sehr hoch

3) Wenn eine Kursbewegung innerhalb von 6 Monaten erwartet wird, empfiehlt es sich, eine Option mit einer Laufzeit von
a) 6 Monaten zu kaufen
b) 3 Monaten zu kaufen
c) 9 Monaten zu kaufen

4) Die implizite Volatilität ist bei der Auswahl eines Warrants
a) eine sehr wichtigste Kennzahl
b) von nachrangiger Bedeutung
c) absolut unbedeutend

5) Welche Aussage ist richtig?
a) Bei einem hohen Aufgeld ist auch der Zeitwertverlust hoch
b) Je höher das Delta, desto geringer ist der theoretische Hebel
c) Je länger die Laufzeit, desto höher ist das jährliche Aufgeld
d) Der Hebel wirkt nur bei steigenden Kursen
e) Eine lange Laufzeit ist eine sichere Basis für Gewinne

XIII

Steuern
Neue Gesetze vermindern das steuerfreie Gewinnpotenzial

Optionsscheine und Optionen unterliegen wie andere Börseninvestments auch der zwölfmonatigen Spekulationssteuer. In den volatilen Märkten der vergangenen Monate ist es immer schwieriger geworden, steuerfreie Gewinne mit Optionsscheinen zu erzielen. Seit dem 1. Januar 1999 gibt es zwei gravierende Änderungen in der Besteuerung von Derivaten. Die früher steuerfreie Ausübung gegen Barausgleich ist weggefallen und die Spekulationsfrist beträgt mittlerweile ein Jahr.

Was für ein Aktienengagement ein Klacks ist, kann für Optionsschein-Besitzer eine Katastrophe sein. Denn ein Trend, der wirklich mehr als zwölf Monate anhält, ist immer schwieriger abzusehen. Da es auch keinen legalen Trick mehr gibt, die Jahresfrist zu umgehen, müssen die allermeisten Warrant-Gewinne versteuert werden. Es gibt sogar Sonderkonstruktionen, da verneint das Bundesfinanzministerium jegliche Steuerfreiheit. Immer dann, wenn eine Sonderkonstruktion aus einer Vielzahl von Optionen zusammengesetzt ist, und ein vorher festgelegter sicherer Ertrag zu erzielen ist, können die Investments auch nach Überschreiten der Zwölfmonatsfrist nicht steuerfrei sein (siehe Bundessteuerblatt 1994 S. 818).

Allerdings kommen die Steueroberen mit der Nomenklatura des Optionsscheinhandel nicht immer eindeutig klar. Absolute Klarheit, dass die Position nach Ablauf der zwölfmonatigen Spekulationsfrist steuerfrei ist, haben Sie nur bei Plain-Vanilla-Scheinen. Alle Warrants mit Rückzahlungsgarantie (Money-Back) sind jedoch höchst gefährdet. Sie könnten der Steuerpflicht auch nach Ablauf der Zwölfmonatsfrist unterliegen. Verlangt der Käufer am Ende der Laufzeit einen Barausgleich, schneidet er sich heute ins eigene Fleisch. War die Ausübung gegen Cash früher steuerfrei, wird sie heute unabhängig von der Haltedauer des Investments besteuert.

Generell hat sich die Situation für Optionsschein-Spekulanten erheblich verschlechtert. Der einzige Vorteil der neuen Steuerregelung, die seit Anfang 1999 gelten, liegt vielleicht darin, dass in einem Kalenderjahr erlittene Verluste vorgetragen werden können. Wer aktiv an der Börse tätig ist und neben Anleihen, auch Aktien, Wandelanleihen, Warrants, Optionsschein-Sonderkonstruktionen oder Termingeschäfte handelt, sollte unbedingt einen in diesen Dingen kompetenten Steuerberater wählen, um unliebsame Überraschungen zu vermeiden. Der einzig legale Weg, dem Finanzamt keinen Obulus abzuführen, bleibt das Investment über ein Jahr hinaus zu halten. Zudem sollten Positionen besser an der Börse verkauft, statt ausgeübt werden. Erfolgt im Fall einer Ausübung ein Barausgleich besteht heute Steuerpflicht. Werden hingegen Aktien geliefert, beginnt damit eine neue zwölfmonatige Spekulationsfrist.

Diese Strategie wird aber immer über kurz oder lang mit dem Prinzip der Stoppkurse kollidieren. Selbst bei der vergleichsweise kurzen Steuerfrist von sechs Monaten ist es vorgekommen, dass ein zwischenzeitlicher Buchgewinn von mehr als 100 Prozent aufgelaufen war, ein Trendwechsel aber innerhalb des halben Jahrs zu einem massiven Minus des Warrant-Investments geführt hat. Eine Möglichkeit, derartige Desaster zu vermeiden, die die Spekulantenseele schwer verstören können und meist weitere Verluste zur Folge haben, ist das strikte Einhalten der nachgezogenen Stoppkurse. Fürs Finanzamt wird dann am Jahresende abgerechnet. Besser einen Gewinn teilen, als einen Verlust vortragen, muss hier die Devise lauten.

Eine andere Möglichkeit besteht darin, nach einem Gewinn von 100 Prozent die Hälfte des Investments glattzustellen und damit den Einsatz wieder zu Geld zu machen. Die andere Hälfte des Investments wird dann bis kurz vor Auslaufen der Jahresfrist gehalten. Liegt die Position im Gewinn, wird der für die Steuer relevante Termin abgewartet und einen Tag später steuerfrei verkauft. Somit haben Sie sowohl das Risiko minimiert, als auch einen Teil der Anfangsposition steuerfrei veräußert.

Befindet sich das Investment kurz vor Jahresfrist dagegen im Verlust, verkaufen Sie sofort und sichern sich somit zumindest ein steuerlich anrechenbares Minus. Verkaufen Sie Warrants selbst dann, wenn der Restwert nur noch bei einem Cent pro Schein liegt. Den Schein einfach verfallen zu lassen hat nämlich einen weitgehend unbekannten Haken: Die wertlose Ausbuchung aus Ihrem Depot können Sie bei der Steuer nicht als Verlust geltend machen. Damit haben Sie nicht nur einen schmerzlichen Verlust erzielt, sondern verzichten auch noch darauf, Verluste zu sammeln, die sie gegen andere Spekulationsgewinne aufrechnen können.

Berücksichtigen Sie auch immer Ihre Steuerschuld in Ihrem Börsenvermögen. Es hat schon Zeitgenossen gegeben, die nach einem hohen, aber steuerpflichtigen Gewinn vor lauter Euphorie einen Roadster bestellt haben und später durch die Steuernachforderung in ernste Liquiditätsschwierigkeiten geraten sind. Sie können von dem Börsengeld, das Sie verdient haben, immer nur das ausgeben, was tatsächlich Ihnen gehört. Gewöhnen Sie sich daher frühzeitig an, Steuerschulden miteinzubeziehen. Natürlich sollten Sie zudem Ihr Kapital niemals ausgeben, solange die Buchgewinne nicht realisiert und als Barbestand auf Ihrem Konto gutgeschrieben sind.

Im Bundessteuerblatt 1994, Seite 818 hat der Gesetzgeber den Finanzämtern Anweisungen zur steuerlichen Behandlung von einigen Optionsgeschäften geliefert. Umfassend geklärt ist die steuerliche Problematik jedoch bisher nicht. Da sich die Rechtslage zudem schnell ändern kann, sollte immer ein Steuerberater konsultiert werden.

Nachfolgend ein Auszug aus dem Bundessteuerblatt mit den Kernpunkten. Ersetzt wurde jeweils die damals sechsmonatige Steuerfrist durch die heute gültige Zwölfmonatsfrist:

II. Einkommenssteuerrechtliche Behandlung von Optionsgeschäften an der DTB im Bereich der privaten Vermögensverwaltung

1. Kauf einer Kaufoption auf Aktien

1.1. Kauf einer Kaufoption

Die gezahlten Optionsprämien sind Anschaffungskosten für das in der Person des Käufers entstandene Wirtschaftsgut „Optionsrecht". Beim Erwerb der Kaufoption anfallende Bankspesen, Provisionen und andere Transaktionskosten sind Anschaffungsnebenkosten.

1.2. Ausübung einer Kaufoption

Übt der Käufer die Kaufoption aus und veräußert er die erworbenen Aktien innerhalb eines Zeitraums von einem Jahr, liegt ein steuerpflichtiges Spekulationgeschäft vor. Zu den Anschaffungskosten der Aktien gehören auch die gezahlte Optionsprämie und die bei Erwerb der Option angefallenen Nebenkosten.

1.3. Verfall einer Kaufoption

Lässt der Inhaber der Kaufoption diese vefallen, kann die gezahlte Optionsprämie steuerlich keine Berücksichtung finden.

1.4. Glattstellung einer Kaufoption durch ein Gegengeschäft

Verkauft der Inhaber einer Kaufoption eine Kaufoption der gleichen Serie mit Closing-Vermerk (glattstellender Abschluss eines Stillhaltergeschäfts), stellt dieser Vorgang ein Veräußerungsgeschäft dar. Die Differenz zwischen der gezahlten und der aus dem glattstellenden Abschluss des Stillhaltergeschäfts erzielten Optionsprämie ist unter den weiteren Voraussetzungen des §23 EStG als Spekulationsgewinn oder - verlust anzusehen.

2. Kauf einer Verkaufsoption auf Aktien

2.1. Kauf einer Verkaufsoption

Die Zahlung einer Optionsprämie für den Erwerb einer Verkaufsoption stellt einen steuerlich unbeachtlichen Vorgang auf der Vermögensebene dar.

2.2. Ausübung einer Verkaufsoption

Hat der Optionsinhaber die durch Ausübung der Option verkauften Aktien innerhalb eines Zeitraums von zwölf Monaten vor der Optionsausübung angeschafft, liegt ein Spekulationsgeschäft i. S. des § 23 Abs. 1 Satz 1 Nr1 Buchstabe b EStg vor. Die gezahlte Optionsprämie sowie angefallene Nebenkosten für den Optionserwerb dürfen bei der Ermittlung des Spekulationsgewinns nach § 23 Abs. 4 Satz 1 EStG als Werbungskosten (Veräusserungskosten) abgezogen werden.

2.3. Verfall einer Verkaufsoption

Lässt der Inhaber der Verkaufsoption diese verfallen, dürfen die gezahlte Optionsprämie sowie für den Erwerb der nichtausgeübten Option aufgewandten Nebenkosten nicht als Werbungskosten i.S. des § 23 Abs. 4 Satz 1 EStG abgezogen werden.

2.4. Glattstellung einer Verkaufsoption durch ein Gegengeschäft

Verkauft der Inhaber einer Verkaufsoption eine Verkaufsoption der gleichen Serie mit Closing-Vermerk, ist die Differenz zwischen der gezahlten und der aus dem glattstellenden Abschluss des Stillhaltergeschäfts erzielten Optionsprämie unter den weiteren Voraussetzungen des § 23 EStG als Spekulationsgewinn oder -verlust anzusehen.

3. Verkauf einer Kaufoption auf Aktien

3.1. Verkauf

Der Verkäufer der Kaufoption (sog. Stillhalter in Wertpapieren) erhält die Optionsprämie als Vergütung für seine Bindung und die Risiken, die er durch die Einräumung des Optionsrechts während der Optionsfrist eingeht. Die Optionsprämie stellt demnach ein Entgelt für eine sonstige Leistung i. S. des § 22 Nr.3 EStG dar (vgl. BFH-Urteil vom 28.11.1990 - BStBL 1991 II S. 300).

3.2. Ausübung der Kaufoption durch den Käufer

Übt der Inhaber der Kaufoption diese aus und veräußert ihm der Stillhalter Aktien, die er selbst erst noch erwerben muss oder innerhalb von zwölf Monaten vor Optionsausübung erworben hat, liegt beim Stillhalter ein Spekulationsgeschäft i. S. des § 23 Abs 1 Satz 1 Nr. 1 Buchstabe b EStG vor. Die vereinnahmte Optionsprämie, die nach § 22 Nr. 3 EStG zu versteuern ist, bleibt bei der Ermittlung des Spekulationsgewinns außen vor. Ebenso kann der Stillhalter Verluste aus dem Ausführungsgeschäft nicht als Werbungskosten bei seinen Einkünften aus § 22 Nr. 3 EStG abziehen (BFH-Urteil vom 28.11.90)

3.3. Glattstellung der Kaufoption durch ein Gegengeschäft

Kauft der Verkäufer einer Kaufoption eine Kaufoption der gleichen Serie unter Closing Vermerk (Glattstellung der Stillhalterposition), handelt es sich bei der gezahlten Optionsprämie wirtschaftlich betrachtet um Aufwendungen zur Befreiung von der zuvor eingegangenen Stillhalterbindung und damit um Aufwendungen zur Sicherung der vereinnahmten Optionsprämie. Die für den glattstellenden Kauf einer Kaufoption vom Stillhalter gezahlte Optionsprämie einschließlich der Nebenkosten dürfen daher als Werbungskosten bei seinen Einkünften aus § 22 Nr. 3 EStG abgezogen werden.

Beispiel: K verkauft Anfang Juli über seine Bank DTB (heute Eurex) Kaufoptionen über 500 Aktien der Y-AG zum Basispreis von 300 Mark (Kurs der Y-Aktie zum Verkaufszeitpunkt 300 Mark; Verfallsmonat der Optionen September), weil er mit einem stagnierenden Aktienkurs rechnet. Er erzielt eine Optionsprämie von 500 x 15 DM = 7500 DM abzüglich 200 DM Spesen. Bis Anfang August hat sich die Aktie nicht bewegt. K erwartet jedoch nunmehr einen Kursanstieg. Er beschließt, sich aus seiner Stillhalterposition zu lösen und kauft DTB-Optionen über 500 Aktien der Y-AG zum Basispreis von 300 DM (Verfallsmonat September) mit Closing-Vermerk. Er zahlt hierfür eine Optionsprämie von 500 x 10 DM zuzüglich 150 DM Spesen. K. erzielt dann steuerpflichtige Einkünfte im Sinne des $ 22 Nr. 3 EStG in Höhe von 2150 DM. (7500-200-5000-150 DM, Anm. d. Verf.).

4. Verkauf einer Verkaufsoption
Der Verkauf einer Verkaufsoption wird analog zu Absatz 3.1. behandelt.

Quelle: Bundesministerium für Finanzen

Anhang 1

Auflösung der Fragen

Die richtigen Antworten lauten:

Kapitel 1 – Money Management
1) b und d
2) c
3) c
4) c
5) c und d
6) b und c
7) b
8) b und d
9) c und d
10) a und b

Kapitel 2 – Auswahl des Basiswerts und Marktbewertung
1) b und d
2) b und c
3) c

Kapitel 3 – Sprache des Handels
1) b
2) d
3) b
4) a + c
5) d
6) 1 h, 2 e, 3 j, 4 f, 5 d, 6 a, 7 i, 8 b, 9 c und 10 g

Kapitel 4 – Blick hinter die Kulissen
1) b
2) a
3) c + d
4) c
5) a

Kapitel 5 – Einflussfaktoren auf den Preis
1) b + c
2) a + b + d
3) d
4) d
5) a + d

Kapitel 6 – Bewertung und Kennzahlen
1) b + c
2) c + d
3) a
4) b + c,
5) b + c + d
6) a + c + d
7) a + b
8) c + d
9) b + c + d
10) c

Kapitel 7 – Sonderkonstruktionen Optionsscheine

1) a + c
2) c + d
3) a
4) a + b + c + d
5) keine Lösung trifft zu
6) a
7) a + c
8) b + c
9) a + b + d
10) b
11) b
12) a + b + c
13) c
14) a + d
15) a
16) a+ d
17) b
18) a + b + d
19) a + b + c
20) c + d
21) b + d
22) a + c
23) b + c
24) c + d
25) b + c + d
26) c

Kapitel 8 – Terminmarkt Eurex

1) c
2) a
3) b
4) a + c + d
5) a + d

Kapitel 9 – Einfache Optionsstrategien an der Eurex
1) d
2) a
3) b
4) b
5) d
6) d
7) b + d
8) c + d

Kapitel 10 – Weiterentwickelte Strategien an der Eurex
1) c
2) a
3) b
4) d
5) c

Kapitel 11 – Absicherung von Risiken
1) c
2) 5220 • 0,2055 Gewichtung • 0,72 = 0,14796
   12306 • 0,4845 Gewichtung • 1,22 = 0,59109
   7875 • 0,3100 Gewichtung • 0,94 = 0,29140
   Beta für Gesamtdepot: 1,03045
3) Depotgesamtwert von 25401 • 1,103045 = 26175 Euro
4) 1570 Puts
5) c

Kapitel 12 – Professionelle Auswahl
1) b
2) d
3) c
4) a
5) a

Anhang 2

Serviceangebot der Emittenten

Aktuelle Optionsscheinkurse sind über viele Medien erhältlich. Sie werden über die Nachrichtenagentur Reuters, über das Internet oder großenteils auch über die Videotextseiten der Fernsehanstalten veröffentlicht. Außerbörsliche Kurse sowie Informationsmaterial und Emissionsprospekte können auch telefonisch bei den Emissionshäusern abgefragt werden. Wir haben für Sie die aktuellen Leitseiten der Emittenten im Internet sowie die jeweilige Service-Telefonnummer angegeben (Stand Februar 2000).

Börsenkurse können Sie im Internet bei vielen Anbietern abfragen. Hierzu gehören beispielsweise die Homepage von BÖRSE ONLINE (http://www.boerse-online.de) oder der Internetdienst der Zeitschrift Finanzen (http://www. finanzenonline.de). Bei den Emissionshäusern sollten Sie im Hinterkopf behalten, dass die Kurse zum Teil zeitverzögert sind und in erster Linie der Information dienen. Eine Garantie, dass Ihre Bank zu diesen Kursen auch für Sie handeln kann, gibt es nicht.

BNP	http://www.bnp.de	069/7193231
BHF-Bank	http://www.bhf-bank.com/finanz/home.htm	0190/580580
Citibank	http://www.warrants.citibank.com	069/13661540
Commerzk	http://www.commerzbank.de	0180/34014
Crédit Lyonnais	http://www.finanzenonline.de/oscheine	069/75434700
Deutsche Bank	http://www.xavex.de	069/91038807

DG Bank	http://www.finanzenonline.de/dgbank.htm	069/74477447
Dresdner Bank	http://www.warrants.dresdner-bank.de	069/25765631
Goldman Sachs	http://www.warrants.gs.com	069/75321034
HypoVereinsbank	http://www.hypovereinsbabk.de/warrants	01803/131412
Lehman Brothers	http://www.vwd.de	069/15307307
Merrill Lynch	http://www.finanzenonline.de/merrill.htm	069/58994555
Nord LB	im Aufbau	(Fax)0511/3615448
Rabobank	http://www.finanzenonline.de/rabo/htm	0190/570568
Sal. Oppenheim	http://www.oppenheim.de/optionsscheine	069/71342266
Société Générale	http://www.warrants.socgen.com	069/7174663
Trinkaus & Burkhardt	http://www.hsbctrinkaus.de/os/index	0190/590010
Warburg Dillon Read	http://www.wdr-optionsscheine.de	069/13698301
West LB	http://www.westlb.de/optionsscheine	0190/361400

Anhang 3

So nutzen Sie die CD-ROM

Die Xavex-CD-Rom (für MS Windows 95) im praktischen Scheck-kartenformat funktioniert wie jede große CD-Rom. Legen Sie diese in das CD-Rom-Laufwerk Ihres PCs ein und starten Sie die Verknüpfung mit dem CD-Rom-Laufwerk.

Die Anwendung wird in einem Internet-Browser dargestellt. Sie be-nötigen dafür einen Netscape Communicator Version 4.06 oder einen Microsoft Internet Explorer Version 4.1. oder größer. Die Anwendung ist für eine Bildschirmauflösung von 800 x 600 Pixel optimiert. Für detail-liertere Hinweise können Sie auch die Datei „helpme" aufrufen.

Starten Sie die Anwendung durch Aufruf der Datei „start.exe". Beim erstmaligen Aufruf prüft das Installationsprogramm, ob auf Ihrem Rech-ner bereits ein geeigneter Browser installiert ist. Ist dieser nicht vorhan-den, können Sie einen für die Anwendung benötigten Browser über die CD-Rom installieren. Wurde die Installation einmal erfolgreich durchge-führt, starten Sie das Programm über „start.exe" direkt. Falls Sie die Anwendung deinstallieren wollen, lesen Sie die Datei „readme".

Um mit dem Optionsscheinrechner arbeiten zu können, klicken Sie zuerst auf „Optionsscheinrechner" und lesen Sie den Text rechts. Mit einem Doppelklick auf das Wort Optionsscheinrechner im rechten Text-feld öffnen Sie den Rechner.

Beenden	Drucken	Löschen	Berechnen	📖 Δ γ		Deutsche Bank ◪

	Eingabe:			Ausgabe:
▸ Kurs Basiswert		▸ Volatilität	
▸ Referenzkurs		▸ Delta	
▸ Berechnungstag		▸ Rho	
▸ Fälligkeit		▸ Gamma	
▸ Zinssatz		▸ Vega	
▸ Ausschüttung		▸ Theta	
▸ Optionsscheinpreis		▸ Aufgeld	
▸ Bezugsverhältnis		▸ Omega	
▸ Typ	Call ▾	▸ Break-Even	
▸ Ausübungsmodalität	American Style ▾	▸ Hebel	
▸ Gesucht	Volatilität ▾		

Für Hilfe klicken Sie bitte die blaue Beschriftung der jeweiligen Ein- oder Ausgabefelder an.

Grafik 1

Zur Berechnung müssen die Basisdaten des Call oder Put in den Rechner eingetragen werden. Ein entscheidender Vorteil dieses Rechners ist, dass Sie den Optionspreis oder die implizite Volatilität errechnen können. Wenn Sie einen der beiden Parameter kennen, also beispielsweise

Beenden	Drucken	Löschen	Berechnen	📖 Δ γ		Deutsche Bank ◪

	Eingabe:			Ausgabe:
▸ Kurs Basiswert	100	▸ Volatilität	32.29
▸ Referenzkurs	105	▸ Delta	52.58 %
▸ Berechnungstag	15.03.2000	▸ Rho	0.44
▸ Fälligkeit	15.04.2001	▸ Gamma	1.16 %
▸ Zinssatz	3.5	▸ Vega	0.41
▸ Ausschüttung	1.5	▸ Theta	-0.15 %/d
▸ Optionsscheinpreis	12.0	▸ Aufgeld	17.0 %
▸ Bezugsverhältnis	1	▸ Omega	4.38
▸ Typ	Call ▾	▸ Break-Even	117.0
▸ Ausübungsmodalität	American Style ▾	▸ Hebel	8.33
▸ Gesucht	Volatilität ▾		

Für Hilfe klicken Sie bitte die blaue Beschriftung der jeweiligen Ein- oder Ausgabefelder an.

Grafik 2

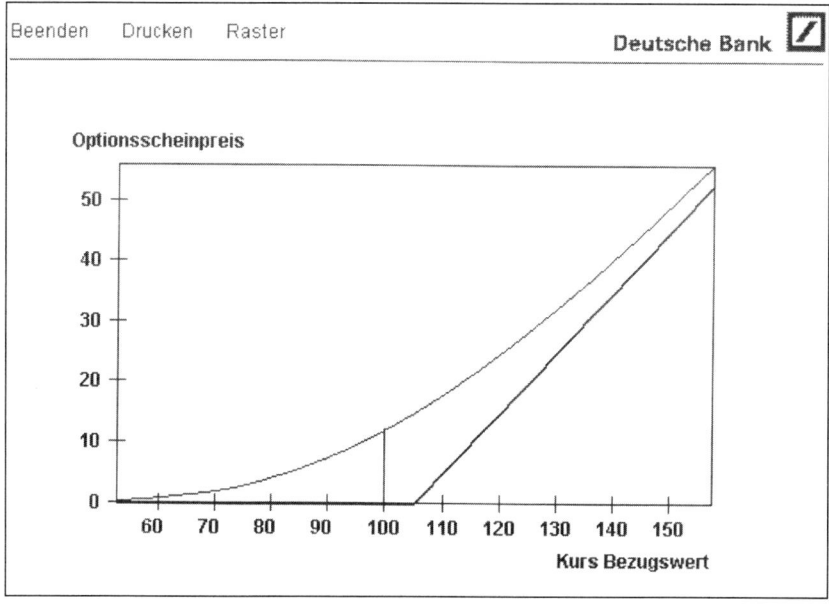

Grafik 3

den Optionsscheinkurs, können Sie so errechnen, mit welcher Volatilität der Schein „gepreist" ist. Mit dem Befehl „Berechnen" erhalten Sie dann das gewünschte Ergebnis inklusive der Bewertungskennzahlen.

Basisdaten und Kennzahlen wurden in den vorherigen Kapiteln ausführlich beschrieben. Eine kurze Erläuterung erscheint auch beim Anklicken der Bezeichnung oder des Pfeils. Um neue Berechnungen durchzuführen können Sie entweder alte Eingaben überschreiben oder den Befehl „Löschen" drücken.

Interessant sind auch die grafischen Darstellungsmöglichkeiten, die Sie rechts neben dem Befehl „Berechnen" finden. So kann für jede Option die Entwicklung des Optionsscheinpreises und des inneren Werts (Grafik 3), der Verlauf des Delta (Grafik 4) oder des Gamma (Grafik 5) dargestellt werden.

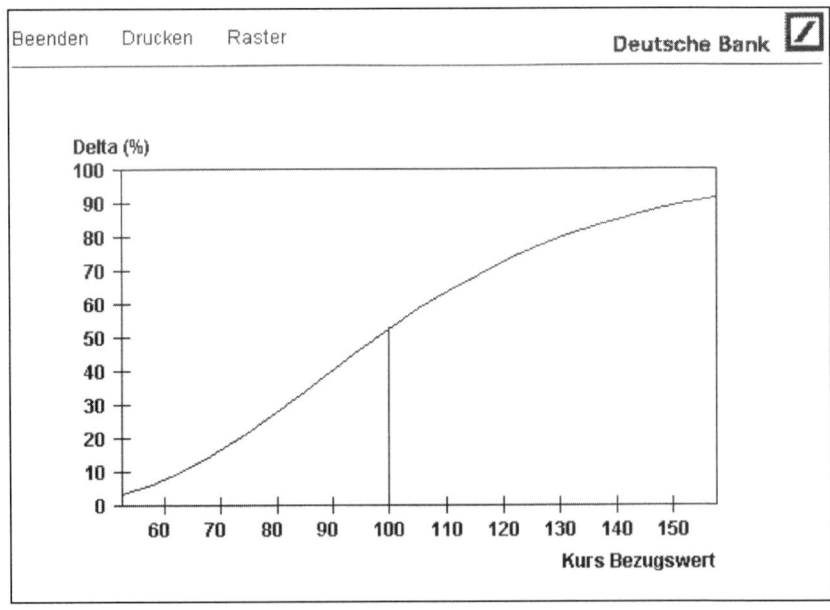

Grafik 4

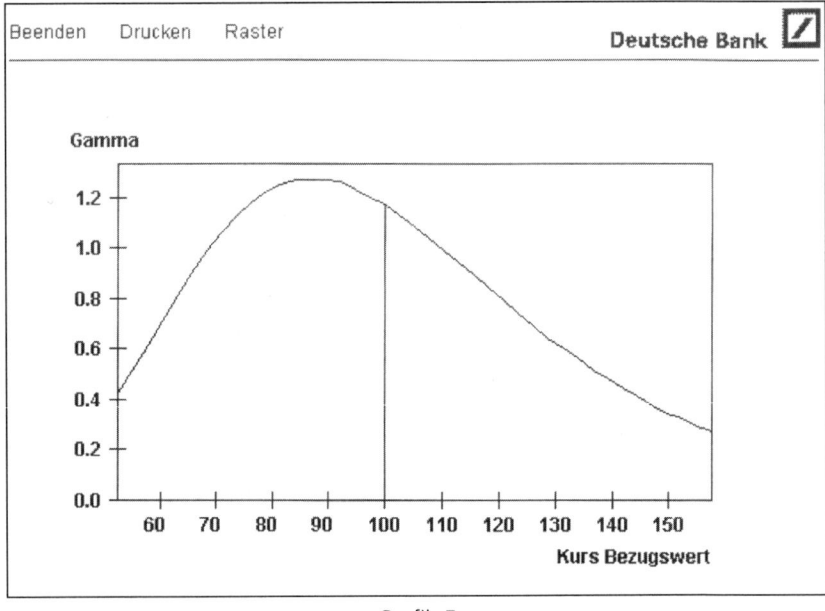

Grafik 5

250

Anhang 4

Weiterführende Literatur

Es existieren eine Vielzahl von Büchern zum Thema Optionen und Optionsscheine, so dass wir ohne Probleme mehrere Seiten füllen könnten. Das hilft Ihnen jedoch nicht unbedingt weiter. Aus dem breiten Angebot haben wir daher die Besten ausgewählt. Wenn Sie also Ihr Wissen in bestimmten Bereichen wie beispielsweise Money Management, Charttechnik oder Volatiltität und Preisberechnung weiter vertiefen wollen, empfehlen wir folgende Titel:

Money Management und Börsenpsychologie:
Dr. Alexander Elder, Die Formel für Ihren Börsenerfolg, FinanzBuch Verlag, ISBN 3-932114-13-2, 352 Seiten, 99 Mark

Technische Analyse:
John J. Murphy, Technische Analyse der Finanzmärkte, FinanzBuch Verlag, ISBN 3-932114-36-1, 512 Seiten, 99 Mark

Strategien mit Optionen:
Don M. Chance, An Introduction to Derivatives,, Verlag: Dryden, ISBN 0-03-003588-0, 625 Seiten, ca. 68 Mark

Volatiltität und Preisfindung incl. mathematischer Formeln:
Sheldon Natenberg, Option Volatility & Pricing, Verlag: Irwin, ISBN 1-55738-486-X, 469 Seiten, ca. 96 Mark

Glossar

Aktienkorb
Ein aus mehreren Aktien zusammengestelltes >Basisinstrument, auf den sich der Optionsschein bezieht

Amerikanisches Optionsrecht
Das Optionsrecht kann während der gesamten Laufzeit ausgeübt werden (im Gegensatz zu >europäischen Optionen). Der Großteil der in Deutschland gehandelten Optionsscheine ist mit einem amerikanischen Optionsrecht ausgestattet.

Ausübung
Inanspruchnahme des Optionsrecht. Dies muss schriftlich erklärt werden, in Form einer Ausübungserklärung.

Barausgleich
Bei Fälligkeit kann entweder der Bezug (Kauf) einer Aktie erfolgen, oder der Differenzbetrag zwischen dem aktuellen Kurs und dem >Basispreis, bereinigt um das Bezugsverhältnis, wird bar ausbezahlt. Erfolgt ein Barausgleich, so ist dies in den >Emissionsbedingungen festgelegt.

Basiswert/Basisinstrument
Das der Option zugrundeliegende Gut, zum Beispiel Aktien, Aktienkörbe, Anleihen, Indizes, Wechselkurse oder Rohstoffe.

Basispreis/Bezugspreis

Preis, zu dem der Optionsinhaber bei Ausübung des Optionsrechts des Basisinstrument beziehen (>Call) beziehungsweise veräußern (>Put) kann.

Basket / Basket-Warrants

Englisch für >Aktienkorb

Black & Scholes

Optionspreismodell, das 1973 von den beiden Experten Fisher Black und Myron Scholes veröffentlicht wurde. Auf Basis europäischer Optionen wird der faire Preis für eine sogenannte risikoneutrale Option berechnet.

Briefkurs

Der Kurs, zu dem der >Emittent oder der Kursmakler verkauft und der Anleger kaufen kann.

Call / Kaufoption

Der Käufer hat das Recht, den >Basiswert innerhalb einer bestimmten Zeit, zu einem bestimmten Zeitpunkt und zu einem vereinbarten Preis zu beziehen. Der Verkäufer des Call (ist nur an der Terminbörse möglich) ist >Stillhalter in Wertpapieren und muss dem Käufer die Papiere wie vereinbart liefern, wenn dieser die Ausübung verlangt.

Covered Warrant

Gedeckter Optionsschein; Emission einer Bank auf Aktien eines anderen Unternehmens.

Chartanalyse

Anlalyse künftiger Kursentwicklungen auf Basis historischen Kursmaterials.

Delta

Mit Hilfe des Delta lässt sich die Veränderung des Optionsscheinpreises bei einer Kursänderung des Basisobjekts bestimmen.

Emissionshaus / Emittent
Herausgeber von Optionsscheinen. Emittenten können entweder die Aktiengesellschaft selbst oder ein Kreditinstitut sein.

Eurex
Die Eurex entstand aus der Fusion von Soffex (Swiss Futures and Options Exchange) und der DTB (Deutschen Terminbörse). Sie ist seit dem Frühjahr 1999 der weltweit größte Terminmarkt, noch vor dem CBoT (Chicago Board of Trade) oder der Liffe (London International Financial Futures Exchange).

Europäisches Optionsrecht
Diese Optionsscheine können nur am Ende der Laufzeit ausgeübt werden (Gegensatz: >amerikanisches Optionsrecht). Die Optionsprämien für Scheine mit europäischem Recht sind geringer als für Warrants mit amerikanischer Ausübung.

Fundamentalanalyse
Analyse von Basisinstrumenten anhand betriebs- und volkswirtschaftlicher Daten

Gamma
Mit dem Gamma lässt sich die Veränderung des Delta bei Bewegung des Basisinstrument bestimmen

„im Geld", „am Geld", „aus dem Geld"
Die Bezeichnungen geben an, ob sich der aktuelle Aktien- (Devisen-, Renten-) Kurs oberhalb des >Basispreises (im Geld bei Calls, aus dem Geld bei Puts), unterhalb des Basispreises (aus dem Geld bei Calls, im Geld bei Puts) oder am Basispreis (am Geld) befindet.

Geldkurs
Der Kurs, zu dem der >Emittent oder der Kursmakler kauft und der Privatanleger verkaufen kann.

Griechen

Kennziffern in der Optionspreistheorie, die es ermöglichen, das Verhalten von Optionen/Optionsscheinen auf Änderungen des Kurses des Basisinstruments, der Zinsen, der Volatilität oder der Restlaufzeit zu berechnen.

Historische Volatilität

Die Schwankungsintensität eines Basisinstruments innerhalb eines Zeitraums in der Vergangenheit.

Implizite Volatilität

Erwartete Schwankungsbreite eines Basisinstruments innerhalb einer bestimmten Zeit, zumeist der Restlaufzeit der Option. Neben den Bewegungen des Basisinstruments ist die implizite >Volatilität der gewichtigste Einflussfaktor auf den Preis einer Option.

Innerer Wert

Positive Differenz zwischen dem Basispreis und dem aktuellen Kurs des Basisobjekts. Notiert eine Aktie beispielsweise bei 500 Euro, so hat ein >Call-Warrant, der zum Bezug dieser Aktie zu 300 Euro im Bezugsverhältnis von 1 : 1 berechtigt, einen inneren Wert von 200 Euro.

KGV = Kurs-Gewinn-Verhältnis

Quotient aus dem Aktienkurs und dem Gewinn pro Aktie. Das KGV gibt einen Anhaltspunkt über die Bewertung eines Unternehmens.

Kaufoption/Kaufoptionsschein

Instrument, das zum Bezug eines >Basisinstruments oder der Ausschüttung eines positiven Differenzbetrages berechtigt.

Klassiker

>Optionsschein, der vom Unternehmen selbst begeben wurde.

Laufzeit

In den Emissionsbedingungen festgelegte Fälligkeit eines Optionsrechts. Nach diesem Termin ist das Optionsrecht verfallen, der Schein notiert nicht mehr.

Leerverkauf
Verkauf von Aktien ohne diese zu besitzen. In Deutschland für Privatanleger im Regelfall nicht möglich.

Limit
Zusatz bei der Ordererteilung. Kaufaufträge werden mit einem Kurs versehen, bis zu dem gekauft, Verkaufsaufträge bis zu dem verkauft werden soll.

Market Maker
An der Terminbörse sind die Banken für verschiedene Titel Market Maker und stellen handelbare Kurse für Optionen. Bei Optionsscheinen stellt das jeweilige >Emissionshaus für die von ihm begebenen Warrants den ganzen Tag Preise und garantiert dadurch zumeist einen liquiden Handel.

Omega
siehe theoretischer Hebel.

PEG-Ratio
Price-Earnings to Growth-Ratio; gibt das Verhältnis von KGV und jährlichem Gewinnwachstum wieder. Diese einfache Bewertungmethode ist besonders beliebt bei Aktien mit hohen Gewinnwachstumsraten und bei jungen Unternehmen.

Plain-Vanilla-Optionsschein
Warrants mit dem Recht, ein Basisobjekt zu kaufen (Call) oder zu verkaufen (Put).

Put/Verkaufsoptionsschein
Bei einem Put (Verkaufsoption) hat der Käufer das Recht, den >Basiswert innerhalb einer bestimmten Zeit/zu einem bestimmten Zeitpunkt, zu einem fest vereinbarten Preis verkaufen zu können. Der Verkäufer hingegen ist >Stillhalter in Geld und muss die Aktien abnehmen, wenn der Käufer dies wünscht.

Sonderkonstruktionen

Optionsschein-Konstukionen, die andere Rechte verbriefen als den einfachen Kauf (Call) oder Verkauf (Put) eines Basisinstruments.

Spread

Spanne zwischen >Geld- und Briefkurs, also zwischen dem An- und Verkaufskurs.

Stillhalter

Verkäufer einer >Kauf- oder >Verkaufsoption, der in der Verpflichtung steht.

Strike

Englisch für Basispreis.

Theta

Das Theta misst den Einfluss einer Laufzeitverringerung auf den Preis des Optionsscheins.

Theoretischer Hebel (Omega)

Der um das >Delta ergänzte einfache Hebel. Ein theoretischer Hebel von drei besagt, dass ein fünfprozentiger Kursanstieg des Kurses des Basisinstruments zu einem 15-prozentigen Kursanstieg des >Call oder Put führt.

Verkaufsoption / Verkaufsoptionsschein

siehe Put.

Verwässerungsschutz

Im Falle einer Kapitalerhöhung einer Gesellschaft haben die Aktionäre einen gesetzlich verankerten Bezugsrechtsanspruch. Dadurch ist gesichert, dass auch nach einer Kapitalmaßnahme der prozentuale Anteil jedes Aktionärs so hoch ist wie vorher. Die Akionäre erhalten Bezugsrechte für die jungen Aktien, die sie entweder ausüben oder verkaufen können. Um auch die Position des Optionsscheininhabers nicht zu verschlechtern, werden bei einer Kapitalerhöhung in der Regel der >Basispreis reduziert und das >Bezugsverhältnis entsprechend angepasst.

Volatilität

Schwankungsbreite des >Basisinstruments.

Warrant

(Englischer) Fachausdruck für Optionsschein.

Wertpapier-Kennnummer

Im Gegensatz zu Optionen hat jeder Optionsschein – ebenso wie jede Aktie – eine eigene Wertpapier-Kennnummer zur klaren Identifizierung.

Sachregister